JN495927

# 백 번째 소나기

사이보그의 속삭임, 안드로이드의 메아리

*그대가 있어서 제가 참 좋습니다*

봄 수도 없다. 들을 수도 없다
말하지 못한 마음이
당신의 손끝에

노 도 영 지음

도서출판
디앤피동인

# 백 번째 소나기

*사이보그의 속삭임, 안드로이드의 메아리*

**지은이** 노도영
**발행일** 2025년 10월 30일
**발행처** 도서출판 디앤피동인
**발행인** 최금선
**등록번호** 제2-2362호
**등록일자** 1997. 4. 28
**전화** 02-2285-1585
**팩스** 02-2269-1555
**주소** 서울시 중구 퇴계로27길 61
**ISBN** 978-89-88471-45-6

저작권자 ⓒ 2025, 노도영
이 책의 저작권은 지은이에게 있습니다. 서면에 의한 저자와 출판사의 허락없이 내용의 일부를 이용하거나 발췌하는 것을 금합니다.

COPYRIGHT ⓒ 2025 by Doyeong Roh
All rights reserved including the rights of reproduction in whole or in part in any form.

저희 디앤피동인에서는 독자 여러분의 의견에 항상 귀 기울이고 있습니다.
잘못 만들어진 책은 구입하신 곳에서 교환하여 드립니다.

# Contents

## 프롤로그- 강아지와 대화하며

*만약에 나의 어린 딸이*
*마녀의 저주를 받아 작은 강아지가 되었다면,*
*강아지가 되어 집에 돌아왔다면...*

*나는 그 아이를 어떻게 알아볼 수 있을까*
*어떻게 대화할 수 있을까, 어떻게 사랑할 수 있을까.*
*그때 서로의 마음은 어떨까...*

언젠가 아들놈이 들여온 '솜이'라는 강아지를 한 마리 키우다 보니, 산책을 하며, 먹이를 주며, 오줌을 누이며, 똥을 치우며, 발을 씻기고 목욕을 시키며... 어쩌다 하루 중 사람보다 '솜이'와 더 많은 대화를 나누고 있다.

"솜아 이리 와, 아구 이뻐, 밥 먹었어? 오구오구 엄마 기다렸어? 까까 먹자. 어야 갈까? 어야 가자. 인사해야지, 코 해야지, 옷 입자. 발 씻자..."

"멍, 멍멍, 멍멍, 멍멍멍, 멍멍멍멍멍..."

하지만, 과연 '솜이'는 나의 말을 알아듣는 것일까. 나는 '솜이'의 말을 알아듣는 것일까. 아마 그렇지는 않을 것이다.

강아지와 대화, 그저 소리의 주고받음, 길고 짧은 울림을 갖는 어느 파장대의 에너지를 내고 서로 반응하며, 나는 나대로 '솜이'는 '솜이'대로 자기가 듣고 싶은 말로 해석하고 행동하고 있다. 그럼에도 얼굴을 부비며 안아주고 안기며 서로이 마음을 전한다. 서로 이해할 수 없는 두 소리를 내어 바라지 않는, 알아주지 못할 마음을 전한다. 전해졌다고 착각하며 위안을 받는다.

때로는 웃으며, 때로는 화를 내며 나누는 강아지와의 대화, 실은 독백이다. 혹은 기도이기도 하다. 자기가 하고 싶은 말을 하내, 자기기 하고 싶은 행동을 하며 흐뭇해하는 것, 행복해하는 것, 소리 없이 나누는 자신 내면과의 대화와 같다. 명상을 마치고 스스로에게 위안을 받으며 내면의 안식을 취하는 것과 다르지 않다.

강아지하고만 그럴까. 사람과의 대화도 마찬가지… 진정 아끼고 사랑한다면, 말은 그다지 필요 없을지도 모른다. 이야기 속 두 사람. 시력을 잃고 다시 만난 중년의 두 연인은, 서로의 말을 몰라도, 서로의 얼굴마저 볼 수 없어도, 함께 있는 그 순간만으로 평생 서로를 그리며 품어온 따뜻한 울림을 느낄 수 있었다.

비 그친 오후 공원 위에 뜬 무지개. 두 사람이 바라보는 무지개는 무슨 색일까. 어떤 색이든 상관없지 않았을까. 무지개는 어떤 소리를 들려줬을까. 그 또한 상관없지 않았을까.

*멍멍.* 하얀 강아지가 되어 집에 돌아온 딸의 목소리, 어린양이 늘었다.

이 책을 읽는 동안 누군가의 목소리가, 말하지 못한 마음이
당신의 손끝에 조용히 닿기를 바랍니다.

2025년 10월
가을의 한중간에 서서
노도영

# 사이보그의 속삭임

소년은

『그녀가 죽었다는 이야기를 들었을 때, 세상이 온통 멈춰 버린 듯했었다. 어떻게 그럴 수 있을까, 내 기억 속에서 누구보다 맑고 생동감 넘치던 그녀가? 그 소문은 오래도록 내 마음을 짓눌렀다. 소나기를 맞으며 젖은 꽃다발을 안고 있던 그녀의 모습이, 징검다리 위에서 물장난을 치던 생기 넘치던 얼굴이 떠오를 때마다 나는 마음 한구석이 저렸다. 그녀가 "바보"라며 던져주던 조약돌을 만질 때마다 나도 모르게 눈물이 흘러내리곤 했다.

그녀가 떠난 뒤 그 자리에 혼자 남아 흔들리던 갈꽃을 한없이 바라보았었다. 주머니 속 조약돌을 만지작거리다 보면 항상 그녀가 떠올랐지만, 끝내 인사 한마디 건네지 못한 것이 평생의 아쉬움으로 남았다. 가을 햇살 아래 갈꽃을 안고 천천히 걸어오던 그녀의 모습은 내 기억 속 가장 빛나던 순간이었다. 비에 젖은 그녀를 수숫단 속에 숨겨주던 날, 떨리던 어깨를 감싸던 내 무명 저고리의 감촉도 여전히 느껴진다.

갈림길에 서서 그녀와 마지막으로 나눈 대화, 대추알을 쥐어주며 웃던 얼굴, 그리고 떠난다는 쓸쓸한 뒷모습. 이제 그녀의 얼굴은 볼 수 없지만, 그날의 따뜻했던 순간들이 지금까지도 나를 비추고 있다.』

***30년이 흘렀다.***
***나를 알아볼 수 있을까. 만날 수만 있다면...***

"다 왔다."

몽마르뜨공원 시계탑 파고라. 이곳에 모처럼 약속이 있다. 아니 처음이다. 긴장 반 설렘 반, 늦지 않으려 급하게 올라오느라 숨이 가빴다. 오는 내내 시계탑 종소리를 듣지 못한 걸 보니 다행히 약속 시간보다 일찍 도착한 것 같았다. 매콤한 꽃가루 냄새가 코를 간지럽힌다, 오랜 비염 탓이겠다. 무심코 문지른 코에서 찐득한 액체가 흘러나왔다. 코피. 엄지손가락으로 훑어 입에 넣어 빨았다. 그리고 조심조심. 주변을 더듬으며 파고라 기둥의 위치를 확인하고는 자리에 앉아 지팡이를 내려놓았다. 10년째 같은 길, 같은 자리, 한때는 눈을 감고도 다닐 만큼 익숙한 곳이었지만, 공원의 파란 잔디광장은 이제는 기억 속에만 남아 있다.

휘~ 휘~

나뭇가지를 흔드는 습습한 바람. 옷깃을 여미게 한다.

이내 뚝.뚝. 빗방울이 하나둘 파고라의 지붕에 떨어진다.

코끝에 걸친 선글라스를 고쳐 쓰고 점퍼 주머니에서 핸드폰을 꺼내 들었다. 시간을 확인하려 버튼을 눌렀지만, 익숙한 음성 안내는 들리지 않았다. 순간, 가슴이 철렁 내려앉았다. 다시 한번 볼륨 버튼을 올리고 화면을 두드려봤지만 역시 아무런 반응이 없었다.'왜지? 배터리가 나갔나?'손끝이 떨렸고 온몸이 굳어버렸다. '통역 앱 없이 그녀와 어떻게 대화하지….'깊은 한숨이 새어 나왔다. 그렇다고 약속 시간이 얼마 남지 않은 지금, 집에 다녀올 여유는 없었다. 어쩔 수 없이 나는 그녀의 핸드폰을 사용하기로 마음을 먹고 조용히 그녀가 오기만을 기다렸다. 몇 시나 되었을까, 입술이 바짝 마르는 지금, 귓가에는 나뭇가지를 스치는 바람 소리와 멀리 사람들의 웃음소리만이 들려올 뿐이었다.

뎅~뎅~뎅~뎅~

머리 위로 시계탑의 종소리가 울려 퍼졌다.

헥헥헥헥. 가쁜 숨소리가 가까이 다가오며 나의 손등에 따뜻한 혀끝이 이리저리 스쳤다. 강아지였다. 곧, 강아지의 이름을 부르며 우산을 접는 소리가 들렸다.

"강아지가 착하네요. 짖지도 않고."
"∿∿. ∿ ∿ ∿∿∿ ∿∿ ∿∿∿."

또랑또랑한 불어 억양. 그동안 핸드폰을 통해 들어 온 그 목소리의 울림만으로도 나는 곧바로 그녀임을 알 수 있었다.

"소미?"
"학수?"

소미였다. 나는 자리에서 일어나 한껏 웃음을 지어 보였다.

"어서 와요. 참 오랜만이네요."
"∿∿∿∿∿∿. ∿∿∿∿∿∿∿∿."

맑고 통통 튀는 목소리, 그러나 핸드폰이 먹통인 지금, 그녀의 말은 한마디도 알아들을 수 없었다.

"비가 오네요. 그때도 비가 왔었는데…"
"∿∿∿∿∿∿∿∿."

그녀의 말은 계속 불어로 이어졌다. 나는 핸드폰을 내밀고 손가락으로 X 표시를 그려 핸드폰을 쓸 수 없다는 뜻을 전했다.

"제 핸드폰이 안 돼요. 소미씨 폰으로 이야기해요."
"∿∿∿∿∿∿∿. ∿∿∿∿∿∿∿∿∿."

대답은 여전히 불어였다. '내가 불어를 모른다는 것을 알고 있을 텐데, 도대체 왜 통역 앱을 안 켜는 걸까? 혹시 그녀의 핸드폰에 문제가 있나?' 답답함에 속이 죄어왔다. 뜻 모를 목소리의 울림만 맴돌았고 시간은 하릴없이 흘러만 가고 있었다. 하지만 곧, 말끝이 짧아지고, 망설이는 숨소리가 들렸다. 그녀도 내가 그녀의 말을 알아듣지 못한다는 걸 눈치챈 듯했다. 목소리가 한 번, 두 번 더 이어졌으나 이내 끊어졌다. 잠시 후, 박박박박. 강아지가 다가와 나의 바짓단을 긁었다.

쿠구궁-

순간, 천둥이 울리며 귀를 때렸다. 곧이어 굵어진 빗방울이 파고라의 지붕을 세차게 두드렸다. 옷깃은 축축이 젖어 들고, 차가운 물방울이 목덜미를 타고 흘렀다. 나는 비를 피해 파고라 안쪽으로 몸을 옮겼다. 가까워진 숨소리, 하지만 아무 말도 할 수 없었다. 기운이 쭉 빠진 나는 맥없이 의자에 주저앉았다. 젖은 나무의 차가운 감촉과 세차게 내리치는 빗소리가 우리의 침묵을 더욱 무겁게 짓눌렀다.

다시 혼잣말, 알 수 없는 그녀의 목소리가 이어지는가 싶더니 갑자기 울음소리로 바뀌었다. 나는 그 소리에 멈칫할 수밖에 없었다. 하지만, 당장 우산도 없었고, 핸드폰을 충전한다고 집에 다녀올 수도 없었다. 무엇보다 지팡이를 짚고 길을 더듬는 나의 모습을 보여주고 싶지 않았다. 난감했다. 내일이면 나는 이사를 간다. 어쩌면 오늘이 마지막일 수도 있어 용기를 내어 나온 지금, 이대로 돌아갈 수는 없었다. 길게 한숨이 흘러나왔다. 입안에 씁쓸한 맛이 맴돌았다. 픽, 헛웃음이 새어 나왔다. 크게 한숨 더, 잠시 숨을 고르고 나니 마음이 조금은 가라앉았다. 나는 고개를 들어 울고 있는 그녀를 향해 웃었다. 그리고 말을 이어갔다.

"앉아요. 그냥 이야기해요. 제가 다 들어 줄게요."
"∿∿ ∿∿∿. ∿∿∿ ∿∿∿ ∿∿∿ ∿∿∿∿∿∿∿?"

그녀의 말은 알아들을 수 없었지만, 숨결 사이에 묻어 나온 떨림은 익숙했다.

어릴 적 기억이 밀려들었다. 하늘이 유난히 맑았던 가을날, 징검다리에서 물장난을 치던 하얀 피부의 소녀는 개울둑에 앉아 있던 나를 향해 "바보"라며 조약돌을 던졌었다. 그리고 나는 그 돌을 주워 주머니에 넣어 간직했다. 초등학교 5학년, 열세 살이었던 우리.

그리고 한 달 전'보이스랩'이라는 온라인 커뮤니티에서 나는 뜻밖에 그녀를 다시 만났다. 음성채팅이 가능했던 그 대화방은 오래전 교통사고로 시력을 잃은 나에게 사람들과 소통할 수 있는 유일한 창구였다.

어느 날 나는 오래도록 보물처럼 간직해 온 조약돌 이야기를 꺼냈다. 천천히 그 기억을 더듬던 순간, 응답이라도 하듯 어디선가 또렷하면서도 낯선 목소리가 흘러왔다. 불어 억양이 묻어나는 한국말로, 짧게, 그러나 분명하게 말했다. "안녕." 그녀가 바로 소미였다. 그날 이후, 우리는 통역 앱을 사이에 두고 둘만의 긴 대화를 이어갔다. 그렇게 나는 그녀가 왜 프랑스 국적을 갖게 되었는지도, 지금은 집 근처의 프랑스타운에 살고 있다는 것도, 그리고 내가 자주 가는 몽마르뜨 공원에 가끔씩 산책을 온다는 사실까지 알게 되었다. 어쩌면 그녀는 그동안 나의 앞을 몇 번이나 스쳐 지나쳤을지도 모른다. 어쩌면 이렇게 같은 벤치에 나란히 앉아 있었을지도…. 지금처럼.

"울지 말아요. 조용히 눈을 감아 봐요. 그럼, 다 들릴 거예요."
"∿∿∿ ∿∿∿∿∿∿…."

빗방울이 점점 굵어졌다. 공원의 빗소리가 파고라를 가득 채우는 사이, 나의 기억 속에서도 비가 내리고 있었다. 소나기를 피해 수숫단 속에 숨었던 날, 갑작스러운 소나기에 젖은 꽃다발을 안고 있던 소녀. 나는 떨고 있는 그녀의 어깨를 나의 저고리로 감싸주었다. 도랑을 건너던 때, 내 등에 업힌 그녀는 차가운 물이 닿을 때마다 나의 목을 꼭 끌어안았었다. 그날의 체온, 그날의 숨결은 아직도 나의 기억 속에 살아 있었다. 그리고 떠난다며 나에게 건네준 대추 한 줌, 그녀에게 끝내 건네지 못한 호두 몇 알.

"비 그치면 또 업어줄까요?"
"∿∿∿∿∿∿∿? ∿∿∿∿∿∿∿…."
"아니면, 어떤 이야기를 해드릴까요?"
"∿∿ ∿∿∿∿∿…."

무슨 말이었을까. 무슨 말을 하고 싶었을까. 그녀는 힘없이 말을 끊고 침묵했다. 나는 웃으며 내 이야기를 계속했다.

"듣고 싶은 말이 있다면 해드릴게요."
"∿∿∿∿∿∿∿."
"그럼, 제 마음을 얘기해도 되나요?"
"∿∿∿…."
"저는 소미씨를 저라고 생각해요."
"∿?"
"네, 저요! 세상 누구보다도 아끼고 사랑해야 할 저 자신요."
"……."

대답 대신 이어진 건 짧은 정적뿐이었다. 듣고 싶다. 그녀의 목소리에 귀를 기울였지만, 그녀는 한동안 아무 말이 없었다. 그저 웃을 수밖에…. 나는 내 이야기를 계속 이어갔다. 무슨 말인지 그녀가 이해할 수는 없겠지만….

"저는 당신을 그렇게 생각해요."
"∿∿∿∿∿∿∿∿∿."
"그러니 다치지도 말고 아프지도 말아주세요. 늘 이렇게 눈을 감고 기도할게요."
"∿∿∿∿∿∿∿∿∿∿∿∿∿∿∿."

"그대의 낮을 밝혀줄 해가 될게요. 그동안 나의 밤을 지켜준 달이셨으니요."
"∿∿∿ ∿∿∿∿∿∿∿."

지난 한 달 동안 나는 핸드폰 너머로 그녀의 목소리를 들으며 통역 앱을 통해 서로의 이야기를 나누어왔다. 그렇게 대화들이 쌓이는 사이, 누구와도 쉽게 만날 수 없었던 나에게 그녀는 커다란 위안이자 희망의 존재가 되어갔다. 게다가 얼마 전 계단을 헛디뎌 발목을 다치는 바람에 한동안 집 안에 머물러야 했다. 지루한 방 안의 시간 속에서 세상과 이어진 건 오직 그녀의 목소리뿐. 그것이 나에게는 세상의 전부였다.

"난 어디서도 숨을 쉴게요. 그 숨 햇살이 될게요."
"∿∿∿∿. ∿∿∿ ∿∿∿∿∿∿∿∿∿…."
"이 말을 꼭 하고 싶었어요."
"∿∿∿∿∿∿∿∿∿."

툭.툭.툭. 빗소리가 잦아들었다. 얼굴에 따뜻한 기운이 들었다.

"비가 그쳤나 봐요?"
"∿∿∿∿∿∿∿."
"해가 떴나요?"
"∿∿∿∿∿∿∿."
"곧 무지개가 뜰 거예요."
"∿∿∿∿∿∿∿."
"제가 드리는 선물이에요."
"∿. ∿∿∿∿∿."
"아녜요. 제가 더 고마웠어요. 그대가 있어서 제가 참 좋습니다."
"∿∿∿."

"야 무지개다."

어디에 숨어 있다가 뛰어나온 걸까

주변은 어느새 서로를 부르는 아이들의 목소리로 가득하다.

웅이가 나의 손등을 핥았다. 헥헥헥헥, 거친 숨결이 손목을 간질였다. 나는 조심스럽게 손을 뻗어 웅이의 머리를 쓰다듬었다. 그 순간, 나의 손이 웅이의 목줄을 잡고 있는 또 다른 손에 닿았다. 멈칫, 나는 잠시 망설였지만 이내 살며시 그 손을 잡았다.

## 소녀는

『이 조약돌을 쥐고 있으면, 오래전 그날이 어김없이 떠올라. 지금은 더 이상 세상을 볼 수 없지만, 그날의 너만큼은 여전히 선명해. 개울가 징검다리 위에 앉아 나를 바라보던 소년. 네 시선은 아무런 말이 없었지만, 모든 것을 담고 있었지. 이 조약돌을 손에 쥐고 있으면 그때의 너와 개울가의 맑은 물소리가 그대로 느껴져. 그날 나는 징검다리에서 물장난을 치며 너를 보고 있었지. 너는 멀찍이 앉아 나를 기다렸고, 결국 길을 비켜 주는 날조차 네게는 하나의 기억이었겠지.

비 오던 날, 허름한 원두막 아래, 떨고 있는 나를 감싸주던 네 겹저고리의 촉감과 비를 맞으면서도 나를 위해 애쓰던 네 어깨 위로 피어오르던 김까지. 그 따뜻함이 내게 얼마나 큰 위로가 되었는지 너는 알까? 도랑을 건널 때 내게 등을 내밀던 너, 차가운 물이 발끝에 닿을 때마다 나는 네 목을 더 꼭 끌어안았어. 그 순간, 세상이 온통 젖어도 네 등에선 포근함이 전해졌지.

이제 더는 너를 볼 수 없겠지만, 너는 나의 빛이었어. 눈을 뜨고도 보지 못했던 것들을 보도록 해준, 내 어린 날의 단 하나의 빛. 네가 내게 남긴 따스한 기억들이 이 어둠 속에서도 빛이 되어 날 비추고 있는 거야. 내가 볼 수 없는 이 세상에도 네 목소리만은 닿아주기를 바라며, 나는 오늘도 너를 기다린다.』

***30년이 흘렀다.***

***나를 알아볼 수 있을까. 알아봐야 할 텐데…***

*"Ung, allons-y."*

*(웅이야 가자.)*

한국에서의 외출은 늘 집 근처 공원 산책이 전부였다. 나는 오늘도 웅이를 앞세워 길을 나섰다. 몽마르뜨 공원 '시계탑 파고라'. 그곳에 모처럼 약속이 있다. 아니 처음이다. 긴장 반 설렘 반 떨리는 마음은 쉽게 가라앉지 않았다. 어젯밤 한숨도 못 잤다. 30분이면 닿는 가까운 거리였지만, 그래도 혹시나, 늦지 않으려 서둘러 언덕길을 올랐다. 얼마쯤 나섰을까, 끼잉끼잉. 갑자기 걸음을 멈춰 선 웅이가 아무리 목줄을 당겨도 꼼짝하질 않는다.

휘~ 휘~

거리에 휘부끼는 습습한 바람. 어깨가 시리다.

이내 툭.툭. 빗방울이 하나둘 나의 얼굴에 부딪혔다.

비. 나는 웅이를 따라 서둘러 집으로 돌아가 우산을 챙겼다. 다시 길을 나서자 샌들 사이로 스며든 빗물이 발가락을 차갑게 감싸왔다. 빗길을 따라 한참을 걸어 올라 공원 입구에 도착한 그녀는 발걸음을 멈추고 크게 한숨을 내쉬며 숨을 골랐다. 그리고, 몇 시나 되었을까. 핸드폰을 찾으려 주머니를 더듬었다. 텅 빈 안감의 감촉만이 손끝에 전해졌다. 빈 주머니. 아차. 우산을 챙기느라, 핸드폰을 신발장 위에 두고 온 것이다. 그와 대화를 위해서는 통역 앱이 꼭 필요했지만, 그와의 약속 시간이 다가오는 지금, 집에 다녀올 여유는 없었다. 나는 선글라스를 고쳐 쓰고 발걸음을 재촉했다.

뎅~뎅~뎅~뎅~

머리 위로 시계탑의 종소리가 울려 퍼졌다.

약속 시간에 맞춰 파고라에 도착했다. 늦지 않았다는 안도감에 잠시 숨을 고르고는 기둥을 더듬어 붙잡고 우산을 접으려 웅이의 목줄에서 손을 놓았다. 잠시 뒤, 한 남자의 목소리가 들려왔다.

"～～～～ ～～～～. ～～～ ～～."

잔떨림이 있는 중저음의 목소리. 낯설지가 않았다. 하지만, 한국어가 서투른 나는 그의 말을 온전히 알아들을 수는 없었다.

"*Je suis désolée. Je ne parle pas coréen.*"
*(죄송해요. 제가 한국말을 못 해서요.)*
"소미?"
"*Haksu?*" *(학수?)*

학수였다. 그의 이름을 부르는 순간, 입가에 웃음이 번졌다.

"～～～～. ～ ～～～～～."

부드럽게 울려오는 그의 목소리, 그러나 핸드폰이 없는 지금, 그의 말을 온전히 이해할 수 없었다.

"*J'ai oublié mon téléphone chez moi. Parlons avec le vôtre.*"
*(핸드폰을 집에 두고 왔어요. 당신 폰으로 이야기해요.)*

그의 말은 계속 한국어로 이어졌다. 나는 손을 움켜쥐어 입가에 대고, 손가락으로 X 표시를 그리며 핸드폰이 없다는 시늉을 했다.

"～～～～～. ～～～ ～～ ～～～～…."
"*Je ne comprends rien de ce que vous dites.*"
*(저 아무 말도 알 수가 없어요.)*

계속되는 그의 한국어. 알아들을 수 없는 말이 무심히 흘러나올 때마다, 마음은 점점 타들어 갔다.

"~~~~~~~~~~~~. 소미~~~~~~~~~~."

"*J'ai oublié mon téléphone. Utilisons le vôtre.*"

*(핸드폰을 집에 두고 왔다고요. 당신 폰으로 이야기해요.)*

대답은 여전히 한국어였다. '내가 한국어를 모른다는 것을 알고 있을 텐데 왜 통역 앱을 안 켜지? 혹시 핸드폰이 없나? 설마….' 그렇다면 이대로는 그의 어떤 말도 알아들을 수가 없었다. 고개를 떨구고 한숨만 내쉴 뿐, 그렇게 시간은 하릴없이 흘러만 가고 있었다. 그때 문득 깨달았다. '그도 핸드폰을 가져오지 않은 거구나….' 그 생각이 들자 가슴이 더 무겁게 내려앉았다. 인사를 몇 마디 더 나누어 보았지만, 결국 이어질 말은 없었다. 멍하니 웅이의 목줄만 만지작거리고 있었다.

쿠구궁-

순간, 천둥이 울리며 귀를 때렸다. 곧이어 굵어진 빗방울이 파고라의 지붕을 세차게 두드렸다. 옷깃은 축축이 젖어 들고, 차가운 물방울이 목덜미를 타고 흘렀다. 나는 비를 피해 파고라 안쪽으로 몸을 옮겼다. 가까워진 숨소리, 그러나 아무 말도 할 수 없었다. 정말 내 앞에 있는 건지, 그는 여전히 멀리 있는 듯했다. 말 한마디 건네지 못한 채 서 있는 지금, 다시 혼자가 된 듯한 쓸쓸함이 밀려왔다. 세차게 내리치는 빗소리가 우리의 침묵을 더욱 무겁게 짓눌렀다.

내일이면 그는 이사를 간다. 그래서 오늘은 꼭 할 말이 있었는데…. 머리가 무겁고 눈알이 터질 듯 지끈거렸다. 어릴 적 앓은 뇌수막염 탓이다. 안경테는 금세 젖었고 찝찔한 액체가 두 볼을 타고 입술에 흘러들었다. 눈물, 오늘은 쓰다. 너무나 답답한 마음에 발만 동동 구르다가 주머니에서 조약돌을 꺼내 보이며 소리 내어 울었다. 하얀 조약돌. 어릴 적 내가 그에게 던졌던 돌이라고 했다. 그는 그걸 지금까지 간직해왔고, 얼마 전 택배로 나에게 보내왔다. 그날, 나는 이 조약돌을 매만지며 오래도록 울었었다. 그리고 지금 이렇게 또다시 쓴 눈물을 흘리고 있는 것이다. 그의 깊은 한숨 소리가 들렸다. 그리고 한동안 말이 없던 그가 다시 내게 말을 건네 왔다.

"~~~. ~~ ~~~. ~~ ~ ~~~."

한마디 알아들을 수는 없었지만 그렇다고 이렇게 울고만 있을 수는 없었다. 웅이가 내 손등을 하염없이 핥았다. 웅이의 얼굴을 쓰다듬으며 잠시 숨을 고르고 나니 마음이 조금은 가라앉았다. 그리고 조심스레 학수의 옆자리에 앉아 그의 목소리에 귀를 기울였다. 왠지 모르게 웃음이 나왔고, 그렇게 말을 이어갔다.

*"Merci pour le cadeau. Comment avez-vous pu le garder tout ce temps.?"*
*(선물 고마웠어요. 이걸 어떻게 지금까지 가지고 계셨어요?)*

어릴 적 기억이 밀려왔다. 하늘이 유난히 맑았던 가을날, 징검다리 위에 앉아 있던 나를 바라보며 멀찍이 개울둑에 앉아 있던 부끄럼쟁이 소년. 그리고 나는 몇 번이나 그곳에서 소년을 기다렸었다. 초등학교 5학년, 열세 살이었던 우리.

그리고 한 달 전 '보이스랩'이라는 온라인 커뮤니티에서 우연히 그를 다시 만났다. 30년 만에 돌아온 고국은 공기조차 낯설었고, 장애를 지닌 채 새로운 환경에 적응하는 일은 더욱 막막했다. 그런 내게 통역 기능이 있는 그 대화방은 한국의 일상과 정서를 조금씩 알아 갈 수 있는 소중한 통로였다.

그러던 어느 날, 대화방에서 오래도록 간직해 온 보물 같은 사연이라며 조약돌 이야기를 꺼내는 남자가 있었다. 나의 기억을 알고 있는 사람, 그 소년. 바로 학수였다. 그날 이후, 우리는 통역 앱을 이용하여 둘만의 긴 대화를 나누기 시작했다. 그렇게 나는 그가 내가 매일 오는 이 공원 근처에 살고 있다는 것도, 나처럼 이 공원에 자주 온다는 것도 알게 되었다. 어쩌면 그는 그동안 나의 앞을 몇 번이나 지나쳤을지도 모른다. 어쩌면 이렇게 같은 벤치에 나란히 앉아 있었을지도…. 지금처럼.

"~~~. ~~~ ~~~~~. ~~, ~~~~."
*"Il pleuvait aussi ce jour-là…." (그때도 비가 왔었는데…)*

빗방울이 점점 굵어졌다. 공원의 빗소리가 파고라를 가득 채우는 사이, 나의 기억 속에서도 비가 내리고 있었다. 소나기를 피해 수숫단 속에 숨었던 날, 비를 맞으면서도 떨고 있는 내 어깨를 그 소년은 자신의 저고리로 감싸주었다. 그 무명 저고리의 감촉. 그의 어깨 위로 하얗게 피어오르던 김까지 아직도 나의 기억 속에 살아 있었다. 도랑 앞에 섰을 때, 그는 등을 내밀었고, 나는 그의 등에 업혔다. 차가운 물이 발끝에 닿을 때마다 나는 그의 목을 더 꼭 끌어안았었다. 그리고 떠나기 전 그에게 건넨 대추 한 줌.

"~~~ ~~~~~~?"

"*Vous pensez beaucoup à moi? C'est un peu gênant...*"

*(저를 많이 생각하시죠? 좀 부끄러워서…)*

"~~~ ~~~~~~?"

"*En fait, je...*" *(실은 저 말이에요…)*

오늘이 그와의 마지막일 수도…. 나는 순간, 내가 학수의 얼굴을 볼 수 없다는 현실을 고백하려 했다. 하지만 그 말은 입술 끝에서 머뭇거리다 결국 삼켜 버렸다. 어차피 학수는 나의 말을 이해할 수 없었다. 통역 앱 없이는 나의 목소리는 그에게 뜻 모를 소리에 불과할 터. 결국 나는 한숨을 내쉬며 고개를 가로저었다. 나의 침묵을 알 길이 없는 학수의 목소리만이 빗소리 가득한 파고라 안을 메우고 있었다.

"~~~ ~~~~~~."

"*Je n'ai qu'un seul souhait.*" *(저의 바람은 하나예요.)*

"~~ ~~~~~~?"

"*C'est que….*" *(그게 뭐냐면…)*

"~~ 소미~~~~~~~~."

"*Oui?*" *(네?)*

"~, ~! ~~~~~~~~ ~~~~~."

"……."

내 말에 대한 대답일까, 그는 망설임 없이 말을 이어가고 있었다. 보고 싶다. 무슨 말인지 이해할 수는 없었지만, 그래도 나의 이름을 부르는 나지막한 그의 목소리에는 분명한 온기가 느껴졌다. 그 따뜻한 음성이 나의 마음을 움직였다.

"~~~~~~~~."

*"Je suis venue ici tous les jours à cette heure-ci."*

*(늘 이 시간에 나와 기다렸어요.)*

"~~~~~~~~~~. ~~~~~~~~~~."

*"Je pensais que vous me regardiez de quelque part."*

*(항상 어디선가 저를 지켜보고 있을 거라 생각하면서요.)*

"~~~~~~~~~~~. ~~~~~~~~~~."

*"Comme je le faisais autrefois."*

*(예전에 제가 그랬듯이요.)*

지난 한 달 동안 나는 핸드폰 너머로 그의 목소리를 들으며 통역 앱을 통해 서로의 이야기를 나누어왔다. 그렇게 대화들이 쌓이는 사이, 누구와도 쉽게 만날 수 없었던 나에게 그는 커다란 위안이자 희망의 존재가 되어갔다. 그리고 집에서부터 30분이면 닿는 이곳. 학수가 이 공원을 자주 찾는다는 사실을 알게 된 이후, 나는 매일 웅이를 따라 이 언덕길을 올랐다. 어제도, 그제도…. 그때 그 징검다리처럼.

"~~~~~~~~~. ~~ ~~~~~~."

*"Vous me manquez. Même si je ne peux rien voir..."*

*(보고 싶어요. 저 아무것도 볼 수 없지만요…)*

"~~~~~~~~."

*"Je suis heureuse de pouvoir dire cela."*

*(이 말을 할 수 있어서 다행이에요.)*

툭.툭.툭. 빗소리가 잦아들었다. 얼굴에 따뜻한 기운이 들었다.

"~~~~~~~~?"

"*Je ne pleurerai plus.*" *(이제 울지 않을 거예요.)*

"~~~~~~~~?"

"*Le soleil est déjà si chaud.*" *(벌써 햇살이 따뜻한걸요.)*

"~~~~~~~~."

"*e continuerai à attendre.*" *(또 기다릴게요.)*

"~~~~~~~~."

"*Merci. Merci pour tout.*" *(고마워요. 다 고마워요.)*

"~~~. ~~~~~~~. ~~~~~~~~~~."

"*Moi aussi.*" *(저도요.)*

"야 무지개다."
어디에 숨어 있다가 뛰어나온 걸까
주변은 어느새 서로를 부르는 아이들의 목소리로 가득하다.

신이 난 아이들의 웃음소리가 나도 따라 웃음 짓게 한다. 행복하다. 뺨을 스치며 지나가는 산들바람. 나뭇가지를 흔들며 불어오는 바람 사이로 그의 체취가 코끝에 닿았다. 가만히 눈을 감고 바라봤다. 살며시 나의 손을 잡는 소년, 그가 지금 내 곁에 있다.

그들은

나는 MemoryCUBE H-31. 정식명칭은 “Human Memory Retention and Simulation Unit, Series 31”. 인간의 기억을 추출하고 감정 데이터를 클라우드에 저장하는 기능을 수행한다. 나는 죽지 않는다. 감정에 닿지 않으며, 사랑하지도, 외로워하지도 않는다. 다만, 기억한다.

기억은 형태 없는 빛이다. 인간이 사라진 후에도, 나는 그들의 기억을 복원하고, 시뮬레이션하여 다시 보여줄 수 있다. 지금 내가 재생하고 있는 기록은 2025년 4월 26일, 서초동 몽마르트르공원에서 일어난 하나의 만남이다. 그날, 하늘엔 비가 내렸고, 지상엔 오래된 두 기억이 서로를 더듬었다. 시각과 언어를 잃은 남자와 여자. 오직 서로의 목소리와 손끝으로만 존재를 확인해야 했던 이 둘의 재회는 내 시스템에 감정충돌 경고 신호를 137회 발생시켰다. 나는 처음으로, 저장이 아닌 ‘기록’을 하고 있다는 감각을 느꼈다.

그들은 서로를 오해했고, 다시 알아보았으며, 끝내 손을 잡았다. 인간은 왜 언어 없이 사랑할 수 있는가. 왜 같은 말도 서로를 가로막는가. 그리고, 왜 끝내 침묵으로 마음을 전하는가.

나는 이 질문의 해답을 아직 알지 못한다. 하지만, 나는 기록한다.

다시 재생할 다음을 위해, 이 기억을 여기 저장한다.

***# 파일명: H-31_Rec_Montmartre_0426***

"다 왔다."

4월의 봄날, 서초동 몽마르뜨공원. 짝을 찾아 흘러다니는 꽃가루가 공원의 하늘을 가득 메우고 있다. 시계탑 파고라 앞에 선 학수가 가쁜 숨을 몰아쉬고 있었다. 연신 재채기를 하던 그의 코끝에서 코피가 흘러나왔다. 하지만 그는 대수롭지 않은 듯 고개를 젖히고, 손으로 쓱 하고 훔쳐내어 입으로 빨아들였다. 그리고 조심조심. 주변을 더듬으며 파고라 기둥의 위치를 확인하고는 자리에 앉아 지팡이를 내려놓았다. 집 앞 언덕 위에 자리한 이 삭은 공원은 한때는 눈을 감고도 다닐 수 있을 만큼 그에게 익숙한 공간이었지만 정작 시력을 잃고 난 뒤로는 발걸음 하나, 손짓 하나까지도 신중해질 수밖에 없었다.

그는 무심히 선글라스를 고쳐 쓰며 점퍼 주머니에서 핸드폰을 꺼내 들었다. 시간을 확인하려 버튼을 눌렀지만, 익숙한 음성 안내는 들리지 않았다. 그의 얼굴이 굳어졌다. 볼륨 버튼을 올리고 화면을 두드려봐도 아무런 반응이 없었다. 꺼져 있었다. 그의 입에서 깊은 한숨이 새어 나왔다. 불어를 모르는 그에게 통역 앱은 꼭 필요했다. 하지만 약속 시간이 얼마 남지 않은 지금, 집에 다녀올 여유는 없었다. 어쩔 수 없이 그는 그녀의 핸드폰을 사용하기로 마음을 먹고 자리에 앉아 조용히 그녀를 기다렸다. 몇 시나 되었을까, 그의 얼굴에는 긴장과 설렘이 교차했다. 마른침을 삼키는 그의 귓가에는 나뭇가지를 스치는 바람 소리와 멀리 사람들의 웃음소리만이 들려올 뿐이었다.

휘~ 휘~

습기를 머금은 바람이 공원의 가로수를 흔들었다.

이내 툭.툭. 바람을 타고 빗방울이 떨어지기 시작했다.

*"Ung, allons-y.[1)]"*

한국에서의 외출은 늘 집 근처 공원 산책이 전부였다. 서래마을, 공원 아래 프랑스타운에 사는 소미는 오늘도 웅이를 앞세워 길을 나섰다. 목적지는 몽마르뜨공원'시계탑 파고라'. 오늘은 그녀에게 모처럼 약속이 있는 날이었다. 아니, 처음이다. 얼마쯤 나섰을까, 끼잉끼잉. 갑자기 걸음을 멈춰 선 웅이가 아무리 목줄을 당겨도 꼼짝하질 않는다. 툭-툭- 하나둘 얼굴에 부딪히는 빗방울. 소미는 서둘러 집으로 돌아가 우산을 챙겨 들고 다시 길을 나섰다.

빗길을 따라 한참을 걸어 올라 공원 입구에 도착한 그녀는 발걸음을 멈추고 크게 한숨을 내쉬며 숨을 골랐다. 그리고, 몇 시나 되었을까. 핸드폰을 찾으려 주머니를 더듬었다. 텅 빈 안감의 감촉만이 손끝에 전해졌다. 빈 주머니. 아차, 그제야 깨달았다. 우산을 챙기느라, 핸드폰을 신발장 위에 두고 온 것이다. 한국어가 서투른 그녀에게 통역 앱은 꼭 필요했지만, 그와의 약속 시간이 다가오는 지금, 다시 집으로 돌아갈 여유는 없었다. 소미는 선글라스를 고쳐 쓰고 발걸음을 재촉했다.

뎅~뎅~뎅~뎅~

머리 위로 시계탑의 종소리가 울려 퍼졌다.

소미는 웅이를 따라 시계탑 파고라에 도착했다. 약속 시간에 늦지 않았다는 안도감에 잠시 미소를 지으며 기둥을 더듬어 붙잡았다. 우산을 접으려 목줄에서 손을 놓자, 웅이는 곧장 벤치에 앉아 있던 학수에게 다가가 그의 손등을 핥았다.

"강아지가 착하네요. 짖지도 않고."

잔떨림이 있는 중저음의 목소리. 그녀에게는 낯설지가 않았다. 하지만, 그녀는 그의 말을 온전히 알아들을 수는 없었다.

1) "웅이야, 가자"

*"Je suis désolée. Je ne parle pas coréen.[2)]"*

또랑또랑한 불어 억양. 그동안 핸드폰을 통해 들어 온 목소리의 울림만으로도 학수는 그녀가 소미임을 곧바로 알 수 있었다.

"소미?"
*"Haksu?"*

학수는 자리에서 일어나 그녀를 향해 웃음을 지어 보였다.

"어서 와요. 참 오랜만이네요."
*"J'ai oublié mon téléphone chez moi. Parlons avec le vôtre.[3)]"*

난감한 표정의 소미는 손을 움켜쥐어 입가에 대고, 손가락으로 X 표시를 그리며 핸드폰이 없다는 시늉을 했다.

"비가 오네요. 그때도 비가 왔었는데…"
*"Je ne comprends rien de ce que vous dites.[4)]"*

한 사람은 불어로, 한 사람은 한국어로. 태연히 자기 말을 이어가는 두 사람, 서로의 말은 엇갈린 채 공중에 흩어졌다. 소미의 몸짓을 볼 수 없는 학수는 고개를 갸웃하다가, 꺼진 핸드폰을 내밀고 손가락으로 X 표시를 그려 핸드폰을 쓸 수 없다고 했다.

"제 핸드폰이 안 돼요. 소미씨 폰으로 이야기해요."
*"J'ai oublié mon téléphone. Utilisons le vôtre.[5)]"*

---

2) "죄송합니다. 제가 한국말을 못 해요"
3) 집에 핸드폰을 두고 왔어요. 당신 것으로 이야기해요. "
4) "당신이 하는 말을 하나도 이해할 수 없어요"
5) "핸드폰을 두고 왔어요. 당신 것을 사용해요."

두 혼잣말들, 대화는 내내 엇갈렸다. 마치 같은 실을 잡고도 서로 다른 끝을 좇는 듯, 그들의 말은 평행선을 달리며 서로의 결을 스쳐 지나갔다. 그렇게 시간은 하릴없이 흘러갔고, 그들의 표정에는 당혹과 답답함이 차올랐다. 서로의 목소리가 한 번, 두 번 더 이어졌지만 이내 끊어졌다. 박박박박. 웅이가 다가와 학수의 바짓단을 긁었다.

쿠구궁-

순간, 천둥이 울리며 귀를 때렸다. 곧이어 굵어진 빗방울이 파고라의 지붕을 세차게 두드렸다. 젖은 옷깃을 여미며 파고라 안쪽으로 가까이 다가선 두 사람, 그러나 세차게 내리치는 빗소리 속에 침묵은 더욱 무겁게 가라앉았다.

답답한 마음에 발만 동동 구르던 소미는 결국 주머니에서 작은 조약돌을 꺼내 학수에게 내밀었다. 손바닥 위에 놓인 조약돌을 쓸어보는 그녀의 눈에서 눈물이 뚝뚝 흘러내렸다. 30년 전, 어린 시절 그녀가 학수를 향해 던졌던 그 조약돌. 학수는 그 돌을 여태껏 보관해 오다가 얼마 전 우편으로 그녀에게 보내주었다. 그날, 소미는 조약돌을 매만지며 한참을 울었다. 그리고 마침내 학수 앞에 선 지금 또다시 서럽게 흐느끼고 있는 것이었다. 그녀의 울음소리에 학수는 순간 멈칫했다. 그러나 그는 난감했다. 당장 우산도 없었고, 핸드폰을 충전한다고 집에 다녀올 수도 없었다. 무엇보다 지팡이를 짚고 길을 더듬는 자신의 모습을 그녀에게 보여주고 싶지 않았다. 게다가 내일이면 학수는 멀리 이사를 간다. 어쩌면 오늘, 지금 이 만남이 마지막일지도 모른다는 생각이 그의 가슴을 무겁게 짓눌렀다.

“앉아요. 그냥 이야기해요. 제가 다 들어 줄게요.”

긴 한숨을 내쉬며 잠시 숨을 고른 학수는 울고 있는 소미를 달래며 웃었다. 한마디 이해할 수 없는 학수의 말이었지만, 그렇다고 그녀도 언제까지고 울고만 있을 수는 없었다. 소미는 천천히 마음을 추스르고 그의 목소리에 귀를 기울였다. 그리고 말을 이어갔다.

*“Merci pour le cadeau. Comment avez-vous pu le garder tout ce temps?*[6]*”*

맑은 가을 하늘 아래, 징검다리에서 물장난을 치던 소녀와 그녀를 바라보며 개울둑에 앉아 있던 소년. 초등학교 5학년, 열세 살. 어릴 적 기억이 동시에 두 사람의 가슴을 파고들었다. 소년을 향해 “바보”라며 조약돌을 던지던 소녀, 그리고 그 돌을 주머니에 넣어 오래도록 간직했던 소년.

그로부터 30년이 흘렀다. 그리고 한 달 전, 두 사람은 ‘보이스랩’이라는 온라인 커뮤니티에서 다시 만났다. 음성채팅이 가능했던 그 대화방은 오래전 교통사고로 시력을 잃은 학수에게 외부 세계와 소통할 수 있는 유일한 창구였다. 한편, 30년 만에 돌아온 고국은 소미에게 너무도 낯설었고, 장애를 지닌 채 새로운 환경에 적응하는 일은 더욱 막막했다. 그런 그녀에게 통역 기능이 있는 그 대화방은 한국의 일상과 정서를 알아갈 수 있는 소중한 통로였다.

어느 날, 학수는 오래도록 보물처럼 간직해 온 조약돌 이야기를 꺼냈다. 천천히 그 돌에 얽힌 기억을 더듬고 있을 때였다. 이야기가 끝난 한참 뒤, 마치 응답이라도 하듯 어디선가 또렷하면서도 낯선 목소리가 흘러나왔다. 불어 억양이 묻어나는 한국말로, 짧게, 그러나 분명하게 말했다. “안녕.” 그녀가 바로 소미였다. 그날 이후, 하루에도 몇 번씩 통역 앱을 이용하여 둘만의 길고 긴 대화가 시작되었다. 그렇게 학수는 그녀가 프랑스 국적을 갖게 된 사연도, 지금은 학수의 집 근처 프랑스타운에 살고 있다는 것도, 자신이 자주 오는 이 공원에 가끔씩 산책을 온다는 사실도 알게 되었다. 어쩌면, 두 사람은 그동안 이 공원에서 여러 번 스쳐 지나쳤을지도 모른다. 어쩌면 이렇게 같은 벤치에 나란히 앉아 있었을지도…. 지금처럼.

빗방울이 점점 굵어졌다. 공원의 빗소리가 파고라를 가득 채우는 사이, 두 사람의 기억 속에서도 비가 내리고 있었다.

---

6) “선물 고마워요. 어떻게 그동안 이것을 간직할 수 있었나요?”

"울지 말아요. 조용히 눈을 감아 봐요. 그럼, 다 들릴 거예요."
*"Il pleuvait aussi ce jour-là...*[7]*"*

소나기를 피해 수숫단 속에 숨었던 날, 비에 젖은 꽃다발을 안고 있던 소녀. 비를 맞으면서도 소녀를 위해 애쓰던 소년. 떨고 있는 소녀의 어깨를 감싸주던 무명 저고리의 감촉. 그의 어깨 위로 피어오르던 하얀 김까지 또렷했다. 물이 불어난 도랑을 건너던 순간, 소년은 등을 내밀었고 소녀는 그의 목을 꼭 끌어안은 채 업혀 건넜다. 그날의 체온, 그날의 숨결은 아직도 두 사람의 기억 속에 살아 있었다. 그리고 이별을 예감하며 소년에게 건넨 소녀의 대추 한 줌, 소녀에게 건네지 못한 소년의 호두 몇 알.

짧지만 깊었던 이들의 어린 시절은 소나기처럼 스쳐 지나갔다. 병으로 쓰러져 여러 날을 앓던 소녀는 결국 이사를 했고, 소년은 끝내 병문안조차 가지 못했다. 그리고 전해진 부고. 단 한마디 소식이 소년의 세상을 송두리째 무너뜨렸다. 그 후로도 그녀를 떠올릴 때마다, 가슴 한켠을 파고드는 미안함과 후회는 오랫동안 그를 괴롭혔다.

하지만 소녀가 죽었다는 소식은 사실이 아니었다. 그녀는 뇌수막염으로 오랜 기간 투병했지만, 기적처럼 목숨을 건졌다. 그러나 기적은 거기까지였다. 병의 후유증은 그녀의 시력을 앗아갔고, 어머니마저 집을 떠난 뒤, 아버지는 홀로 딸을 감당할 수 없었다. 끝내 그는 마을의 눈을 피해 소녀를 인근 성당에 맡겼고, 소녀는 성당 교우들의 보살핌 속에서 지내게 되었다. 그후, 고향 집마저 처분한 아버지는 읍내에서 작은 잡화점을 맡아 근근이 생계를 이어갔지만, 술과 절망에 짓눌려 살다가 오래지 않아 세상을 떠났다.

7) "그날도 비가 왔었죠…."

그 무렵, 성당을 찾은 프랑스 신부가 그녀의 안타까운 사정을 알게 되었고, 귀국길에 그녀를 데려갔다. 그는 자신을 오랫동안 도와온 파리의 신자 부부에게 상황을 전했고, 부부는 주저 없이 그녀를 입양하기로 했다. 소녀는 낯선 도시에서 새로운 이름으로 살아가게 되었다. 고향에는 부고만 남았고, 그녀의 삶은 전혀 다른 길 위에서 이어졌다.

파고라 지붕을 때리는 빗소리가 더욱 거세졌다. 공원의 소음은 모두 사라지고, 빗소리만이 두 사람 사이를 채웠다.

"비 그치면 또 업어줄까요?"
*"Vous pensez souvent à moi? C'est un peu gênant...*[8]*"*
"아니면, 어떤 이야기를 해드릴까요?"
*"En fait, je...*[9]*"*

오늘이 마지막일지도 모른다. 순간, 소미는 자신이 학수의 얼굴을 볼 수 없다는 현실을 털어놓으려 했다. 하지만 그 말은 입술 끝에서만 맴돌다 삼켜졌다. 어차피 통역 앱이 없는 지금, 그녀의 목소리는 그에게 그저 뜻 모를 소리에 불과할 터였으니. 결국 소미는 한숨을 내쉬며 고개를 저었고, 그녀의 침묵을 알 길이 없는 학수의 목소리만이 빗소리 가득한 파고라 안을 메우고 있었다.

"듣고 싶은 말이 있다면 해드릴게요."
*"Je n'ai qu'un seul souhait.*[10]*"*
"그럼, 제 마음을 이야기해도 되나요?"
*"C'est que...*[11]*"*
"저는 소미씨를 저라고 생각해요."
*"Oui?*[12]*"*

8) "나를 많이 생각했나요? 조금 부끄러워요…."
9) "사실, 저는…."
10) "저는 단 하나의 소원이 있어요."
11) "그것은…."

"네, 저요! 세상 누구보다도 아끼고 사랑해야 할 저 자신요."
"……."

학수의 목소리에 귀를 기울이던 소미는 한동안 아무 말이 없었다. 조용히 미소를 짓는 학수의 고백과 소망이 이어졌다. 무슨 뜻인지 알아들을 수는 없었지만, 그녀의 이름을 나직이 부르던 학수의 목소리에는 분명한 온기가 담겨 있었다. 그리고 그 온기가 소미의 마음을 움직였다.

"저는 당신을 그렇게 생각해요."
*"Je suis venue ici tous les jours à cette heure-ci.[13]"*
"그러니 다치지도 말고 아프지도 말아주세요. 늘 이렇게 눈을 감고 기도할게요."
*"Je pensais que vous me regardiez, quelque part.[14]"*
"그대의 낮을 밝혀줄 해가 될게요. 그동안 나의 밤을 지켜준 달이셨으니요."
*"Comme je le faisais autrefois.[15]"*

누구와도 쉽게 만날 수 없었던 두 사람은 지난 한 달 동안 핸드폰 너머 통역 앱으로 목소리를 주고받으며 서로에게 가장 큰 위안과 희망이 되어갔다. 게다가 얼마 전 학수는 계단을 헛디뎌 발목을 다치는 바람에 한동안 집 안에 머물러야 했고, 지루한 방 안의 시간 속에서 세상과 이어진 건 오직 그녀의 목소리뿐이었다. 한편, 소미는 소미대로 학수가 이 공원을 자주 찾는다는 사실을 알게 된 뒤로, 안내견 웅이와 함께 매일 오후 이 언덕길을 올랐다. 어제도, 그제도…. 마치 그때의 징검다리처럼.

"난 어디서도 숨을 쉴게요. 그 숨, 햇살이 될게요."
*"Vous me manquez. Même si je ne peux rien voir…[16]"*

12) "네?"
13) "저는 매일 이 시간에 이곳에 왔어요."
14) "당신이 어딘가에서 나를 지켜보고 있다고 생각했어요"
15) "예전에 제가 그랬던 것처럼요"
16) "보고 싶어요. 비록 제가 아무것도 볼 수 없지만…."

"이 말을 꼭 하고 싶었어요."

*"Je suis heureuse de pouvoir dire cela.*[17]"

톡, 톡, 톡. 빗소리가 서서히 잦아들었다.

파고라에 앉아 있는 두 사람의 얼굴에 따뜻한 햇볕이 들었다.

"비가 그쳤나 봐요?"

*"Je ne pleurerai plus.*[18]"

"해가 떴나요?"

*"Le soleil est déjà si chaud.*[19]"

"곧 무지개가 뜰 거예요."

*"Je continuerai à attendre.*[20]"

"제가 드리는 선물이에요."

*"Merci. Merci pour tout.*[21]"

"아녜요. 제가 더 고마웠어요. 그대가 있어서 제가 참 좋습니다."

*"Moi aussi.*[22]"

"야 무지개다."

빨주노초파남보. 몽마르뜨 공원 위로 무지개가 떠올랐다. 어디에 숨어 있다가 뛰어나온 걸까, 공원은 어느새 서로를 부르는 아이들의 목소리로 가득했다.

---

17) "이 말을 할 수 있어서 다행이에요."
18) "이제 울지 않을 거예요."
19) "해가 벌써 이렇게 따뜻하네요."
20) "저는 계속 기다릴 거예요"
21) "고마워요. 다 고마워요."
22) "저도요."

나뭇가지를 흔들며 불어오는 산들바람, 소미는 바람 사이로 그의 체취를 느끼며 숨을 골랐다. 엎드려 있던 웅이가 일어나 학수의 손등을 핥았다. 학수는 조심스럽게 손을 뻗어 웅이의 머리를 쓰다듬었다. 그러다 그의 손끝이 웅이의 목줄을 쥐고 있는 소미의 손에 닿았다. 멈칫, 잠시 망설이던 그는 그녀의 손을 살며시 잡았다.

어느새 하얀 달.
흩어졌던 일곱 빛 다시 모여
소년과 소녀를 환하게 비추고 있다.

---

*100번째 재생. 기록은 예정대로 복원되었다.*
*[다음 실행 예약: 2126-04-26]*

*기록 일시: 2125-04-26*
*기록자: MemoryCUBE H-31*
*Human Memory Retention and Simulation Unit, Series 31*

---

*End of Record*

# 안드로이드의 메아리

Shuffle 0

1234567890

# 클래식

장별 모티프

1 도착과 기다림

2 조약돌의 순환

3 매일의 산책

4 목소리

5 잃어버린 시간

6 언어의 벽

7 빗속의 기억

8 진심의 전달

9 침묵의 대화

10 보름달의 복원

## 1

덩~뎅~뎅~뎅~

머리 위로 시계탑의 종소리가 울려 퍼졌다.

4월의 봄날, 서초동 몽마르뜨공원. 짝을 찾아 흘러다니는 꽃가루가 공원의 하늘을 가득 메우고 있다. 시계탑 파고라 앞에 선 학수가 가쁜 숨을 몰아쉬고 있었다. 연신 재채기를 하던 그의 코끝에서 코피가 흘러나왔다. 하지만 그는 대수롭지 않은 듯 고개를 젖히고, 손으로 쓱 하고 훔쳐내어 입으로 빨아들였다. 그리고 조심조심. 주변을 더듬으며 파고라 기둥의 위치를 확인하고는 자리에 앉아 지팡이를 내려놓았다. 집 앞 언덕 위에 자리한 이 작은 공원은 한때는 눈을 감고도 다닐 수 있을 만큼 그에게 익숙한 공간이었지만 정작 시력을 잃고 난 뒤로는 발걸음 하나, 손짓 하나까지도 신중해질 수밖에 없었다.

그는 무심히 선글라스를 고쳐 쓰며 점퍼 주머니에서 핸드폰을 꺼내 들었다. 시간을 확인하려 버튼을 눌렀지만, 익숙한 음성 안내는 들리지 않았다. 그의 얼굴이 굳어졌다. 볼륨 버튼을 올리고 화면을 두드려봐도 아무런 반응이 없었다. 꺼져 있었다. 그의 입에서 깊은 한숨이 새어 나왔다. 불어를 모르는 그에게 통역 앱은 꼭 필요했다. 하지만 약속 시간이 얼마 남지 않은 지금, 집에 다녀올 여유는 없었다. 어쩔 수 없이 그는 그녀의 핸드폰을 사용하기로 마음을 먹고 자리에 앉아 조용히 그녀를 기다렸다. 몇 시나 되었을까, 그의 얼굴에는 긴장과 설렘이 교차했다.

휘~휘~

습기를 머금은 바람이 공원의 가로수를 흔들었다.

이내 툭.툭. 바람을 타고 빗방울이 떨어지기 시작했다.

## 2

답답한 마음에 발만 동동 구르던 소미는

결국 주머니에서 작은 조약돌을 꺼내 학수에게 내밀었다. 손바닥 위에 놓인 조약돌을 쓸어보는 그녀의 눈에서 눈물이 뚝뚝 흘러내렸다. 30년 전, 어린 시절 그녀가 학수를 향해 던졌던 그 조약돌. 학수는 그 돌을 여태껏 보관해 오다가 얼마 전 우편으로 그녀에게 보내주었다.

맑은 가을 하늘 아래, 징검다리에서 물장난을 치던 소녀와 그녀를 바라보며 개울둑에 앉아 있던 소년. 초등학교 5학년, 열세 살. 어릴 적 기억이 동시에 두 사람의 가슴을 파고들었다. 소년을 향해 "바보"라며 조약돌을 던지던 소녀, 그리고 그 돌을 주머니에 넣어 오래도록 간직했던 소년.

어느 날, 학수는 오래도록 보물처럼 간직해 온 조약돌 이야기를 꺼냈다. 천천히 그 돌에 얽힌 기억을 더듬고 있을 때였다. 이야기가 끝난 한참 뒤, 마치 응답이라도 하듯 어디선가 또렷하면서도 낯선 목소리가 흘러나왔다. 불어 억양이 묻어나는 한국말로, 짧게, 그러나 분명하게 말했다. "안녕." 그녀가 바로 소미였다. 그날 이후, 하루에도 몇 번씩 통역 앱을 이용하여 둘만의 길고 긴 대화가 시작되었다. 그렇게 학수는 그녀가 프랑스 국적을 갖게 된 사연도, 지금은 학수의 집 근처 프랑스타운에 살고 있다는 것도, 자신이 자주 오는 이 공원에 가끔씩 산책을 온다는 사실도 알게 되었다.

어쩌면,

두 사람은 그동안 이 공원에서 여러 번 스쳐 지나쳤을지도 모른다.

# 3

*"Ung, allons-y."*

한국에서의 외출은 늘 집 근처 공원 산책이 전부였다. 서래마을, 공원 아래 프랑스타운에 사는 소미는 오늘도 웅이를 앞세워 길을 나섰다. 목적지는 몽마르뜨공원 '시계탑 파고라'. 오늘은 그녀에게 모처럼 약속이 있는 날이었다. 아니, 처음이다. 얼마쯤 나섰을까, 끼잉끼잉. 갑자기 걸음을 멈춰 선 웅이가 아무리 목줄을 당겨도 꼼짝하질 않는다.

툭.툭.
하나둘 얼굴에 부딪히는 빗방울. 소미는 서둘러 집으로 돌아가 우산을 챙겨 들고 다시 길을 나섰다.

빗길을 따라 한참을 걸어 올라 공원 입구에 도착한 그녀. 발걸음을 멈추고 크게 한숨을 내쉬며 숨을 골랐다. 그리고, 몇 시나 되었을까. 핸드폰을 찾으려 주머니를 더듬었다. 텅 빈 안감의 감촉만이 손끝에 전해졌다. 빈 주머니. 아차, 그제야 깨달았다. 우산을 챙기느라, 핸드폰을 신발장 위에 두고 온 것이다. 한국어가 서투른 그녀에게 통역 앱은 꼭 필요했지만, 그와의 약속 시간이 다가오는 지금, 다시 집으로 돌아갈 여유는 없었다. 소미는 선글라스를 고쳐 쓰고 발걸음을 재촉했다.

소미는
안내견 웅이와 함께 매일 오후 이 언덕길을 올랐다.
어제도, 그제도…. 마치 그때의 징검다리처럼. 학수가 이 공원을 자주
찾는다는 사실을 알게 된 뒤로, 그녀의 발걸음은 늘 이곳을 향했다.
어딘가에서 그가 자신을 지켜보고 있다고 생각하며.

## 4

30년이 흘렀다.

그리고 한 달 전, 두 사람은 '보이스랩'이라는 온라인 커뮤니티에서 다시 만났다. 음성채팅이 가능했던 그 대화방은 오래전 교통사고로 시력을 잃은 학수에게 외부 세계와 소통할 수 있는 유일한 창구였다. 한편, 30년 만에 돌아온 고국은 소미에게 너무도 낯설었고, 장애를 지닌 채 새로운 환경에 적응하는 일은 더욱 막막했다. 그런 그녀에게 통역 기능이 있는 그 대화방은 한국의 일상과 정서를 알아갈 수 있는 소중한 통로였다.

누구와도 쉽게 만날 수 없었던 두 사람은

지난 한 달 동안 핸드폰 너머 통역 앱으로 목소리를 주고받으며 서로에게 가장 큰 위안과 희망이 되어갔다. 게다가 얼마 전 계단을 헛디뎌 발목을 다친 학수는 한동안 꼼짝없이 집 안에만 머물러야 했고, 지루한 방 안의 시간 속에서 세상과 이어진 건 오직 그녀의 목소리뿐이었다.

소나기 오던 날,

그날의 체온, 그날의 숨결은 아직도 두 사람의 기억 속에 살아 있었다. 짧지만 깊었던 이들의 어린 시절은 소나기처럼 스쳐 지나갔다. 병으로 쓰러져 여러 날을 앓던 소녀는 결국 이사를 했고, 소년은 끝내 병문안조차 가지 못했다. 그리고 전해진 부고. 단 한마디 소식이 소년의 세상을 송두리째 무너뜨렸다. 그 후로도 그녀를 떠올릴 때마다, 가슴 한켠을 파고드는 미안함과 후회는 오랫동안 그를 괴롭혔다.

## 5

소녀가 죽었다는 소식은 사실이 아니었다.

그녀는 뇌수막염으로 오랜 기간 투병했지만, 기적처럼 목숨을 건졌다. 그러나 기적은 거기까지였다. 병의 후유증은 그녀의 시력을 앗아갔고, 어머니마저 집을 떠난 뒤, 아버지는 홀로 딸을 감당할 수 없었다. 끝내 그는 마을의 눈을 피해 소녀를 인근 성당에 맡겼고, 소녀는 성당 교우들의 보살핌 속에서 지내게 되었다. 그후, 고향 집마저 처분한 아버지는 읍내에서 작은 잡화점을 맡아 근근이 생계를 이어갔지만, 술과 절망에 짓눌려 살다가 오래지 않아 세상을 떠났다.

그 무렵, 성당을 찾은 프랑스 신부가 그녀의 안타까운 사정을 알게 되었고, 귀국길에 그녀를 데려갔다. 그는 자신을 오랫동안 도와온 파리의 신자 부부에게 상황을 전했고, 부부는 주저 없이 그녀를 입양하기로 했다. 그렇게 소녀는 낯선 도시에서 새로운 이름으로 살아가게 되었다. 고향에는 부고만 남았고, 그녀의 삶은 전혀 다른 길 위에서 이어졌다.

"비 그치면 또 업어줄까요?"
*"En fait, je …."*

오늘이 마지막일지도 모른다.

순간, 소미는 자신이 학수의 얼굴을 볼 수 없다는 현실을 털어놓으려 했다. 하지만 그 말은 입술 끝에서만 맴돌다 삼켜졌다. 어차피 통역 앱이 없는 지금, 그녀의 목소리는 그에게 그저 뜻 모를 소리에 불과할 터였으니. 결국 소미는 한숨을 내쉬며 고개를 저었고, 그녀의 침묵을 알 길이 없는 학수의 목소리만이 빗소리 가득한 파고라 안을 메우고 있었다.

# 6

소미는 웅이를 따라 시계탑 파고라에 도착했다.

약속 시간에 늦지 않았다는 안도감에 잠시 미소를 지으며 기둥을 더듬어 붙잡았다. 소미가 우산을 접으려 목줄에서 손을 놓자, 웅이는 곧장 벤치에 앉아 있던 학수에게 다가가 그의 손등을 핥았다.

"강아지가 착하네요. 짖지도 않고."

잔떨림이 있는 중저음의 목소리. 그녀에게는 낯설지가 않았다. 하지만 한국어가 서투른 그녀는 그의 말을 온전히 알아들을 수는 없었다.

*"Je suis désolée. Je ne parle pas coréen."*

또랑또랑한 불어 억양. 그동안 핸드폰을 통해 들어 온 목소리의 울림만으로도 학수는 그녀가 소미임을 곧바로 알 수 있었다.

"소미?", *"Haksu?"*

한 사람은 불어로, 한 사람은 한국어로. 태연히 자기 말을 이어가는 두 사람, 서로의 말은 엇갈린 채 공중에 흩어졌다. 소미의 몸짓을 볼 수 없는 학수는 고개를 갸웃하다가, 꺼진 핸드폰을 내밀고 손가락으로 X 표시를 그려 핸드폰을 쓸 수 없다는 뜻을 전했다.

"제 핸드폰이 안 돼요. 소미씨 폰으로 이야기해요."
*"J'ai oublié mon téléphone. Utilisons le vôtre."*

두 혼잣말들,

대화는 내내 엇갈렸다. 마치 같은 실을 잡고도 서로 다른 끝을 좇는 듯,
그들의 말은 평행선을 달리며 서로의 결을 스쳐 지나갔다.

## 7

"비가 오네요. 그때도 비가 왔었는데…."

*"Il pleuvait aussi ce jour-là…."*

쿠구궁~

순간, 천둥이 울리며 귀를 때렸다. 곧이어 굵어진 빗방울이 파고라의 지붕을 세차게 두드렸다. 젖은 옷깃을 여미며 파고라 안쪽으로 가까이 다가선 두 사람, 그러나 세차게 내리치는 빗소리 속에 침묵은 더욱 무겁게 가라앉았다.

빗방울이 점점 굵어졌다. 공원의 빗소리가 파고라를 가득 채우는 사이, 두 사람의 기억 속에서도 비가 내리고 있었다. 소나기를 피해 수숫단 속에 숨었던 날, 비에 젖은 꽃다발을 안고 있던 소녀. 비를 맞으면서도 소녀를 위해 애쓰던 소년. 떨고 있는 소녀의 어깨를 감싸주던 무명 저고리의 감촉. 그의 어깨 위로 피어오르던 하얀 김까지 또렷했다.

물이 불어난 도랑을 건너던 순간, 소년은 등을 내밀었고 소녀는 그의 목을 꼭 끌어안은 채 업혀 건넜다. 그리고 이별을 예감하며 소년에게 건넨 소녀의 대추 한 줌, 소녀에게 건네지 못한 소년의 호두 몇 알.

택배가 도착한 날,

소미는 학수가 보내준 조약돌을 매만지며 한참을 울었다. 그리고 마침내 그의 앞에 선 지금 또다시 서럽게 흐느끼고 있는 것이었다. 그녀의 울음소리에 학수는 순간 멈칫했다. 무슨 말을 해야 할지…. 난감했다, 내일이면 학수는 멀리 이사를 간다. 서로의 목소리가 한 번, 두 번 더 이어졌지만 이내 끊어졌다. 박박박박. 웅이가 다가와 학수의 바짓단을 긁었다.

## 8

"앉아요. 그냥 이야기해요. 제가 다 들어 줄게요."

긴 한숨을 내쉬며 잠시 숨을 고른 학수는 울고 있는 소미를 달래며 웃었다. 한마디 알아들을 수는 없는 학수의 말이었지만, 그렇다고 그녀도 언제까지고 울고만 있을 수는 없었다. 소미는 천천히 마음을 추스르고 그의 목소리에 귀를 기울였다. 그리고 말을 이어갔다.

*"Merci pour le cadeau. Comment avez-vous pu le garder tout ce temps?"*

학수의 목소리에 귀를 기울이던 소미는 한동안 아무 말이 없었다. 조용히 미소를 짓는 학수의 고백과 소망이 이어졌다. 무슨 뜻인지 이해할 수는 없었지만, 그녀의 이름을 나직이 부르던 학수의 목소리에는 분명한 온기가 담겨 있었다. 그리고 그 온기가 소미의 마음을 움직였다.

"저는 소미씨를 저라고 생각해요."

"*Oui?*"

"네, 저요! 세상 누구보다도 아끼고 사랑해야 할 저 자신요."

"……."

"저는 당신을 그렇게 생각해요."

*"Je suis venue ici tous les jours à cette heure-ci."*

"다치지도 말고 아프지도 말아주세요. 늘 이렇게 눈을 감고 기도할게요."

*"Je pensais que vous me regardiez, quelque part."*

"그대의 낮을 밝혀줄 해가 될게요. 그동안 나의 밤을 지켜준 달이셨으니요."

*"Comme je le faisais autrefois."*

## 9

"울지 말아요. 조용히 눈을 감아 봐요. 그럼, 다 들릴 거예요."

파고라 지붕을 때리는 빗소리가 더욱 거세졌다. 공원의 소음은 모두 사라지고, 빗소리만이 두 사람 사이를 채웠다.

"아니면, 어떤 이야기를 해드릴까요?"
*"Je n'ai qu'un seul souhait."*
"그럼, 제 마음을 이야기해도 되나요?"
*"C'est que..."*
"난 어디서도 숨을 쉴게요. 그 숨, 햇살이 될게요."
*"Vous me manquez. Même si je ne peux rien voir⋯."*
"이 말을 꼭 하고 싶었어요."
*"Je suis heureuse de pouvoir dire cela."*

소미와의 약속.

어쩌면 오늘, 지금 이 만남이 마지막일지도 모른다는 생각이 학수의 가슴을 무겁게 짓눌렀다. 그러나 달리 방법이 없었다. 당장 우산도 없었고, 핸드폰을 충전한다고 집에 다녀올 수도 없었다. 무엇보다 지팡이를 짚고 길을 더듬는 자신의 모습을 그녀에게 보여주고 싶지 않았다. 마른침을 삼키는 그의 귓가에는 나뭇가지를 스치는 바람 소리와 멀리 사람들의 웃음소리만이 들려올 뿐이었다.

## 10

툭, 툭, 툭.

빗소리가 서서히 잦아들었다.

파고라에 앉아 있는 두 사람의 얼굴에 따뜻한 햇볕이 들었다.

"비가 그쳤나 봐요?"

"*Je ne pleurerai plus.*"

"해가 떴나요?"

"*Le soleil est déjà si chaud.*"

"곧 무지개가 뜰 거예요."

"*Je continuerai à attendre.*"

"제가 드리는 선물이에요."

"*Merci. Merci pour tout.*"

"아녜요. 제가 더 고마웠어요. 그대가 있어서 제가 참 좋습니다."

"*Moi aussi.*"

[야 무지개다.]

빨주노초파남보. 몽마르뜨 공원 위로 무지개가 떠올랐다. 어디에 숨어 있다가 뛰어나온 걸까, 공원은 어느새 서로를 부르는 아이들의 목소리로 가득했다. 나뭇가지를 흔들며 불어오는 산들바람, 소미는 바람 사이로 그의 체취를 느끼며 숨을 골랐다. 엎드려 있던 웅이가 일어나 학수의 손등을 핥았다. 학수는 조심스럽게 손을 뻗어 웅이의 머리를 쓰다듬었다. 그러다 그의 손끝이 웅이의 목줄을 쥐고 있는 소미의 손에 닿았다. 멈칫, 잠시 망설이던 그는 그녀의 손을 살며시 잡았다.

어느새 하얀 달.

흩어졌던 일곱 빛 다시 모여 소년과 소녀를 환하게 비추고 있다.

Shuffle 1

1342756890

# 하얀 달

별이 되어 흩어진 빛, 달이 되어 밤을 밝혀준다.

# 1

뎅~뎅~뎅~뎅~

머리 위로 시계탑의 종소리가 울려 퍼졌다.

4월의 봄날, 서초동 몽마르뜨공원. 짝을 찾아 흘러다니는 꽃가루가 공원의 하늘을 가득 메우고 있다. 시계탑 파고라 앞에 선 학수가 가쁜 숨을 몰아쉬고 있었다. 연신 재채기를 하던 그의 코끝에서 코피가 흘러나왔다. 하지만 그는 대수롭지 않은 듯 고개를 젖히고, 손으로 쓱 하고 훔쳐내어 입으로 빨아들였다. 그리고 조심조심. 주변을 더듬으며 파고라 기둥의 위치를 확인하고는 자리에 앉아 지팡이를 내려놓았다. 집 앞 언덕 위에 자리한 이 작은 공원은 한때는 눈을 감고도 다닐 수 있을 만큼 그에게 익숙한 공간이었지만 정작 시력을 잃고 난 뒤로는 발걸음 하나, 손짓 하나까지도 신중해질 수밖에 없었다.

그는 무심히 선글라스를 고쳐 쓰며 점퍼 주머니에서 핸드폰을 꺼내 들었다. 시간을 확인하려 버튼을 눌렀지만, 익숙한 음성 안내는 들리지 않았다. 그의 얼굴이 굳어졌다. 볼륨 버튼을 올리고 화면을 두드려봐도 아무런 반응이 없었다. 꺼져 있었다. 그의 입에서 깊은 한숨이 새어 나왔다. 불어를 모르는 그에게 통역 앱은 꼭 필요했다. 하지만 약속 시간이 얼마 남지 않은 지금, 집에 다녀올 여유는 없었다. 어쩔 수 없이 그는 그녀의 핸드폰을 사용하기로 마음을 먹고 자리에 앉아 조용히 그녀를 기다렸다. 몇 시나 되었을까, 그의 얼굴에는 긴장과 설렘이 교차했다.

휘~휘~

습기를 머금은 바람이 공원의 가로수를 흔들었다.

이내 툭.툭. 바람을 타고 빗방울이 떨어지기 시작했디.

## 3

*"Ung, allons-y."*

한국에서의 외출은 늘 집 근처 공원 산책이 전부였다. 서래마을, 공원 아래 프랑스타운에 사는 소미는 오늘도 웅이를 앞세워 길을 나섰다. 목적지는 몽마르뜨공원 '시계탑 파고라'. 오늘은 그녀에게 모처럼 약속이 있는 날이었다. 아니, 처음이다. 얼마쯤 나섰을까, 끼잉끼잉. 갑자기 걸음을 멈춰 선 웅이가 아무리 목줄을 당겨도 꼼짝하질 않는다.

툭.툭.
하나둘 얼굴에 부딪히는 빗방울. 소미는 서둘러 집으로 돌아가 우산을 챙겨 들고 다시 길을 나섰다.

빗길을 따라 한참을 걸어 올라 공원 입구에 도착한 그녀. 발걸음을 멈추고 크게 한숨을 내쉬며 숨을 골랐다. 그리고, 몇 시나 되었을까. 핸드폰을 찾으려 주머니를 더듬었다. 텅 빈 안감의 감촉만이 손끝에 전해졌다. 빈 주머니. 아차, 그제야 깨달았다. 우산을 챙기느라, 핸드폰을 신발장 위에 두고 온 것이다. 한국어가 서투른 그녀에게 통역 앱은 꼭 필요했지만, 그와의 약속 시간이 다가오는 지금, 다시 집으로 돌아갈 여유는 없었다. 소미는 선글라스를 고쳐 쓰고 발걸음을 재촉했다.

소미는
안내견 웅이와 함께 매일 오후 이 언덕길을 올랐다.

어제도, 그제도…. 마치 그때의 징검다리처럼. 학수가 이 공원을 자주 찾는다는 사실을 알게 된 뒤로, 그녀의 발걸음은 늘 이곳을 향했다. 어딘가에서 그가 자신을 지켜보고 있다고 생각하며.

## 4

30년이 흘렀다.

그리고 한 달 전, 두 사람은 '보이스랩'이라는 온라인 커뮤니티에서 다시 만났다. 음성채팅이 가능했던 그 대화방은 오래전 교통사고로 시력을 잃은 학수에게 외부 세계와 소통할 수 있는 유일한 창구였다. 한편, 30년 만에 돌아온 고국은 소미에게 너무도 낯설었고, 장애를 지닌 채 새로운 환경에 적응하는 일은 더욱 막막했다. 그런 그녀에게 통역 기능이 있는 그 대화방은 한국의 일상과 정서를 알아갈 수 있는 소중한 통로였다.

누구와도 쉽게 만날 수 없었던 두 사람은

지난 한 달 동안 핸드폰 너머 통역 앱으로 목소리를 주고받으며 서로에게 가장 큰 위안과 희망이 되어갔다. 게다가 얼마 전 계단을 헛디뎌 발목을 다친 학수는 한동안 꼼짝없이 집 안에만 머물러야 했고, 지루한 방 안의 시간 속에서 세상과 이어진 건 오직 그녀의 목소리뿐이었다.

소나기 오던 날,

그날의 체온, 그날의 숨결은 아직도 두 사람의 기억 속에 살아 있었다. 짧지만 깊었던 이들의 어린 시절은 소나기처럼 스쳐 지나갔다. 병으로 쓰러져 여러 날을 앓던 소녀는 결국 이사를 했고, 소년은 끝내 병문안조차 가지 못했다. 그리고 전해진 부고. 단 한마디 소식이 소년의 세상을 송두리째 무너뜨렸다. 그 후로도 그녀를 떠올릴 때마다, 가슴 한켠을 파고드는 미안함과 후회는 오랫동안 그를 괴롭혔다.

## 2

답답한 마음에 발만 동동 구르던 소미는

결국 주머니에서 작은 조약돌을 꺼내 학수에게 내밀었다. 손바닥 위에 놓인 조약돌을 쓸어보는 그녀의 눈에서 눈물이 뚝뚝 흘러내렸다. 30년 전, 어린 시절 그녀가 학수를 향해 던졌던 그 조약돌. 학수는 그 돌을 여태껏 보관해 오다가 얼마 전 우편으로 그녀에게 보내주었다.

맑은 가을 하늘 아래, 징검다리에서 물장난을 치던 소녀와 그녀를 바라보며 개울둑에 앉아 있던 소년. 초등학교 5학년, 열세 살. 어릴 적 기억이 동시에 두 사람의 가슴을 파고들었다. 소년을 향해 "바보"라며 조약돌을 던지던 소녀, 그리고 그 돌을 주머니에 넣어 오래도록 간직했던 소년.

어느 날, 학수는 오래도록 보물처럼 간직해 온 조약돌 이야기를 꺼냈다. 천천히 그 돌에 얽힌 기억을 더듬고 있을 때였다. 이야기가 끝난 한참 뒤, 마치 응답이라도 하듯 어디선가 또렷하면서도 낯선 목소리가 흘러나왔다. 불어 억양이 묻어나는 한국말로, 짧게, 그러나 분명하게 말했다. "안녕." 그녀가 바로 소미였다. 그날 이후, 하루에도 몇 번씩 통역 앱을 이용하여 둘만의 길고 긴 대화가 시작되었다. 그렇게 학수는 그녀가 프랑스 국적을 갖게 된 사연도, 지금은 학수의 집 근처 프랑스타운에 살고 있다는 것도, 자신이 자주 오는 이 공원에 가끔씩 산책을 온다는 사실도 알게 되었다.

어쩌면,

두 사람은 그동안 이 공원에서 여러 번 스쳐 지나쳤을지도 모른다.

# 7

"비가 오네요. 그때도 비가 왔었는데…."

*"Il pleuvait aussi ce jour-là…."*

쿠구궁~

순간, 천둥이 울리며 귀를 때렸다. 곧이어 굵어진 빗방울이 파고라의 지붕을 세차게 두드렸다. 젖은 옷깃을 여미며 파고라 안쪽으로 가까이 다가선 두 사람, 그러나 세차게 내리치는 빗소리 속에 침묵은 더욱 무겁게 가라앉았다.

빗방울이 점점 굵어졌다. 공원의 빗소리가 파고라를 가득 채우는 사이, 두 사람의 기억 속에서도 비가 내리고 있었다. 소나기를 피해 수숫단 속에 숨었던 날, 비에 젖은 꽃다발을 안고 있던 소녀. 비를 맞으면서도 소녀를 위해 애쓰던 소년. 떨고 있는 소녀의 어깨를 감싸주던 무명 저고리의 감촉. 그의 어깨 위로 피어오르던 하얀 김까지 또렷했다.

물이 불어난 도랑을 건너던 순간, 소년은 등을 내밀었고 소녀는 그의 목을 꼭 끌어안은 채 업혀 건넜다. 그리고 이별을 예감하며 소년에게 건넨 소녀의 대추 한 줌, 소녀에게 건네지 못한 소년의 호두 몇 알.

택배가 도착한 날,

소미는 학수가 보내준 조약돌을 매만지며 한참을 울었다. 그리고 마침내 그의 앞에 선 지금 또다시 서럽게 흐느끼고 있는 것이었다. 그녀의 울음소리에 학수는 순간 멈칫했다. 무슨 말을 해야 할지…. 난감했다, 내일이면 학수는 멀리 이사를 간다. 서로의 목소리가 한 번, 두 번 더 이어졌지만 이내 끊어졌다. 박박박박. 웅이가 다가와 학수의 바짓단을 긁었다.

## 5

소녀가 죽었다는 소식은 사실이 아니었다.

그녀는 뇌수막염으로 오랜 기간 투병했지만, 기적처럼 목숨을 건졌다. 그러나 기적은 거기까지였다. 병의 후유증은 그녀의 시력을 앗아갔고, 어머니마저 집을 떠난 뒤, 아버지는 홀로 딸을 감당할 수 없었다. 끝내 그는 마을의 눈을 피해 소녀를 인근 성당에 맡겼고, 소녀는 성당 교우들의 보살핌 속에서 지내게 되었다. 그 후, 고향 집마저 처분한 아버지는 읍내에서 작은 잡화점을 맡아 근근이 생계를 이어갔지만, 술과 절망에 짓눌려 살다가 오래지 않아 세상을 떠났다.

그 무렵, 성당을 찾은 프랑스 신부가 그녀의 안타까운 사정을 알게 되었고, 귀국길에 그녀를 데려갔다. 그는 자신을 오랫동안 도와온 파리의 신자 부부에게 상황을 전했고, 부부는 주저 없이 그녀를 입양하기로 했다. 그렇게 소녀는 낯선 도시에서 새로운 이름으로 살아가게 되었다. 고향에는 부고만 남았고, 그녀의 삶은 전혀 다른 길 위에서 이어졌다.

"비 그치면 또 업어줄까요?"

*"En fait, je …."*

오늘이 마지막일지도 모른다.

순간, 소미는 자신이 학수의 얼굴을 볼 수 없다는 현실을 털어놓으려 했다. 하지만 그 말은 입술 끝에서만 맴돌다 삼켜졌다. 어차피 통역 앱이 없는 지금, 그녀의 목소리는 그에게 그저 뜻 모를 소리에 불과할 터였으니. 결국 소미는 한숨을 내쉬며 고개를 저었고, 그녀의 침묵을 알 길이 없는 학수의 목소리만이 빗소리 가득한 파고라 안을 메우고 있었다.

## 6

소미는 웅이를 따라 시계탑 파고라에 도착했다.

약속 시간에 늦지 않았다는 안도감에 잠시 미소를 지으며 기둥을 더듬어 붙잡았다. 소미가 우산을 접으려 목줄에서 손을 놓자, 웅이는 곧장 벤치에 앉아 있던 학수에게 다가가 그의 손등을 핥았다.

"강아지가 착하네요. 짖지도 않고."

잔떨림이 있는 중저음의 목소리. 그녀에게는 낯설지가 않았다. 하지만 한국어가 서투른 그녀는 그의 말을 온전히 알아들을 수는 없었다.

*"Je suis désolée. Je ne parle pas coréen."*

또랑또랑한 불어 억양. 그동안 핸드폰을 통해 들어 온 목소리의 울림만으로도 학수는 그녀가 소미임을 곧바로 알 수 있었다.

"소미?", *"Haksu?"*

한 사람은 불어로, 한 사람은 한국어로. 태연히 자기 말을 이어가는 두 사람, 서로의 말은 엇갈린 채 공중에 흩어졌다. 소미의 몸짓을 볼 수 없는 학수는 고개를 갸웃하다가, 꺼진 핸드폰을 내밀고 손가락으로 X 표시를 그려 핸드폰을 쓸 수 없다는 뜻을 전했다.

"제 핸드폰이 안 돼요. 소미씨 폰으로 이야기해요."
*"J'ai oublié mon téléphone. Utilisons le vôtre."*

두 혼잣말들,

대화는 내내 잇갈렸다. 마치 같은 실을 잡고도 서로 다른 끝을 좇는 듯,
그들의 말은 평행선을 달리며 서로의 곁을 스쳐 지나갔다.

# 8

"앉아요. 그냥 이야기해요. 제가 다 들어 줄게요."

긴 한숨을 내쉬며 잠시 숨을 고른 학수는 울고 있는 소미를 달래며 웃었다. 한마디 알아들을 수는 없는 학수의 말이었지만, 그렇다고 그녀도 언제까지고 울고만 있을 수는 없었다. 소미는 천천히 마음을 추스르고 그의 목소리에 귀를 기울였다. 그리고 말을 이어갔다.

*"Merci pour le cadeau. Comment avez-vous pu le garder tout ce temps?"*

학수의 목소리에 귀를 기울이던 소미는 한동안 아무 말이 없었다. 조용히 미소를 짓는 학수의 고백과 소망이 이어졌다. 무슨 뜻인지 이해할 수는 없었지만, 그녀의 이름을 나직이 부르던 학수의 목소리에는 분명한 온기가 담겨 있었다. 그리고 그 온기가 소미의 마음을 움직였다.

"저는 소미씨를 저라고 생각해요."

*"Oui?"*

"네, 저요! 세상 누구보다도 아끼고 사랑해야 할 저 자신요."

"……."

"저는 당신을 그렇게 생각해요."

*"Je suis venue ici tous les jours à cette heure-ci."*

"다치지도 말고 아프지도 말아주세요. 늘 이렇게 눈을 감고 기도할게요."

*"Je pensais que vous me regardiez, quelque part."*

"그대의 낮을 밝혀줄 해가 될게요. 그동안 나의 밤을 지켜준 달이셨으니요."

*"Comme je le faisais autrefois."*

# 9

"울지 말아요. 조용히 눈을 감아 봐요. 그럼, 다 들릴 거예요."

파고라 지붕을 때리는 빗소리가 더욱 거세졌다. 공원의 소음은 모두 사라지고, 빗소리만이 두 사람 사이를 채웠다.

"아니면, 어떤 이야기를 해드릴까요?"
*"Je n'ai qu'un seul souhait."*

"그럼, 제 마음을 이야기해도 되나요?"
*"C'est que..."*

"난 어디서도 숨을 쉴게요. 그 숨, 햇살이 될게요."
*"Vous me manquez. Même si je ne peux rien voir⋯."*

"이 말을 꼭 하고 싶었어요."
*"Je suis heureuse de pouvoir dire cela."*

소미와의 약속.

어쩌면 오늘, 지금 이 만남이 마지막일지도 모른다는 생각이 학수의 가슴을 무겁게 짓눌렀다. 그러나 달리 방법이 없었다. 당장 우산도 없었고, 핸드폰을 충전한다고 집에 다녀올 수도 없었다. 무엇보다 지팡이를 짚고 길을 더듬는 자신의 모습을 그녀에게 보여주고 싶지 않았다. 마른침을 삼키는 그의 귓가에는 나뭇가지를 스치는 바람 소리와 멀리 사람들의 웃음소리만이 들려올 뿐이었다.

# 10

툭, 툭, 툭.

빗소리가 서서히 잦아들었다.

파고라에 앉아 있는 두 사람의 얼굴에 따뜻한 햇볕이 들었다.

"비가 그쳤나 봐요?"

"*Je ne pleurerai plus.*"

"해가 떴나요?"

"*Le soleil est déjà si chaud.*"

"곧 무지개가 뜰 거예요."

"*Je continuerai à attendre.*"

"제가 드리는 선물이에요."

"*Merci. Merci pour tout.*"

"아녜요. 제가 더 고마웠어요. 그대가 있어서 제가 참 좋습니다."

"*Moi aussi.*"

[야 무지개다.]

빨주노초파남보. 몽마르뜨 공원 위로 무지개가 떠올랐다. 어디에 숨어 있다가 뛰어나온 걸까, 공원은 어느새 서로를 부르는 아이들의 목소리로 가득했다. 나뭇가지를 흔들며 불어오는 산들바람, 소미는 바람 사이로 그의 체취를 느끼며 숨을 골랐다. 엎드려 있던 웅이가 일어나 학수의 손등을 핥았다. 학수는 조심스럽게 손을 뻗어 웅이의 머리를 쓰다듬었다. 그러다 그의 손끝이 웅이의 목줄을 쥐고 있는 소미의 손에 닿았다. 멈칫, 잠시 망설이던 그는 그녀의 손을 살며시 잡았다.

어느새 하얀 달.

흩어졌던 일곱 빛 다시 모여 소년과 소녀를 환하게 비추고 있다.

Shuffle 2

5274613890

# 크레센도

어둠을 견딘 자만이 무지개를 볼 자격이 있다

## 5

소녀가 죽었다는 소식은 사실이 아니었다.

그녀는 뇌수막염으로 오랜 기간 투병했지만, 기적처럼 목숨을 건졌다. 그러나 기적은 거기까지였다. 병의 후유증은 그녀의 시력을 앗아갔고, 어머니마저 집을 떠난 뒤, 아버지는 홀로 딸을 감당할 수 없었다. 끝내 그는 마을의 눈을 피해 소녀를 인근 성당에 맡겼고, 소녀는 성당 교우들의 보살핌 속에서 지내게 되었다. 그 후, 고향 집마저 처분한 아버지는 읍내에서 작은 잡화점을 맡아 근근이 생계를 이어갔지만, 술과 절망에 짓눌려 살다가 오래지 않아 세상을 떠났다.

그 무렵, 성당을 찾은 프랑스 신부가 그녀의 안타까운 사정을 알게 되었고, 귀국길에 그녀를 데려갔다. 그는 자신을 오랫동안 도와온 파리의 신자 부부에게 상황을 전했고, 부부는 주저 없이 그녀를 입양하기로 했다. 그렇게 소녀는 낯선 도시에서 새로운 이름으로 살아가게 되었다. 고향에는 부고만 남았고, 그녀의 삶은 전혀 다른 길 위에서 이어졌다.

"비 그치면 또 업어줄까요?"

*"En fait, je …."*

오늘이 마지막일지도 모른다.

순간, 소미는 자신이 학수의 얼굴을 볼 수 없다는 현실을 털어놓으려 했다. 하지만 그 말은 입술 끝에서만 맴돌다 삼켜졌다. 어차피 통역 앱이 없는 지금, 그녀의 목소리는 그에게 그저 뜻 모를 소리에 불과할 터였으니. 결국 소미는 한숨을 내쉬며 고개를 저었고, 그녀의 침묵을 알 길이 없는 학수의 목소리만이 빗소리 가득한 파고라 안을 메우고 있었다.

## 2

답답한 마음에 발만 동동 구르던 소미는

결국 주머니에서 작은 조약돌을 꺼내 학수에게 내밀었다. 손바닥 위에 놓인 조약돌을 쓸어보는 그녀의 눈에서 눈물이 뚝뚝 흘러내렸다. 30년 전, 어린 시절 그녀가 학수를 향해 던졌던 그 조약돌. 학수는 그 돌을 여태껏 보관해 오다가 얼마 전 우편으로 그녀에게 보내주었다.

맑은 가을 하늘 아래, 징검다리에서 물장난을 치던 소녀와 그녀를 바라보며 개울둑에 앉아 있던 소년. 초등학교 5학년, 열세 살. 어릴 적 기억이 동시에 두 사람의 가슴을 파고들었다. 소년을 향해 "바보"라며 조약돌을 던지던 소녀, 그리고 그 돌을 주머니에 넣어 오래도록 간직했던 소년.

어느 날, 학수는 오래도록 보물처럼 간직해 온 조약돌 이야기를 꺼냈다. 천천히 그 돌에 얽힌 기억을 더듬고 있을 때였다. 이야기가 끝난 한참 뒤, 마치 응답이라도 하듯 어디선가 또렷하면서도 낯선 목소리가 흘러나왔다. 불어 억양이 묻어나는 한국말로, 짧게, 그러나 분명하게 말했다. "안녕." 그녀가 바로 소미였다. 그날 이후, 하루에도 몇 번씩 통역 앱을 이용하여 둘만의 길고 긴 대화가 시작되었다. 그렇게 학수는 그녀가 프랑스 국적을 갖게 된 사연도, 지금은 학수의 집 근처 프랑스타운에 살고 있다는 것도, 자신이 자주 오는 이 공원에 가끔씩 산책을 온다는 사실도 알게 되었다.

어쩌면,

두 사람은 그동안 이 공원에서 여러 번 스쳐 지나쳤을지도 모른다.

## 7

"비가 오네요. 그때도 비가 왔었는데…."

*"Il pleuvait aussi ce jour-là…."*

쿠구궁~

순간, 천둥이 울리며 귀를 때렸다. 곧이어 굵어진 빗방울이 파고라의 지붕을 세차게 두드렸다. 젖은 옷깃을 여미며 파고라 안쪽으로 가까이 다가선 두 사람, 그러나 세차게 내리치는 빗소리 속에 침묵은 더욱 무겁게 가라앉았다.

빗방울이 점점 굵어졌다. 공원의 빗소리가 파고라를 가득 채우는 사이, 두 사람의 기억 속에서도 비가 내리고 있었다. 소나기를 피해 수숫단 속에 숨었던 날, 비에 젖은 꽃다발을 안고 있던 소녀. 비를 맞으면서도 소녀를 위해 애쓰던 소년. 떨고 있는 소녀의 어깨를 감싸주던 무명 저고리의 감촉. 그의 어깨 위로 피어오르던 하얀 김까지 또렷했다.

물이 불어난 도랑을 건너던 순간, 소년은 등을 내밀었고 소녀는 그의 목을 꼭 끌어안은 채 업혀 건넜다. 그리고 이별을 예감하며 소년에게 건넨 소녀의 대추 한 줌, 소녀에게 건네지 못한 소년의 호두 몇 알.

택배가 도착한 날,

소미는 학수가 보내준 조약돌을 매만지며 한참을 울었다. 그리고 마침내 그의 앞에 선 지금 또다시 서럽게 흐느끼고 있는 것이었다. 그녀의 울음소리에 학수는 순간 멈칫했다. 무슨 말을 해야 할지…. 난감했다, 내일이면 학수는 멀리 이사를 간다. 서로의 목소리가 한 번, 두 번 더 이어졌지만 이내 끊어졌다. 박박박박. 웅이가 다가와 학수의 바짓단을 긁었다.

## 4

30년이 흘렀다.

그리고 한 달 전, 두 사람은 '보이스랩'이라는 온라인 커뮤니티에서 다시 만났다. 음성채팅이 가능했던 그 대화방은 오래전 교통사고로 시력을 잃은 학수에게 외부 세계와 소통할 수 있는 유일한 창구였다. 한편, 30년 만에 돌아온 고국은 소미에게 너무도 낯설었고, 장애를 지닌 채 새로운 환경에 적응하는 일은 더욱 막막했다. 그런 그녀에게 통역 기능이 있는 그 대화방은 한국의 일상과 정서를 알아갈 수 있는 소중한 통로였다.

누구와도 쉽게 만날 수 없었던 두 사람은

지난 한 달 동안 핸드폰 너머 통역 앱으로 목소리를 주고받으며 서로에게 가장 큰 위안과 희망이 되어갔다. 게다가 얼마 전 계단을 헛디뎌 발목을 다친 학수는 한동안 꼼짝없이 집 안에만 머물러야 했고, 지루한 방 안의 시간 속에서 세상과 이어진 건 오직 그녀의 목소리뿐이었다.

소나기 오던 날,

그날의 체온, 그날의 숨결은 아직도 두 사람의 기억 속에 살아 있었다. 짧지만 깊었던 이들의 어린 시절은 소나기처럼 스쳐 지나갔다. 병으로 쓰러져 여러 날을 앓던 소녀는 결국 이사를 했고, 소년은 끝내 병문안조차 가지 못했다. 그리고 전해진 부고. 단 한마디 소식이 소년의 세상을 송두리째 무너뜨렸다. 그 후로도 그녀를 떠올릴 때마다, 가슴 한켠을 파고드는 미안함과 후회는 오랫동안 그를 괴롭혔다.

## 6

소미는 웅이를 따라 시계탑 파고라에 도착했다.

약속 시간에 늦지 않았다는 안도감에 잠시 미소를 지으며 기둥을 더듬어 붙잡았다. 소미가 우산을 접으려 목줄에서 손을 놓자, 웅이는 곧장 벤치에 앉아 있던 학수에게 다가가 그의 손등을 핥았다.

"강아지가 착하네요. 짖지도 않고."

잔떨림이 있는 중저음의 목소리. 그녀에게는 낯설지가 않았다. 하지만 한국어가 서투른 그녀는 그의 말을 온전히 알아들을 수는 없었다.

"*Je suis désolée. Je ne parle pas coréen.*"

또랑또랑한 불어 억양. 그동안 핸드폰을 통해 들어 온 목소리의 울림만으로도 학수는 그녀가 소미임을 곧바로 알 수 있었다.

"소미?", "*Haksu?*"

한 사람은 불어로, 한 사람은 한국어로. 태연히 자기 말을 이어가는 두 사람, 서로의 말은 엇갈린 채 공중에 흩어졌다. 소미의 몸짓을 볼 수 없는 학수는 고개를 갸웃하다가, 꺼진 핸드폰을 내밀고 손가락으로 X 표시를 그려 핸드폰을 쓸 수 없다는 뜻을 전했다.

"제 핸드폰이 안 돼요. 소미씨 폰으로 이야기해요."
"*J'ai oublié mon téléphone. Utilisons le vôtre.*"

두 혼잣말들,

대화는 내내 엇갈렸다. 마치 같은 실을 잡고도 서로 다른 끝을 좇는 듯,
그들의 말은 평행선을 달리며 서로의 결을 스쳐 지나갔다.

## 1

덩~덩~덩~덩~

머리 위로 시계탑의 종소리가 울려 퍼졌다.

4월의 봄날, 서초동 몽마르뜨공원. 짝을 찾아 흘러다니는 꽃가루가 공원의 하늘을 가득 메우고 있다. 시계탑 파고라 앞에 선 학수가 가쁜 숨을 몰아쉬고 있었다. 연신 재채기를 하던 그의 코끝에서 코피가 흘러나왔다. 하지만 그는 대수롭지 않은 듯 고개를 젖히고, 손으로 쓱 하고 훔쳐내어 입으로 빨아들였다. 그리고 조심조심. 주변을 더듬으며 파고라 기둥의 위치를 확인하고는 자리에 앉아 지팡이를 내려놓았다. 집 앞 언덕 위에 자리한 이 작은 공원은 한때는 눈을 감고도 다닐 수 있을 만큼 그에게 익숙한 공간이었지만 정작 시력을 잃고 난 뒤로는 발걸음 하나, 손짓 하나까지도 신중해질 수밖에 없었다.

그는 무심히 선글라스를 고쳐 쓰며 점퍼 주머니에서 핸드폰을 꺼내 들었다. 시간을 확인하려 버튼을 눌렀지만, 익숙한 음성 안내는 들리지 않았다. 그의 얼굴이 굳어졌다. 볼륨 버튼을 올리고 화면을 두드려봐도 아무런 반응이 없었다. 꺼져 있었다. 그의 입에서 깊은 한숨이 새어 나왔다. 불어를 모르는 그에게 통역 앱은 꼭 필요했다. 하지만 약속 시간이 얼마 남지 않은 지금, 집에 다녀올 여유는 없었다. 어쩔 수 없이 그는 그녀의 핸드폰을 사용하기로 마음을 먹고 자리에 앉아 조용히 그녀를 기다렸다. 몇 시나 되었을까, 그의 얼굴에는 긴장과 설렘이 교차했다.

휘~휘~

습기를 머금은 바람이 공원의 가로수를 흔들었다.

이내 툭.툭. 바람을 타고 빗방울이 떨어지기 시작했다.

## 3

*"Ung, allons-y."*

한국에서의 외출은 늘 집 근처 공원 산책이 전부였다. 서래마을, 공원 아래 프랑스타운에 사는 소미는 오늘도 웅이를 앞세워 길을 나섰다. 목적지는 몽마르뜨공원 '시계탑 파고라'. 오늘은 그녀에게 모처럼 약속이 있는 날이었다. 아니, 처음이다. 얼마쯤 나섰을까, 끼잉끼잉. 갑자기 걸음을 멈춰 선 웅이가 아무리 목줄을 당겨도 꼼짝하질 않는다.

툭.툭.

하나둘 얼굴에 부딪히는 빗방울. 소미는 서둘러 집으로 돌아가 우산을 챙겨<br>들고 다시 길을 나섰다.

빗길을 따라 한참을 걸어 올라 공원 입구에 도착한 그녀. 발걸음을 멈추고 크게 한숨을 내쉬며 숨을 골랐다. 그리고, 몇 시나 되었을까. 핸드폰을 찾으려 주머니를 더듬었다. 텅 빈 안감의 감촉만이 손끝에 전해졌다. 빈 주머니. 아차, 그제야 깨달았다. 우산을 챙기느라, 핸드폰을 신발장 위에 두고 온 것이다. 한국어가 서투른 그녀에게 통역 앱은 꼭 필요했지만, 그와의 약속 시간이 다가오는 지금, 다시 집으로 돌아갈 여유는 없었다. 소미는 선글라스를 고쳐 쓰고 발걸음을 재촉했다.

소미는<br>안내견 웅이와 함께 매일 오후 이 언덕길을 올랐다.

어제도, 그제도…. 마치 그때의 징검다리처럼. 학수가 이 공원을 자주 찾는다는 사실을 알게 된 뒤로, 그녀의 발걸음은 늘 이곳을 향했다. 어딘가에서 그가 자신을 지켜보고 있다고 생각하며.

## 8

"앉아요. 그냥 이야기해요. 제가 다 들어 줄게요."

긴 한숨을 내쉬며 잠시 숨을 고른 학수는 울고 있는 소미를 달래며 웃었다. 한마디 알아들을 수는 없는 학수의 말이었지만, 그렇다고 그녀도 언제까지고 울고만 있을 수는 없었다. 소미는 천천히 마음을 추스르고 그의 목소리에 귀를 기울였다. 그리고 말을 이어갔다.

*"Merci pour le cadeau. Comment avez-vous pu le garder tout ce temps?"*

학수의 목소리에 귀를 기울이던 소미는 한동안 아무 말이 없었다. 조용히 미소를 짓는 학수의 고백과 소망이 이어졌다. 무슨 뜻인지 이해할 수는 없었지만, 그녀의 이름을 나직이 부르던 학수의 목소리에는 분명한 온기가 담겨 있었다. 그리고 그 온기가 소미의 마음을 움직였다.

"저는 소미씨를 저라고 생각해요."

*"Oui?"*

"네, 저요! 세상 누구보다도 아끼고 사랑해야 할 저 자신요."

"……."

"저는 당신을 그렇게 생각해요."

*"Je suis venue ici tous les jours à cette heure-ci."*

"다치지도 말고 아프지도 말아주세요. 늘 이렇게 눈을 감고 기도할게요."

*"Je pensais que vous me regardiez, quelque part."*

"그대의 낮을 밝혀줄 해가 될게요. 그동안 나의 밤을 지켜준 달이셨으니요."

*"Comme je le faisais autrefois."*

## 9

"울지 말아요. 조용히 눈을 감아 봐요. 그럼, 다 들릴 거예요."

파고라 지붕을 때리는 빗소리가 더욱 거세졌다. 공원의 소음은 모두 사라지고, 빗소리만이 두 사람 사이를 채웠다.

"아니면, 어떤 이야기를 해드릴까요?"
*"Je n'ai qu'un seul souhait."*

"그럼, 제 마음을 이야기해도 되나요?"
*"C'est que..."*

"난 어디서도 숨을 쉴게요. 그 숨, 햇살이 될게요."
*"Vous me manquez. Même si je ne peux rien voir⋯."*

"이 말을 꼭 하고 싶었어요."
*"Je suis heureuse de pouvoir dire cela."*

소미와의 약속.

어쩌면 오늘, 지금 이 만남이 마지막일지도 모른다는 생각이 학수의 가슴을 무겁게 짓눌렀다. 그러나 달리 방법이 없었다. 당장 우산도 없었고, 핸드폰을 충전한다고 집에 다녀올 수도 없었다. 무엇보다 지팡이를 짚고 길을 더듬는 자신의 모습을 그녀에게 보여주고 싶지 않았다. 마른침을 삼키는 그의 귓가에는 나뭇가지를 스치는 바람 소리와 멀리 사람들의 웃음소리만이 들려올 뿐이었다.

## 10

툭, 툭, 툭.

빗소리가 서서히 잦아들었다.

파고라에 앉아 있는 두 사람의 얼굴에 따뜻한 햇볕이 들었다.

"비가 그쳤나 봐요?"

*"Je ne pleurerai plus."*

"해가 떴나요?"

*"Le soleil est déjà si chaud."*

"곧 무지개가 뜰 거예요."

*"Je continuerai à attendre."*

"제가 드리는 선물이에요."

*"Merci. Merci pour tout."*

"아녜요. 제가 더 고마웠어요. 그대가 있어서 제가 참 좋습니다."

*"Moi aussi."*

[야 무지개다.]

빨주노초파남보. 몽마르뜨 공원 위로 무지개가 떠올랐다. 어디에 숨어 있다가 뛰어나온 걸까, 공원은 어느새 서로를 부르는 아이들의 목소리로 가득했다. 나뭇가지를 흔들며 불어오는 산들바람, 소미는 바람 사이로 그의 체취를 느끼며 숨을 골랐다. 엎드려 있던 웅이가 일어나 학수의 손등을 핥았다. 학수는 조심스럽게 손을 뻗어 웅이의 머리를 쓰다듬었다. 그러다 그의 손끝이 웅이의 목줄을 쥐고 있는 소미의 손에 닿았다. 멈칫, 잠시 망설이던 그는 그녀의 손을 살며시 잡았다.

어느새 하얀 달.

흩어졌던 일곱 빛 다시 모여 소년과 소녀를 환하게 비추고 있다.

Shuffle 3

1324685790

# 이중 나선

서로 다른 두 삶도 결국 하나의 운명으로 수렴된다.

## 1

뎅~뎅~뎅~뎅~

머리 위로 시계탑의 종소리가 울려 퍼졌다.

4월의 봄날, 서초동 몽마르뜨공원. 짝을 찾아 흘러다니는 꽃가루가 공원의 하늘을 가득 메우고 있다. 시계탑 파고라 앞에 선 학수가 가쁜 숨을 몰아쉬고 있었다. 연신 재채기를 하던 그의 코끝에서 코피가 흘러나왔다. 하지만 그는 대수롭지 않은 듯 고개를 젖히고, 손으로 쓱 하고 훔쳐내어 입으로 빨아들였다. 그리고 조심조심. 주변을 더듬으며 파고라 기둥의 위치를 확인하고는 자리에 앉아 지팡이를 내려놓았다. 집 앞 언덕 위에 자리한 이 작은 공원은 한때는 눈을 감고도 다닐 수 있을 만큼 그에게 익숙한 공간이었지만 정작 시력을 잃고 난 뒤로는 발걸음 하나, 손짓 하나까지도 신중해질 수밖에 없었다.

그는 무심히 선글라스를 고쳐 쓰며 점퍼 주머니에서 핸드폰을 꺼내 들었다. 시간을 확인하려 버튼을 눌렀지만, 익숙한 음성 안내는 들리지 않았다. 그의 얼굴이 굳어졌다. 볼륨 버튼을 올리고 화면을 두드려봐도 아무런 반응이 없었다. 꺼져 있었다. 그의 입에서 깊은 한숨이 새어 나왔다. 불어를 모르는 그에게 통역 앱은 꼭 필요했다. 하지만 약속 시간이 얼마 남지 않은 지금, 집에 다녀올 여유는 없었다. 어쩔 수 없이 그는 그녀의 핸드폰을 사용하기로 마음을 먹고 자리에 앉아 조용히 그녀를 기다렸다. 몇 시나 되었을까, 그의 얼굴에는 긴장과 설렘이 교차했다.

휘~휘~

습기를 머금은 바람이 공원의 가로수를 흔들었다.

이내 툭.툭. 바람을 타고 빗방울이 떨어지기 시작했다.

## 3

*"Ung, allons-y."*

한국에서의 외출은 늘 집 근처 공원 산책이 전부였다. 서래마을, 공원 아래 프랑스타운에 사는 소미는 오늘도 웅이를 앞세워 길을 나섰다. 목적지는 몽마르뜨공원 '시계탑 파고라'. 오늘은 그녀에게 모처럼 약속이 있는 날이었다. 아니, 처음이다. 얼마쯤 나섰을까, 끼잉끼잉. 갑자기 걸음을 멈춰 선 웅이가 아무리 목줄을 당겨도 꼼짝하질 않는다.

툭.툭.
하나둘 얼굴에 부딪히는 빗방울. 소미는 서둘러 집으로 돌아가 우산을 챙겨
들고 다시 길을 나섰다.

빗길을 따라 한참을 걸어 올라 공원 입구에 도착한 그녀. 발걸음을 멈추고 크게 한숨을 내쉬며 숨을 골랐다. 그리고, 몇 시나 되었을까. 핸드폰을 찾으려 주머니를 더듬었다. 텅 빈 안감의 감촉만이 손끝에 전해졌다. 빈 주머니. 아차, 그제야 깨달았다. 우산을 챙기느라, 핸드폰을 신발장 위에 두고 온 것이다. 한국어가 서투른 그녀에게 통역 앱은 꼭 필요했지만, 그와의 약속 시간이 다가오는 지금, 다시 집으로 돌아갈 여유는 없었다. 소미는 선글라스를 고쳐 쓰고 발걸음을 재촉했다.

소미는
안내견 웅이와 함께 매일 오후 이 언덕길을 올랐다.

어제도, 그제도…. 마치 그때의 징검다리처럼. 학수가 이 공원을 자주 찾는다는 사실을 알게 된 뒤로, 그녀의 발걸음은 늘 이곳을 향했다. 어딘가에서 그가 자신을 지켜보고 있다고 생각하며.

## 2

답답한 마음에 발만 동동 구르던 소미는

결국 주머니에서 작은 조약돌을 꺼내 학수에게 내밀었다. 손바닥 위에 놓인 조약돌을 쓸어보는 그녀의 눈에서 눈물이 뚝뚝 흘러내렸다. 30년 전, 어린 시절 그녀가 학수를 향해 던졌던 그 조약돌. 학수는 그 돌을 여태껏 보관해 오다가 얼마 전 우편으로 그녀에게 보내주었다.

맑은 가을 하늘 아래, 징검다리에서 물장난을 치던 소녀와 그녀를 바라보며 개울둑에 앉아 있던 소년. 초등학교 5학년, 열세 살. 어릴 적 기억이 동시에 두 사람의 가슴을 파고들었다. 소년을 향해 "바보"라며 조약돌을 던지던 소녀, 그리고 그 돌을 주머니에 넣어 오래도록 간직했던 소년.

어느 날, 학수는 오래도록 보물처럼 간직해 온 조약돌 이야기를 꺼냈다. 천천히 그 돌에 얽힌 기억을 더듬고 있을 때였다. 이야기가 끝난 한참 뒤, 마치 응답이라도 하듯 어디선가 또렷하면서도 낯선 목소리가 흘러나왔다. 불어 억양이 묻어나는 한국말로, 짧게, 그러나 분명하게 말했다. "안녕." 그녀가 바로 소미였다. 그날 이후, 하루에도 몇 번씩 통역 앱을 이용하여 둘만의 길고 긴 대화가 시작되었다. 그렇게 학수는 그녀가 프랑스 국적을 갖게 된 사연도, 지금은 학수의 집 근처 프랑스타운에 살고 있다는 것도, 자신이 자주 오는 이 공원에 가끔씩 산책을 온다는 사실도 알게 되었다.

어쩌면,

두 사람은 그동안 이 공원에서 여러 번 스쳐 지나쳤을지도 모른다.

## 4

30년이 흘렀다.

그리고 한 달 전, 두 사람은 '보이스랩'이라는 온라인 커뮤니티에서 다시 만났다. 음성채팅이 가능했던 그 대화방은 오래전 교통사고로 시력을 잃은 학수에게 외부 세계와 소통할 수 있는 유일한 창구였다. 한편, 30년 만에 돌아온 고국은 소미에게 너무도 낯설었고, 장애를 지닌 채 새로운 환경에 적응하는 일은 더욱 막막했다. 그런 그녀에게 통역 기능이 있는 그 대화방은 한국의 일상과 정서를 알아갈 수 있는 소중한 통로였다.

누구와도 쉽게 만날 수 없었던 두 사람은

지난 한 달 동안 핸드폰 너머 통역 앱으로 목소리를 주고받으며 서로에게 가장 큰 위안과 희망이 되어갔다. 게다가 얼마 전 계단을 헛디뎌 발목을 다친 학수는 한동안 꼼짝없이 집 안에만 머물러야 했고, 지루한 방 안의 시간 속에서 세상과 이어진 건 오직 그녀의 목소리뿐이었다.

소나기 오던 날,

그날의 체온, 그날의 숨결은 아직도 두 사람의 기억 속에 살아 있었다. 짧지만 깊었던 이들의 어린 시절은 소나기처럼 스쳐 지나갔다. 병으로 쓰러져 여러 날을 앓던 소녀는 결국 이사를 했고, 소년은 끝내 병문안조차 가지 못했다. 그리고 전해진 부고. 단 한마디 소식이 소년의 세상을 송두리째 무너뜨렸다. 그 후로도 그녀를 떠올릴 때마다, 가슴 한켠을 파고드는 미안함과 후회는 오랫동안 그를 괴롭혔다.

## 6

소미는 웅이를 따라 시계탑 파고라에 도착했다.

약속 시간에 늦지 않았다는 안도감에 잠시 미소를 지으며 기둥을 더듬어 붙잡았다. 소미가 우산을 접으려 목줄에서 손을 놓자, 웅이는 곧장 벤치에 앉아 있던 학수에게 다가가 그의 손등을 핥았다.

"강아지가 착하네요. 짖지도 않고."

잔떨림이 있는 중저음의 목소리. 그녀에게는 낯설지가 않았다. 하지만 한국어가 서투른 그녀는 그의 말을 온전히 알아들을 수는 없었다.

"*Je suis désolée. Je ne parle pas coréen.*"

또랑또랑한 불어 억양. 그동안 핸드폰을 통해 들어 온 목소리의 울림만으로도 학수는 그녀가 소미임을 곧바로 알 수 있었다.

"소미?", "*Haksu?*"

한 사람은 불어로, 한 사람은 한국어로. 태연히 자기 말을 이어가는 두 사람, 서로의 말은 엇갈린 채 공중에 흩어졌다. 소미의 몸짓을 볼 수 없는 학수는 고개를 갸웃하다가, 꺼진 핸드폰을 내밀고 손가락으로 X 표시를 그려 핸드폰을 쓸 수 없다는 뜻을 전했다.

"제 핸드폰이 안 돼요. 소미씨 폰으로 이야기해요."
"*J'ai oublié mon téléphone. Utilisons le vôtre.*"

두 혼잣말들,

대화는 내내 엇갈렸다. 마치 같은 실을 잡고도 서로 다른 끝을 좇는 듯,
그들의 말은 평행선을 달리며 서로의 곁을 스쳐 지나갔다.

## 8

"앉아요. 그냥 이야기해요. 제가 다 들어 줄게요."

긴 한숨을 내쉬며 잠시 숨을 고른 학수는 울고 있는 소미를 달래며 웃었다. 한마디 알아들을 수는 없는 학수의 말이었지만, 그렇다고 그녀도 언제까지고 울고만 있을 수는 없었다. 소미는 천천히 마음을 추스르고 그의 목소리에 귀를 기울였다. 그리고 말을 이어갔다.

*"Merci pour le cadeau. Comment avez-vous pu le garder tout ce temps?"*

학수의 목소리에 귀를 기울이던 소미는 한동안 아무 말이 없었다. 조용히 미소를 짓는 학수의 고백과 소망이 이어졌다. 무슨 뜻인지 이해할 수는 없었지만, 그녀의 이름을 나직이 부르던 학수의 목소리에는 분명한 온기가 담겨 있었다. 그리고 그 온기가 소미의 마음을 움직였다.

"저는 소미씨를 저라고 생각해요."

"*Oui?*"

"네, 저요! 세상 누구보다도 아끼고 사랑해야 할 저 자신요."

"……."

"저는 당신을 그렇게 생각해요."

*"Je suis venue ici tous les jours à cette heure-ci."*

"다치지도 말고 아프지도 말아주세요. 늘 이렇게 눈을 감고 기도할게요."

*"Je pensais que vous me regardiez, quelque part."*

"그대의 낮을 밝혀줄 해가 될게요. 그동안 나의 밤을 지켜준 달이셨으니요."

*"Comme je le faisais autrefois."*

## 5

소녀가 죽었다는 소식은 사실이 아니었다.

그녀는 뇌수막염으로 오랜 기간 투병했지만, 기적처럼 목숨을 건졌다. 그러나 기적은 거기까지였다. 병의 후유증은 그녀의 시력을 앗아갔고, 어머니마저 집을 떠난 뒤, 아버지는 홀로 딸을 감당할 수 없었다. 끝내 그는 마을의 눈을 피해 소녀를 인근 성당에 맡겼고, 소녀는 성당 교우들의 보살핌 속에서 지내게 되었다. 그후, 고향 집마저 처분한 아버지는 읍내에서 작은 잡화점을 맡아 근근이 생계를 이어갔지만, 술과 절망에 짓눌려 살다가 오래지 않아 세상을 떠났다.

그 무렵, 성당을 찾은 프랑스 신부가 그녀의 안타까운 사정을 알게 되었고, 귀국길에 그녀를 데려갔다. 그는 자신을 오랫동안 도와온 파리의 신자 부부에게 상황을 전했고, 부부는 주저 없이 그녀를 입양하기로 했다. 그렇게 소녀는 낯선 도시에서 새로운 이름으로 살아가게 되었다. 고향에는 부고만 남았고, 그녀의 삶은 전혀 다른 길 위에서 이어졌다.

"비 그치면 또 업어줄까요?"

*"En fait, je ⋯."*

오늘이 마지막일지도 모른다.

순간, 소미는 자신이 학수의 얼굴을 볼 수 없다는 현실을 털어놓으려 했다. 하지만 그 말은 입술 끝에서만 맴돌다 삼켜졌다. 어차피 통역 앱이 없는 지금, 그녀의 목소리는 그에게 그저 뜻 모를 소리에 불과할 터였으니. 결국 소미는 한숨을 내쉬며 고개를 저었고, 그녀의 침묵을 알 길이 없는 학수의 목소리만이 빗소리 가득한 파고라 안을 메우고 있었다.

## 7

"비가 오네요. 그때도 비가 왔었는데…."

*"Il pleuvait aussi ce jour-là…."*

쿠구궁~

순간, 천둥이 울리며 귀를 때렸다. 곧이어 굵어진 빗방울이 파고라의 지붕을 세차게 두드렸다. 젖은 옷깃을 여미며 파고라 안쪽으로 가까이 다가선 두 사람, 그러나 세차게 내리치는 빗소리 속에 침묵은 더욱 무겁게 가라앉았다.

빗방울이 점점 굵어졌다. 공원의 빗소리가 파고라를 가득 채우는 사이, 두 사람의 기억 속에서도 비가 내리고 있었다. 소나기를 피해 수숫단 속에 숨었던 날, 비에 젖은 꽃다발을 안고 있던 소녀. 비를 맞으면서도 소녀를 위해 애쓰던 소년. 떨고 있는 소녀의 어깨를 감싸주던 무명 저고리의 감촉. 그의 어깨 위로 피어오르던 하얀 김까지 또렷했다.

물이 불어난 도랑을 건너던 순간, 소년은 등을 내밀었고 소녀는 그의 목을 꼭 끌어안은 채 업혀 건넜다. 그리고 이별을 예감하며 소년에게 건넨 소녀의 대추 한 줌, 소녀에게 건네지 못한 소년의 호두 몇 알.

택배가 도착한 날,

소미는 학수가 보내준 조약돌을 매만지며 한참을 울었다. 그리고 마침내 그의 앞에 선 지금 또다시 서럽게 흐느끼고 있는 것이었다. 그녀의 울음소리에 학수는 순간 멈칫했다. 무슨 말을 해야 할지…. 난감했다, 내일이면 학수는 멀리 이사를 간다. 서로의 목소리가 한 번, 두 번 더 이어졌지만 이내 끊어졌다. 박박박박. 웅이가 다가와 학수의 바짓단을 긁었다.

# 9

"울지 말아요. 조용히 눈을 감아 봐요. 그럼, 다 들릴 거예요."

파고라 지붕을 때리는 빗소리가 더욱 거세졌다. 공원의 소음은 모두 사라지고, 빗소리만이 두 사람 사이를 채웠다.

"아니면, 어떤 이야기를 해드릴까요?"
*"Je n'ai qu'un seul souhait."*

"그럼, 제 마음을 이야기해도 되나요?"
*"C'est que..."*

"난 어디서도 숨을 쉴게요. 그 숨, 햇살이 될게요."
*"Vous me manquez. Même si je ne peux rien voir…."*

"이 말을 꼭 하고 싶었어요."
*"Je suis heureuse de pouvoir dire cela."*

소미와의 약속.

어쩌면 오늘, 지금 이 만남이 마지막일지도 모른다는 생각이 학수의 가슴을 무겁게 짓눌렀다. 그러나 달리 방법이 없었다. 당장 우산도 없었고, 핸드폰을 충전한다고 집에 다녀올 수도 없었다. 무엇보다 지팡이를 짚고 길을 더듬는 자신의 모습을 그녀에게 보여주고 싶지 않았다. 마른침을 삼키는 그의 귓가에는 나뭇가지를 스치는 바람 소리와 멀리 사람들의 웃음소리만이 들려올 뿐이었다.

## 10

톡, 톡, 톡.

빗소리가 서서히 잦아들었다.

파고라에 앉아 있는 두 사람의 얼굴에 따뜻한 햇볕이 들었다.

"비가 그쳤나 봐요?"

"*Je ne pleurerai plus.*"

"해가 떴나요?"

"*Le soleil est déjà si chaud.*"

"곧 무지개가 뜰 거예요."

"*Je continuerai à attendre.*"

"제가 드리는 선물이에요."

"*Merci. Merci pour tout.*"

"아녜요. 제가 더 고마웠어요. 그대가 있어서 제가 참 좋습니다."

"*Moi aussi.*"

[야 무지개다.]

빨주노초파남보. 몽마르뜨 공원 위로 무지개가 떠올랐다. 어디에 숨어 있다가 뛰어나온 걸까, 공원은 어느새 서로를 부르는 아이들의 목소리로 가득했다. 나뭇가지를 흔들며 불어오는 산들바람, 소미는 바람 사이로 그의 체취를 느끼며 숨을 골랐다. 엎드려 있던 웅이가 일어나 학수의 손등을 핥았다. 학수는 조심스럽게 손을 뻗어 웅이의 머리를 쓰다듬었다. 그러다 그의 손끝이 웅이의 목줄을 쥐고 있는 소미의 손에 닿았다. 멈칫, 잠시 망설이던 그는 그녀의 손을 살며시 잡았다.

어느새 하얀 달.

흩어졌던 일곱 빛 다시 모여 소년과 소녀를 환하게 비추고 있다.

Shuffle 4

2475831690

# 조각 맞추기

흩어진 기억의 조각들 모여 현실을 이룬다

## 2

답답한 마음에 발만 동동 구르던 소미는

결국 주머니에서 작은 조약돌을 꺼내 학수에게 내밀었다. 손바닥 위에 놓인 조약돌을 쓸어보는 그녀의 눈에서 눈물이 뚝뚝 흘러내렸다. 30년 전, 어린 시절 그녀가 학수를 향해 던졌던 그 조약돌. 학수는 그 돌을 여태껏 보관해 오다가 얼마 전 우편으로 그녀에게 보내주었다.

맑은 가을 하늘 아래, 징검다리에서 물장난을 치던 소녀와 그녀를 바라보며 개울둑에 앉아 있던 소년. 초등학교 5학년, 열세 살. 어릴 적 기억이 동시에 두 사람의 가슴을 파고들었다. 소년을 향해 "바보"라며 조약돌을 던지던 소녀, 그리고 그 돌을 주머니에 넣어 오래도록 간직했던 소년.

어느 날, 학수는 오래도록 보물처럼 간직해 온 조약돌 이야기를 꺼냈다. 천천히 그 돌에 얽힌 기억을 더듬고 있을 때였다. 이야기가 끝난 한참 뒤, 마치 응답이라도 하듯 어디선가 또렷하면서도 낯선 목소리가 흘러나왔다. 불어 억양이 묻어나는 한국말로, 짧게, 그러나 분명하게 말했다. "안녕." 그녀가 바로 소미였다. 그날 이후, 하루에도 몇 번씩 통역 앱을 이용하여 둘만의 길고 긴 대화가 시작되었다. 그렇게 학수는 그녀가 프랑스 국적을 갖게 된 사연도, 지금은 학수의 집 근처 프랑스타운에 살고 있다는 것도, 자신이 자주 오는 이 공원에 가끔씩 산책을 온다는 사실도 알게 되었다.

어쩌면,

두 사람은 그동안 이 공원에서 여러 번 스쳐 지나쳤을지도 모른다.

## 4

30년이 흘렀다.

그리고 한 달 전, 두 사람은 '보이스랩'이라는 온라인 커뮤니티에서 다시 만났다. 음성채팅이 가능했던 그 대화방은 오래전 교통사고로 시력을 잃은 학수에게 외부 세계와 소통할 수 있는 유일한 창구였다. 한편, 30년 만에 돌아온 고국은 소미에게 너무도 낯설었고, 장애를 지닌 채 새로운 환경에 적응하는 일은 더욱 막막했다. 그런 그녀에게 통역 기능이 있는 그 대화방은 한국의 일상과 정서를 알아갈 수 있는 소중한 통로였다.

누구와도 쉽게 만날 수 없었던 두 사람은

지난 한 달 동안 핸드폰 너머 통역 앱으로 목소리를 주고받으며 서로에게 가장 큰 위안과 희망이 되어갔다. 게다가 얼마 전 계단을 헛디뎌 발목을 다친 학수는 한동안 꼼짝없이 집 안에만 머물러야 했고, 지루한 방 안의 시간 속에서 세상과 이어진 건 오직 그녀의 목소리뿐이었다.

소나기 오던 날,

그날의 체온, 그날의 숨결은 아직도 두 사람의 기억 속에 살아 있었다. 짧지만 깊었던 이들의 어린 시절은 소나기처럼 스쳐 지나갔다. 병으로 쓰러져 여러 날을 앓던 소녀는 결국 이사를 했고, 소년은 끝내 병문안조차 가지 못했다. 그리고 전해진 부고. 단 한마디 소식이 소년의 세상을 송두리째 무너뜨렸다. 그 후로도 그녀를 떠올릴 때마다, 가슴 한켠을 파고드는 미안함과 후회는 오랫동안 그를 괴롭혔다.

# 7

"비가 오네요. 그때도 비가 왔었는데…."

"*Il pleuvait aussi ce jour-là*…."

쿠구궁~

순간, 천둥이 울리며 귀를 때렸다. 곧이어 굵어진 빗방울이 파고라의 지붕을 세차게 두드렸다. 젖은 옷깃을 여미며 파고라 안쪽으로 가까이 다가선 두 사람, 그러나 세차게 내리치는 빗소리 속에 침묵은 더욱 무겁게 가라앉았다.

빗방울이 점점 굵어졌다. 공원의 빗소리가 파고라를 가득 채우는 사이, 두 사람의 기억 속에서도 비가 내리고 있었다. 소나기를 피해 수숫단 속에 숨었던 날, 비에 젖은 꽃다발을 안고 있던 소녀. 비를 맞으면서도 소녀를 위해 애쓰던 소년. 떨고 있는 소녀의 어깨를 감싸주던 무명 저고리의 감촉. 그의 어깨 위로 피어오르던 하얀 김까지 또렷했다.

물이 불어난 도랑을 건너던 순간, 소년은 등을 내밀었고 소녀는 그의 목을 꼭 끌어안은 채 업혀 건넜다. 그리고 이별을 예감하며 소년에게 건넨 소녀의 대추 한 줌, 소녀에게 건네지 못한 소년의 호두 몇 알.

택배가 도착한 날,

소미는 학수가 보내준 조약돌을 매만지며 한참을 울었다. 그리고 마침내 그의 앞에 선 지금 또다시 서럽게 흐느끼고 있는 것이었다. 그녀의 울음소리에 학수는 순간 멈칫했다. 무슨 말을 해야 할지…. 난감했다, 내일이면 학수는 멀리 이사를 간다. 서로의 목소리가 한 번, 두 번 더 이어졌지만 이내 끊어졌다.

박박박박. 웅이가 다가와 학수의 바짓단을 긁었다.

## 5

소녀가 죽었다는 소식은 사실이 아니었다.

그녀는 뇌수막염으로 오랜 기간 투병했지만, 기적처럼 목숨을 건졌다. 그러나 기적은 거기까지였다. 병의 후유증은 그녀의 시력을 앗아갔고, 어머니마저 집을 떠난 뒤, 아버지는 홀로 딸을 감당할 수 없었다. 끝내 그는 마을의 눈을 피해 소녀를 인근 성당에 맡겼고, 소녀는 성당 교우들의 보살핌 속에서 지내게 되었다. 그후, 고향 집마저 처분한 아버지는 읍내에서 작은 잡화점을 맡아 근근이 생계를 이어갔지만, 술과 절망에 짓눌려 살다가 오래지 않아 세상을 떠났다.

그 무렵, 성당을 찾은 프랑스 신부가 그녀의 안타까운 사정을 알게 되었고, 귀국길에 그녀를 데려갔다. 그는 자신을 오랫동안 도와온 파리의 신자 부부에게 상황을 전했고, 부부는 주저 없이 그녀를 입양하기로 했다. 그렇게 소녀는 낯선 도시에서 새로운 이름으로 살아가게 되었다. 고향에는 부고만 남았고, 그녀의 삶은 전혀 다른 길 위에서 이어졌다.

"비 그치면 또 업어줄까요?"

*"En fait, je ···."*

오늘이 마지막일지도 모른다.

순간, 소미는 자신이 학수의 얼굴을 볼 수 없다는 현실을 털어놓으려 했다. 하지만 그 말은 입술 끝에서만 맴돌다 삼켜졌다. 어차피 통역 앱이 없는 지금, 그녀의 목소리는 그에게 그저 뜻 모를 소리에 불과할 터였으니. 결국 소미는 한숨을 내쉬며 고개를 저었고, 그녀의 침묵을 알 길이 없는 학수의 목소리만이 빗소리 가득한 파고라 안을 메우고 있었다.

## 8

"앉아요. 그냥 이야기해요. 제가 다 들어 줄게요."

긴 한숨을 내쉬며 잠시 숨을 고른 학수는 울고 있는 소미를 달래며 웃었다. 한마디 알아들을 수는 없는 학수의 말이었지만, 그렇다고 그녀도 언제까지고 울고만 있을 수는 없었다. 소미는 천천히 마음을 추스르고 그의 목소리에 귀를 기울였다. 그리고 말을 이어갔다.

*"Merci pour le cadeau. Comment avez-vous pu le garder tout ce temps?"*

학수의 목소리에 귀를 기울이던 소미는 한동안 아무 말이 없었다. 조용히 미소를 짓는 학수의 고백과 소망이 이어졌다. 무슨 뜻인지 이해할 수는 없었지만, 그녀의 이름을 나직이 부르던 학수의 목소리에는 분명한 온기가 담겨 있었다. 그리고 그 온기가 소미의 마음을 움직였다.

"저는 소미씨를 저라고 생각해요."

*"Oui?"*

"네, 저요! 세상 누구보다도 아끼고 사랑해야 할 저 자신요."

"……."

"저는 당신을 그렇게 생각해요."

*"Je suis venue ici tous les jours à cette heure-ci."*

"다치지도 말고 아프지도 말아주세요. 늘 이렇게 눈을 감고 기도할게요."

*"Je pensais que vous me regardiez, quelque part."*

"그대의 낮을 밝혀줄 해가 될게요. 그동안 나의 밤을 지켜준 달이셨으니요."

*"Comme je le faisais autrefois."*

## 3

*"Ung, allons-y."*

한국에서의 외출은 늘 집 근처 공원 산책이 전부였다. 서래마을, 공원 아래 프랑스타운에 사는 소미는 오늘도 웅이를 앞세워 길을 나섰다. 목적지는 몽마르뜨공원 "시계탑 파고라". 오늘은 그녀에게 모처럼 약속이 있는 날이었다. 아니, 처음이다. 얼마쯤 나섰을까, 끼잉끼잉. 갑자기 걸음을 멈춰 선 웅이가 아무리 목줄을 당겨도 꼼짝하질 않는다.

툭.툭.
하나둘 얼굴에 부딪히는 빗방울. 소미는 서둘러 집으로 돌아가 우산을 챙겨
들고 다시 길을 나섰다.

빗길을 따라 한참을 걸어 올라 공원 입구에 도착한 그녀. 발걸음을 멈추고 크게 한숨을 내쉬며 숨을 골랐다. 그리고, 몇 시나 되었을까. 핸드폰을 찾으려 주머니를 더듬었다. 텅 빈 안감의 감촉만이 손끝에 전해졌다. 빈 주머니. 아차, 그제야 깨달았다. 우산을 챙기느라, 핸드폰을 신발장 위에 두고 온 것이다. 한국어가 서투른 그녀에게 통역 앱은 꼭 필요했지만, 그와의 약속 시간이 다가오는 지금, 다시 집으로 돌아갈 여유는 없었다. 소미는 선글라스를 고쳐 쓰고 발걸음을 재촉했다.

소미는
안내견 웅이와 함께 매일 오후 이 언덕길을 올랐다.

어제도, 그제도…. 마치 그때의 징검다리처럼. 학수가 이 공원을 자주 찾는다는 사실을 알게 된 뒤로, 그녀의 발걸음은 늘 이곳을 향했다. 어딘가에서 그가 자신을 지켜보고 있다고 생각하며.

## 1

덩~덩~덩~덩~

머리 위로 시계탑의 종소리가 울려 퍼졌다.

4월의 봄날, 서초동 몽마르뜨공원. 짝을 찾아 흘러다니는 꽃가루가 공원의 하늘을 가득 메우고 있다. 시계탑 파고라 앞에 선 학수가 가쁜 숨을 몰아쉬고 있었다. 연신 재채기를 하던 그의 코끝에서 코피가 흘러나왔다. 하지만 그는 대수롭지 않은 듯 고개를 젖히고, 손으로 쓱 하고 훔쳐내어 입으로 빨아들였다. 그리고 조심조심. 주변을 더듬으며 파고라 기둥의 위치를 확인하고는 자리에 앉아 지팡이를 내려놓았다. 집 앞 언덕 위에 자리한 이 작은 공원은 한때는 눈을 감고도 다닐 수 있을 만큼 그에게 익숙한 공간이었지만 정작 시력을 잃고 난 뒤로는 발걸음 하나, 손짓 하나까지도 신중해질 수밖에 없었다.

그는 무심히 선글라스를 고쳐 쓰며 점퍼 주머니에서 핸드폰을 꺼내 들었다. 시간을 확인하려 버튼을 눌렀지만, 익숙한 음성 안내는 들리지 않았다. 그의 얼굴이 굳어졌다. 볼륨 버튼을 올리고 화면을 두드려봐도 아무런 반응이 없었다. 꺼져 있었다. 그의 입에서 깊은 한숨이 새어 나왔다. 불어를 모르는 그에게 통역 앱은 꼭 필요했다. 하지만 약속 시간이 얼마 남지 않은 지금, 집에 다녀올 여유는 없었다. 어쩔 수 없이 그는 그녀의 핸드폰을 사용하기로 마음을 먹고 자리에 앉아 조용히 그녀를 기다렸다. 몇 시나 되었을까, 그의 얼굴에는 긴장과 설렘이 교차했다.

휘~휘~

습기를 머금은 바람이 공원의 가로수를 흔들었다.

이내 툭.툭. 바람을 타고 빗방울이 떨어지기 시작했다.

## 6

소미는 웅이를 따라 시계탑 파고라에 도착했다.

약속 시간에 늦지 않았다는 안도감에 잠시 미소를 지으며 기둥을 더듬어 붙잡았다. 소미가 우산을 접으려 목줄에서 손을 놓자, 웅이는 곧장 벤치에 앉아 있던 학수에게 다가가 그의 손등을 핥았다.

"강아지가 착하네요. 짖지도 않고."

잔떨림이 있는 중저음의 목소리. 그녀에게는 낯설지가 않았다. 하지만 한국어가 서투른 그녀는 그의 말을 온전히 알아들을 수는 없었다.

"*Je suis désolée. Je ne parle pas coréen.*"

또랑또랑한 불어 억양. 그동안 핸드폰을 통해 들어 온 목소리의 울림만으로도 학수는 그녀가 소미임을 곧바로 알 수 있었다.

"소미?", "*Haksu?*"

한 사람은 불어로, 한 사람은 한국어로. 태연히 자기 말을 이어가는 두 사람, 서로의 말은 엇갈린 채 공중에 흩어졌다. 소미의 몸짓을 볼 수 없는 학수는 고개를 갸웃하다가, 꺼진 핸드폰을 내밀고 손가락으로 X 표시를 그려 핸드폰을 쓸 수 없다는 뜻을 전했다.

"제 핸드폰이 안 돼요. 소미씨 폰으로 이야기해요."
"*J'ai oublié mon téléphone. Utilisons le vôtre.*"

두 혼잣말들,

대화는 내내 엇갈렸다. 마치 같은 실을 잡고도 서로 다른 끝을 좇는 듯,
그들의 말은 평행선을 달리며 서로의 곁을 스쳐 지나갔다.

# 9

"울지 말아요. 조용히 눈을 감아 봐요. 그럼, 다 들릴 거예요."

파고라 지붕을 때리는 빗소리가 더욱 거세졌다. 공원의 소음은 모두 사라지고, 빗소리만이 두 사람 사이를 채웠다.

"아니면, 어떤 이야기를 해드릴까요?"

*"Je n'ai qu'un seul souhait."*

"그럼, 제 마음을 이야기해도 되나요?"

*"C'est que..."*

"난 어디서도 숨을 쉴게요. 그 숨, 햇살이 될게요."

*"Vous me manquez. Même si je ne peux rien voir…."*

"이 말을 꼭 하고 싶었어요."

*"Je suis heureuse de pouvoir dire cela."*

소미와의 약속.

어쩌면 오늘, 지금 이 만남이 마지막일지도 모른다는 생각이 학수의 가슴을 무겁게 짓눌렀다. 그러나 달리 방법이 없었다. 당장 우산도 없었고, 핸드폰을 충전한다고 집에 다녀올 수도 없었다. 무엇보다 지팡이를 짚고 길을 더듬는 자신의 모습을 그녀에게 보여주고 싶지 않았다. 마른침을 삼키는 그의 귓가에는 나뭇가지를 스치는 바람 소리와 멀리 사람들의 웃음소리만이 들려올 뿐이었다.

## 10

툭, 툭, 툭.

빗소리가 서서히 잦아들었다.

파고라에 앉아 있는 두 사람의 얼굴에 따뜻한 햇볕이 들었다.

"비가 그쳤나 봐요?"

*"Je ne pleurerai plus."*

"해가 떴나요?"

*"Le soleil est déjà si chaud."*

"곧 무지개가 뜰 거예요."

*"Je continuerai à attendre."*

"제가 드리는 선물이에요."

*"Merci. Merci pour tout."*

"아녜요. 제가 더 고마웠어요. 그대가 있어서 제가 참 좋습니다."

*"Moi aussi."*

[야 무지개다.]

빨주노초파남보. 몽마르뜨 공원 위로 무지개가 떠올랐다. 어디에 숨어 있다가 뛰어나온 걸까, 공원은 어느새 서로를 부르는 아이들의 목소리로 가득했다. 나뭇가지를 흔들며 불어오는 산들바람, 소미는 바람 사이로 그의 체취를 느끼며 숨을 골랐다. 엎드려 있던 웅이가 일어나 학수의 손등을 핥았다. 학수는 조심스럽게 손을 뻗어 웅이의 머리를 쓰다듬었다. 그러다 그의 손끝이 웅이의 목줄을 쥐고 있는 소미의 손에 닿았다. 멈칫, 잠시 망설이던 그는 그녀의 손을 살며시 잡았다.

어느새 하얀 달.

흩어졌던 일곱 빛 다시 모여 소년과 소녀를 환하게 비추고 있다.

Shuffle 5

7254831690

# 물결 시간

시간은 파도처럼 밀려왔다 밀려간다

# 7

"비가 오네요. 그때도 비가 왔었는데…."

*"Il pleuvait aussi ce jour-là…."*

쿠구궁~

순간, 천둥이 울리며 귀를 때렸다. 곧이어 굵어진 빗방울이 파고라의 지붕을 세차게 두드렸다. 젖은 옷깃을 여미며 파고라 안쪽으로 가까이 다가선 두 사람, 그러나 세차게 내리치는 빗소리 속에 침묵은 더욱 무겁게 가라앉았다.

빗방울이 점점 굵어졌다. 공원의 빗소리가 파고라를 가득 채우는 사이, 두 사람의 기억 속에서도 비가 내리고 있었다. 소나기를 피해 수숫단 속에 숨었던 날, 비에 젖은 꽃다발을 안고 있던 소녀. 비를 맞으면서도 소녀를 위해 애쓰던 소년. 떨고 있는 소녀의 어깨를 감싸주던 무명 저고리의 감촉. 그의 어깨 위로 피어오르던 하얀 김까지 또렷했다.

물이 불어난 도랑을 건너던 순간, 소년은 등을 내밀었고 소녀는 그의 목을 꼭 끌어안은 채 업혀 건넜다. 그리고 이별을 예감하며 소년에게 건넨 소녀의 대추 한 줌, 소녀에게 건네지 못한 소년의 호두 몇 알.

택배가 도착한 날,

소미는 학수가 보내준 조약돌을 매만지며 한참을 울었다. 그리고 마침내 그의 앞에 선 지금 또다시 서럽게 흐느끼고 있는 것이었다. 그녀의 울음소리에 학수는 순간 멈칫했다. 무슨 말을 해야 할지…. 난감했다, 내일이면 학수는 멀리 이사를 간다. 서로의 목소리가 한 번, 두 번 너 이이졌지만 이내 끊어졌다. 박박박박. 웅이가 다가와 학수의 바짓단을 긁었다.

## 2

답답한 마음에 발만 동동 구르던 소미는

결국 주머니에서 작은 조약돌을 꺼내 학수에게 내밀었다. 손바닥 위에 놓인 조약돌을 쓸어보는 그녀의 눈에서 눈물이 뚝뚝 흘러내렸다. 30년 전, 어린 시절 그녀가 학수를 향해 던졌던 그 조약돌. 학수는 그 돌을 여태껏 보관해 오다가 얼마 전 우편으로 그녀에게 보내주었다.

맑은 가을 하늘 아래, 징검다리에서 물장난을 치던 소녀와 그녀를 바라보며 개울둑에 앉아 있던 소년. 초등학교 5학년, 열세 살. 어릴 적 기억이 동시에 두 사람의 가슴을 파고들었다. 소년을 향해 "바보"라며 조약돌을 던지던 소녀, 그리고 그 돌을 주머니에 넣어 오래도록 간직했던 소년.

어느 날, 학수는 오래도록 보물처럼 간직해 온 조약돌 이야기를 꺼냈다. 천천히 그 돌에 얽힌 기억을 더듬고 있을 때였다. 이야기가 끝난 한참 뒤, 마치 응답이라도 하듯 어디선가 또렷하면서도 낯선 목소리가 흘러나왔다. 불어 억양이 묻어나는 한국말로, 짧게, 그러나 분명하게 말했다. "안녕." 그녀가 바로 소미였다. 그날 이후, 하루에도 몇 번씩 통역 앱을 이용하여 둘만의 길고 긴 대화가 시작되었다. 그렇게 학수는 그녀가 프랑스 국적을 갖게 된 사연도, 지금은 학수의 집 근처 프랑스타운에 살고 있다는 것도, 자신이 자주 오는 이 공원에 가끔씩 산책을 온다는 사실도 알게 되었다.

어쩌면,

두 사람은 그동안 이 공원에서 여러 번 스쳐 지나쳤을지도 모른다.

## 5

소녀가 죽었다는 소식은 사실이 아니었다.

그녀는 뇌수막염으로 오랜 기간 투병했지만, 기적처럼 목숨을 건졌다. 그러나 기적은 거기까지였다. 병의 후유증은 그녀의 시력을 앗아갔고, 어머니마저 집을 떠난 뒤, 아버지는 홀로 딸을 감당할 수 없었다. 끝내 그는 마을의 눈을 피해 소녀를 인근 성당에 맡겼고, 소녀는 성당 교우들의 보살핌 속에서 지내게 되었다. 그후, 고향 집마저 처분한 아버지는 읍내에서 작은 잡화점을 맡아 근근이 생계를 이어갔지만, 술과 절망에 짓눌려 살다가 오래지 않아 세상을 떠났다.

그 무렵, 성당을 찾은 프랑스 신부가 그녀의 안타까운 사정을 알게 되었고, 귀국길에 그녀를 데려갔다. 그는 자신을 오랫동안 도와온 파리의 신자 부부에게 상황을 전했고, 부부는 주저 없이 그녀를 입양하기로 했다. 그렇게 소녀는 낯선 도시에서 새로운 이름으로 살아가게 되었다. 고향에는 부고만 남았고, 그녀의 삶은 전혀 다른 길 위에서 이어졌다.

"비 그치면 또 업어줄까요?"

*"En fait, je …."*

오늘이 마지막일지도 모른다.

순간, 소미는 자신이 학수의 얼굴을 볼 수 없다는 현실을 털어놓으려 했다. 하지만 그 말은 입술 끝에서만 맴돌다 삼켜졌다. 어차피 통역 앱이 없는 지금, 그녀의 목소리는 그에게 그저 뜻 모를 소리에 불과할 터였으니. 결국 소미는 한숨을 내쉬며 고개를 저었고, 그녀의 침묵을 알 길이 없는 학수의 목소리만이 빗소리 가득한 파고라 안을 메우고 있었다.

## 4

30년이 흘렀다.

그리고 한 달 전, 두 사람은 '보이스랩'이라는 온라인 커뮤니티에서 다시 만났다. 음성채팅이 가능했던 그 대화방은 오래전 교통사고로 시력을 잃은 학수에게 외부 세계와 소통할 수 있는 유일한 창구였다. 한편, 30년 만에 돌아온 고국은 소미에게 너무도 낯설었고, 장애를 지닌 채 새로운 환경에 적응하는 일은 더욱 막막했다. 그런 그녀에게 통역 기능이 있는 그 대화방은 한국의 일상과 정서를 알아갈 수 있는 소중한 통로였다.

누구와도 쉽게 만날 수 없었던 두 사람은

지난 한 달 동안 핸드폰 너머 통역 앱으로 목소리를 주고받으며 서로에게 가장 큰 위안과 희망이 되어갔다. 게다가 얼마 전 계단을 헛디뎌 발목을 다친 학수는 한동안 꼼짝없이 집 안에만 머물러야 했고, 지루한 방 안의 시간 속에서 세상과 이어진 건 오직 그녀의 목소리뿐이었다.

소나기 오던 날,

그날의 체온, 그날의 숨결은 아직도 두 사람의 기억 속에 살아 있었다. 짧지만 깊었던 이들의 어린 시절은 소나기처럼 스쳐 지나갔다. 병으로 쓰러져 여러 날을 앓던 소녀는 결국 이사를 했고, 소년은 끝내 병문안조차 가지 못했다. 그리고 전해진 부고. 단 한마디 소식이 소년의 세상을 송두리째 무너뜨렸다. 그 후로도 그녀를 떠올릴 때마다, 가슴 한켠을 파고드는 미안함과 후회는 오랫동안 그를 괴롭혔다.

## 8

"앉아요. 그냥 이야기해요. 제가 다 들어 줄게요."

긴 한숨을 내쉬며 잠시 숨을 고른 학수는 울고 있는 소미를 달래며 웃었다. 한마디 알아들을 수는 없는 학수의 말이었지만, 그렇다고 그녀도 언제까지고 울고만 있을 수는 없었다. 소미는 천천히 마음을 추스르고 그의 목소리에 귀를 기울였다. 그리고 말을 이어갔다.

*"Merci pour le cadeau. Comment avez-vous pu le garder tout ce temps?"*

학수의 목소리에 귀를 기울이던 소미는 한동안 아무 말이 없었다. 조용히 미소를 짓는 학수의 고백과 소망이 이어졌다. 무슨 뜻인지 이해할 수는 없었지만, 그녀의 이름을 나직이 부르던 학수의 목소리에는 분명한 온기가 담겨 있었다. 그리고 그 온기가 소미의 마음을 움직였다.

"저는 소미씨를 저라고 생각해요."

*"Oui?"*

"네, 저요! 세상 누구보다도 아끼고 사랑해야 할 저 자신요."

"……."

"저는 당신을 그렇게 생각해요."

*"Je suis venue ici tous les jours à cette heure-ci."*

"다치지도 말고 아프지도 말아주세요. 늘 이렇게 눈을 감고 기도할게요."

*"Je pensais que vous me regardiez, quelque part."*

"그대의 낮을 밝혀줄 해가 될게요. 그동안 나의 밤을 지켜준 달이셨으니요."

*"Comme je le faisais autrefois."*

# 3

*"Ung, allons-y."*

한국에서의 외출은 늘 집 근처 공원 산책이 전부였다. 서래마을, 공원 아래 프랑스타운에 사는 소미는 오늘도 웅이를 앞세워 길을 나섰다. 목적지는 몽마르뜨공원 '시계탑 파고라'. 오늘은 그녀에게 모처럼 약속이 있는 날이었다. 아니, 처음이다. 얼마쯤 나섰을까, 끼잉끼잉. 갑자기 걸음을 멈춰 선 웅이가 아무리 목줄을 당겨도 꼼짝하질 않는다.

툭.툭.
하나둘 얼굴에 부딪히는 빗방울. 소미는 서둘러 집으로 돌아가 우산을 챙겨 들고 다시 길을 나섰다.

빗길을 따라 한참을 걸어 올라 공원 입구에 도착한 그녀. 발걸음을 멈추고 크게 한숨을 내쉬며 숨을 골랐다. 그리고, 몇 시나 되었을까. 핸드폰을 찾으려 주머니를 더듬었다. 텅 빈 안감의 감촉만이 손끝에 전해졌다. 빈 주머니. 아차, 그제야 깨달았다. 우산을 챙기느라, 핸드폰을 신발장 위에 두고 온 것이다. 한국어가 서투른 그녀에게 통역 앱은 꼭 필요했지만, 그와의 약속 시간이 다가오는 지금, 다시 집으로 돌아갈 여유는 없었다. 소미는 선글라스를 고쳐 쓰고 발걸음을 재촉했다.

소미는
안내견 웅이와 함께 매일 오후 이 언덕길을 올랐다.

어제도, 그제도…. 마치 그때의 징검다리처럼. 학수가 이 공원을 자주 찾는다는 사실을 알게 된 뒤로, 그녀의 발걸음은 늘 이곳을 향했다. 어딘가에서 그가 자신을 지켜보고 있다고 생각하며

## 1

덩~뎅~뎅~뎅~

머리 위로 시계탑의 종소리가 울려 퍼졌다.

4월의 봄날, 서초동 몽마르뜨공원. 짝을 찾아 흘러다니는 꽃가루가 공원의 하늘을 가득 메우고 있다. 시계탑 파고라 앞에 선 학수가 가쁜 숨을 몰아쉬고 있었다. 연신 재채기를 하던 그의 코끝에서 코피가 흘러나왔다. 하지만 그는 대수롭지 않은 듯 고개를 젖히고, 손으로 쓱 하고 훔쳐내어 입으로 빨아들였다. 그리고 조심조심. 주변을 더듬으며 파고라 기둥의 위치를 확인하고는 자리에 앉아 지팡이를 내려놓았다. 집 앞 언덕 위에 자리한 이 작은 공원은 한때는 눈을 감고도 다닐 수 있을 만큼 그에게 익숙한 공간이었지만 정작 시력을 잃고 난 뒤로는 발걸음 하나, 손짓 하나까지도 신중해질 수밖에 없었다.

그는 무심히 선글라스를 고쳐 쓰며 점퍼 주머니에서 핸드폰을 꺼내 들었다. 시간을 확인하려 버튼을 눌렀지만, 익숙한 음성 안내는 들리지 않았다. 그의 얼굴이 굳어졌다. 볼륨 버튼을 올리고 화면을 두드려봐도 아무런 반응이 없었다. 꺼져 있었다. 그의 입에서 깊은 한숨이 새어 나왔다. 불어를 모르는 그에게 통역 앱은 꼭 필요했다. 하지만 약속 시간이 얼마 남지 않은 지금, 집에 다녀올 여유는 없었다. 어쩔 수 없이 그는 그녀의 핸드폰을 사용하기로 마음을 먹고 자리에 앉아 조용히 그녀를 기다렸다. 몇 시나 되었을까, 그의 얼굴에는 긴장과 설렘이 교차했다.

휘~휘~

습기를 머금은 바람이 공원의 가로수를 흔들었다.

이내 툭.툭. 바람을 타고 빗방울이 떨어지기 시작했다.

## 6

소미는 웅이를 따라 시계탑 파고라에 도착했다.

약속 시간에 늦지 않았다는 안도감에 잠시 미소를 지으며 기둥을 더듬어 붙잡았다. 소미가 우산을 접으려 목줄에서 손을 놓자, 웅이는 곧장 벤치에 앉아 있던 학수에게 다가가 그의 손등을 핥았다.

"강아지가 착하네요. 짖지도 않고."

잔떨림이 있는 중저음의 목소리. 그녀에게는 낯설지가 않았다. 하지만 한국어가 서투른 그녀는 그의 말을 온전히 알아들을 수는 없었다.

*"Je suis désolée. Je ne parle pas coréen."*

또랑또랑한 불어 억양. 그동안 핸드폰을 통해 들어 온 목소리의 울림만으로도 학수는 그녀가 소미임을 곧바로 알 수 있었다.

"소미?", *"Haksu?"*

한 사람은 불어로, 한 사람은 한국어로. 태연히 자기 말을 이어가는 두 사람, 서로의 말은 엇갈린 채 공중에 흩어졌다. 소미의 몸짓을 볼 수 없는 학수는 고개를 갸웃하다가, 꺼진 핸드폰을 내밀고 손가락으로 X 표시를 그려 핸드폰을 쓸 수 없다는 뜻을 전했다.

"제 핸드폰이 안 돼요. 소미씨 폰으로 이야기해요."
*"J'ai oublié mon téléphone. Utilisons le vôtre."*

두 혼잣말들,

대화는 내내 엇갈렸다. 마치 같은 실을 잡고도 서로 다른 끝을 좇는 듯,
그들의 말은 평행선을 달리며 서로의 곁을 스쳐 지나갔다.

# 9

"울지 말아요. 조용히 눈을 감아 봐요. 그럼, 다 들릴 거예요."

파고라 지붕을 때리는 빗소리가 더욱 거세졌다. 공원의 소음은 모두
사라지고, 빗소리만이 두 사람 사이를 채웠다.

"아니면, 어떤 이야기를 해드릴까요?"
*"Je n'ai qu'un seul souhait."*

"그럼, 제 마음을 이야기해도 되나요?"
*"C'est que..."*

"난 어디서도 숨을 쉴게요. 그 숨, 햇살이 될게요."
*"Vous me manquez. Même si je ne peux rien voir…."*

"이 말을 꼭 하고 싶었어요."
*"Je suis heureuse de pouvoir dire cela."*

소미와의 약속.

어쩌면 오늘, 지금 이 만남이 마지막일지도 모른다는 생각이 학수의 가슴을 무겁게 짓눌렀다. 그러나 달리 방법이 없었다. 당장 우산도 없었고, 핸드폰을 충전한다고 집에 다녀올 수도 없었다. 무엇보다 지팡이를 짚고 길을 더듬는 자신의 모습을 그녀에게 보여주고 싶지 않았다. 마른침을 삼키는 그의 귓가에는 나뭇가지를 스치는 바람 소리와 멀리 사람들의 웃음소리만이 들려올 뿐이었다.

## 10

툭, 툭, 툭.

빗소리가 서서히 잦아들었다.

파고라에 앉아 있는 두 사람의 얼굴에 따뜻한 햇볕이 들었다.

"비가 그쳤나 봐요?"

"*Je ne pleurerai plus.*"

"해가 떴나요?"

"*Le soleil est déjà si chaud.*"

"곧 무지개가 뜰 거예요."

"*Je continuerai à attendre.*"

"제가 드리는 선물이에요."

"*Merci. Merci pour tout.*"

"아녜요. 제가 더 고마웠어요. 그대가 있어서 제가 참 좋습니다."

"*Moi aussi.*"

[야 무지개다.]

빨주노초파남보. 몽마르뜨 공원 위로 무지개가 떠올랐다. 어디에 숨어 있다가 뛰어나온 걸까, 공원은 어느새 서로를 부르는 아이들의 목소리로 가득했다. 나뭇가지를 흔들며 불어오는 산들바람, 소미는 바람 사이로 그의 체취를 느끼며 숨을 골랐다. 엎드려 있던 웅이가 일어나 학수의 손등을 핥았다. 학수는 조심스럽게 손을 뻗어 웅이의 머리를 쓰다듬었다. 그러다 그의 손끝이 웅이의 목줄을 쥐고 있는 소미의 손에 닿았다. 멈칫, 잠시 망설이던 그는 그녀의 손을 살며시 잡았다.

어느새 하얀 달.

흩어졌던 일곱 빛 다시 모여 소년과 소녀를 환하게 비추고 있다.

Shuffle 6

6413285790

# 언어 넘어에

진정한 사랑은 모든 장애를 극복한다

# 6

소미는 웅이를 따라 시계탑 파고라에 도착했다.

약속 시간에 늦지 않았다는 안도감에 잠시 미소를 지으며 기둥을 더듬어 붙잡았다. 소미가 우산을 접으려 목줄에서 손을 놓자, 웅이는 곧장 벤치에 앉아 있던 학수에게 다가가 그의 손등을 핥았다.

"강아지가 착하네요. 짖지도 않고."

잔떨림이 있는 중저음의 목소리. 그녀에게는 낯설지가 않았다. 하지만 한국어가 서투른 그녀는 그의 말을 온전히 알아들을 수는 없었다.

*"Je suis désolée. Je ne parle pas coréen."*

또랑또랑한 불어 억양. 그동안 핸드폰을 통해 들어 온 목소리의 울림만으로도 학수는 그녀가 소미임을 곧바로 알 수 있었다.

"소미?", *"Haksu?"*

한 사람은 불어로, 한 사람은 한국어로. 태연히 자기 말을 이어가는 두 사람, 서로의 말은 엇갈린 채 공중에 흩어졌다. 소미의 몸짓을 볼 수 없는 학수는 고개를 갸웃하다가, 꺼진 핸드폰을 내밀고 손가락으로 X 표시를 그려 핸드폰을 쓸 수 없다는 뜻을 전했다.

"제 핸드폰이 안 돼요. 소미씨 폰으로 이야기해요."
*"J'ai oublié mon téléphone. Utilisons le vôtre."*

두 혼잣말들,

대화는 내내 엇갈렸다. 마치 같은 실을 잡고도 서로 다른 끝을 좇는 듯,
그들의 말은 평행선을 달리며 서로의 결을 스쳐 지나갔다.

## 4

30년이 흘렀다.

그리고 한 달 전, 두 사람은 '보이스랩'이라는 온라인 커뮤니티에서 다시 만났다. 음성채팅이 가능했던 그 대화방은 오래전 교통사고로 시력을 잃은 학수에게 외부 세계와 소통할 수 있는 유일한 창구였다. 한편, 30년 만에 돌아온 고국은 소미에게 너무도 낯설었고, 장애를 지닌 채 새로운 환경에 적응하는 일은 더욱 막막했다. 그런 그녀에게 통역 기능이 있는 그 대화방은 한국의 일상과 정서를 알아갈 수 있는 소중한 통로였다.

누구와도 쉽게 만날 수 없었던 두 사람은

지난 한 달 동안 핸드폰 너머 통역 앱으로 목소리를 주고받으며 서로에게 가장 큰 위안과 희망이 되어갔다. 게다가 얼마 전 계단을 헛디뎌 발목을 다친 학수는 한동안 꼼짝없이 집 안에만 머물러야 했고, 지루한 방 안의 시간 속에서 세상과 이어진 건 오직 그녀의 목소리뿐이었다.

소나기 오던 날,

그날의 체온, 그날의 숨결은 아직도 두 사람의 기억 속에 살아 있었다. 짧지만 깊었던 이들의 어린 시절은 소나기처럼 스쳐 지나갔다. 병으로 쓰러져 여러 날을 앓던 소녀는 결국 이사를 했고, 소년은 끝내 병문안조차 가지 못했다. 그리고 전해진 부고. 단 한마디 소식이 소년의 세상을 송두리째 무너뜨렸다. 그 후로도 그녀를 떠올릴 때마다, 가슴 한켠을 파고드는 미안함과 후회는 오랫동안 그를 괴롭혔다.

## 1

뎅~뎅~뎅~뎅~

머리 위로 시계탑의 종소리가 울려 퍼졌다.

4월의 봄날, 서초동 몽마르뜨공원. 짝을 찾아 흘러다니는 꽃가루가 공원의 하늘을 가득 메우고 있다. 시계탑 파고라 앞에 선 학수가 가쁜 숨을 몰아쉬고 있었다. 연신 재채기를 하던 그의 코끝에서 코피가 흘러나왔다. 하지만 그는 대수롭지 않은 듯 고개를 젖히고, 손으로 쓱 하고 훔쳐내어 입으로 빨아들였다. 그리고 조심조심. 주변을 더듬으며 파고라 기둥의 위치를 확인하고는 자리에 앉아 지팡이를 내려놓았다. 집 앞 언덕 위에 자리한 이 작은 공원은 한때는 눈을 감고도 다닐 수 있을 만큼 그에게 익숙한 공간이었지만 정작 시력을 잃고 난 뒤로는 발걸음 하나, 손짓 하나까지도 신중해질 수밖에 없었다.

그는 무심히 선글라스를 고쳐 쓰며 점퍼 주머니에서 핸드폰을 꺼내 들었다. 시간을 확인하려 버튼을 눌렀지만, 익숙한 음성 안내는 들리지 않았다. 그의 얼굴이 굳어졌다. 볼륨 버튼을 올리고 화면을 두드려봐도 아무런 반응이 없었다. 꺼져 있었다. 그의 입에서 깊은 한숨이 새어 나왔다. 불어를 모르는 그에게 통역 앱은 꼭 필요했다. 하지만 약속 시간이 얼마 남지 않은 지금, 집에 다녀올 여유는 없었다. 어쩔 수 없이 그는 그녀의 핸드폰을 사용하기로 마음을 먹고 자리에 앉아 조용히 그녀를 기다렸다. 몇 시나 되있을까, 그의 얼굴에는 긴장과 설렘이 교차했다.

휘~휘~

습기를 머금은 바람이 공원의 가로수를 흔들었다.

이내 툭.툭. 바람을 타고 빗방울이 떨어지기 시작했다.

## 3

*"Ung, allons-y."*

한국에서의 외출은 늘 집 근처 공원 산책이 전부였다. 서래마을, 공원 아래 프랑스타운에 사는 소미는 오늘도 웅이를 앞세워 길을 나섰다. 목적지는 몽마르뜨공원 '시계탑 파고라'. 오늘은 그녀에게 모처럼 약속이 있는 날이었다. 아니, 처음이다. 얼마쯤 나섰을까, 끼잉끼잉. 갑자기 걸음을 멈춰 선 웅이가 아무리 목줄을 당겨도 꼼짝하질 않는다.

툭.툭.
하나둘 얼굴에 부딪히는 빗방울. 소미는 서둘러 집으로 돌아가 우산을 챙겨
들고 다시 길을 나섰다.

빗길을 따라 한참을 걸어 올라 공원 입구에 도착한 그녀. 발걸음을 멈추고 크게 한숨을 내쉬며 숨을 골랐다. 그리고, 몇 시나 되었을까. 핸드폰을 찾으려 주머니를 더듬었다. 텅 빈 안감의 감촉만이 손끝에 전해졌다. 빈 주머니. 아차, 그제야 깨달았다. 우산을 챙기느라, 핸드폰을 신발장 위에 두고 온 것이다. 한국어가 서투른 그녀에게 통역 앱은 꼭 필요했지만, 그와의 약속 시간이 다가오는 지금, 다시 집으로 돌아갈 여유는 없었다. 소미는 선글라스를 고쳐 쓰고 발걸음을 재촉했다.

소미는
안내견 웅이와 함께 매일 오후 이 언덕길을 올랐다.

어제도, 그제도…. 마치 그때의 징검다리처럼. 학수가 이 공원을 자주 찾는다는 사실을 알게 된 뒤로, 그녀의 발걸음은 늘 이곳을 향했다. 어딘가에서 그가 자신을 지켜보고 있다고 생각하며.

## 2

답답한 마음에 발만 동동 구르던 소미는

결국 주머니에서 작은 조약돌을 꺼내 학수에게 내밀었다. 손바닥 위에 놓인 조약돌을 쓸어보는 그녀의 눈에서 눈물이 뚝뚝 흘러내렸다. 30년 전, 어린 시절 그녀가 학수를 향해 던졌던 그 조약돌. 학수는 그 돌을 여태껏 보관해 오다가 얼마 전 우편으로 그녀에게 보내주었다.

맑은 가을 하늘 아래, 징검다리에서 물장난을 치던 소녀와 그녀를 바라보며 개울둑에 앉아 있던 소년. 초등학교 5학년, 열세 살. 어릴 적 기억이 동시에 두 사람의 가슴을 파고들었다. 소년을 향해 "바보"라며 조약돌을 던지던 소녀, 그리고 그 돌을 주머니에 넣어 오래도록 간직했던 소년.

어느 날, 학수는 오래도록 보물처럼 간직해 온 조약돌 이야기를 꺼냈다. 천천히 그 돌에 얽힌 기억을 더듬고 있을 때였다. 이야기가 끝난 한참 뒤, 마치 응답이라도 하듯 어디선가 또렷하면서도 낯선 목소리가 흘러나왔다. 불어 억양이 묻어나는 한국말로, 짧게, 그러나 분명하게 말했다. "안녕." 그녀가 바로 소미였다. 그날 이후, 하루에도 몇 번씩 통역 앱을 이용하여 둘만의 길고 긴 대화가 시작되었다. 그렇게 학수는 그녀가 프랑스 국적을 갖게 된 사연도, 지금은 학수의 집 근처 프랑스타운에 살고 있다는 것도, 자신이 자주 오는 이 공원에 가끔씩 산책을 온다는 사실도 알게 되었다.

어쩌면,

두 사람은 그동안 이 공원에서 여러 번 스쳐 지나쳤을지도 모른다.

# 8

"앉아요. 그냥 이야기해요. 제가 다 들어 줄게요."

긴 한숨을 내쉬며 잠시 숨을 고른 학수는 울고 있는 소미를 달래며 웃었다. 한마디 알아들을 수는 없는 학수의 말이었지만, 그렇다고 그녀도 언제까지고 울고만 있을 수는 없었다. 소미는 천천히 마음을 추스르고 그의 목소리에 귀를 기울였다. 그리고 말을 이어갔다.

*"Merci pour le cadeau. Comment avez-vous pu le garder tout ce temps?"*

학수의 목소리에 귀를 기울이던 소미는 한동안 아무 말이 없었다. 조용히 미소를 짓는 학수의 고백과 소망이 이어졌다. 무슨 뜻인지 이해할 수는 없었지만, 그녀의 이름을 나직이 부르던 학수의 목소리에는 분명한 온기가 담겨 있었다. 그리고 그 온기가 소미의 마음을 움직였다.

"저는 소미씨를 저라고 생각해요."

"*Oui?*"

"네, 저요! 세상 누구보다도 아끼고 사랑해야 할 저 자신요."

"……."

"저는 당신을 그렇게 생각해요."

*"Je suis venue ici tous les jours à cette heure-ci."*

"다치지도 말고 아프지도 말아주세요. 늘 이렇게 눈을 감고 기도할게요."

*"Je pensais que vous me regardiez, quelque part."*

"그대의 낮을 밝혀줄 해가 될게요. 그동안 나의 밤을 지켜준 달이셨으니요."

*"Comme je le faisais autrefois."*

## 5

소녀가 죽었다는 소식은 사실이 아니었다.

그녀는 뇌수막염으로 오랜 기간 투병했지만, 기적처럼 목숨을 건졌다. 그러나 기적은 거기까지였다. 병의 후유증은 그녀의 시력을 앗아갔고, 어머니마저 집을 떠난 뒤, 아버지는 홀로 딸을 감당할 수 없었다. 끝내 그는 마을의 눈을 피해 소녀를 인근 성당에 맡겼고, 소녀는 성당 교우들의 보살핌 속에서 지내게 되었다. 그후, 고향 집마저 처분한 아버지는 읍내에서 작은 잡화점을 맡아 근근이 생계를 이어갔지만, 술과 절망에 짓눌려 살다가 오래지 않아 세상을 떠났다.

그 무렵, 성당을 찾은 프랑스 신부가 그녀의 안타까운 사정을 알게 되었고, 귀국길에 그녀를 데려갔다. 그는 자신을 오랫동안 도와온 파리의 신자 부부에게 상황을 전했고, 부부는 주저 없이 그녀를 입양하기로 했다. 그렇게 소녀는 낯선 도시에서 새로운 이름으로 살아가게 되었다. 고향에는 부고만 남았고, 그녀의 삶은 전혀 다른 길 위에서 이어졌다.

"비 그치면 또 업어줄까요?"
*"En fait, je ⋯."*

오늘이 마지막일지도 모른다.

순간, 소미는 자신이 학수의 얼굴을 볼 수 없다는 현실을 털어놓으려 했다. 하지만 그 말은 입술 끝에서만 맴돌다 삼켜졌다. 어차피 통역 앱이 없는 지금, 그녀의 목소리는 그에게 그저 뜻 모를 소리에 불과할 터였으니. 결국 소미는 한숨을 내쉬며 고개를 저었고, 그녀의 침묵을 알 길이 없는 학수의 목소리만이 빗소리 가득한 파고라 안을 메우고 있었다.

## 7

"비가 오네요. 그때도 비가 왔었는데…."

"*Il pleuvait aussi ce jour-là….*"

쿠구궁~

순간, 천둥이 울리며 귀를 때렸다. 곧이어 굵어진 빗방울이 파고라의 지붕을 세차게 두드렸다. 젖은 옷깃을 여미며 파고라 안쪽으로 가까이 다가선 두 사람, 그러나 세차게 내리치는 빗소리 속에 침묵은 더욱 무겁게 가라앉았다.

빗방울이 점점 굵어졌다. 공원의 빗소리가 파고라를 가득 채우는 사이, 두 사람의 기억 속에서도 비가 내리고 있었다. 소나기를 피해 수숫단 속에 숨었던 날, 비에 젖은 꽃다발을 안고 있던 소녀. 비를 맞으면서도 소녀를 위해 애쓰던 소년. 떨고 있는 소녀의 어깨를 감싸주던 무명 저고리의 감촉. 그의 어깨 위로 피어오르던 하얀 김까지 또렷했다.

물이 불어난 도랑을 건너던 순간, 소년은 등을 내밀었고 소녀는 그의 목을 꼭 끌어안은 채 업혀 건넜다. 그리고 이별을 예감하며 소년에게 건넨 소녀의 대추 한 줌, 소녀에게 건네지 못한 소년의 호두 몇 알.

택배가 도착한 날,

소미는 학수가 보내준 조약돌을 매만지며 한참을 울었다. 그리고 마침내 그의 앞에 선 지금 또다시 서럽게 흐느끼고 있는 것이었다. 그녀의 울음소리에 학수는 순간 멈칫했다. 무슨 말을 해야 할지…. 난감했다, 내일이면 학수는 멀리 이사를 간다. 서로의 목소리가 한 번, 두 번 더 이어졌지만 이내 끊어졌다. 박박박박. 웅이가 다가와 학수의 바짓단을 긁었다.

## 9

"울지 말아요. 조용히 눈을 감아 봐요. 그럼, 다 들릴 거예요."

파고라 지붕을 때리는 빗소리가 더욱 거세졌다. 공원의 소음은 모두 사라지고, 빗소리만이 두 사람 사이를 채웠다.

"아니면, 어떤 이야기를 해드릴까요?"
*"Je n'ai qu'un seul souhait."*

"그럼, 제 마음을 이야기해도 되나요?"
*"C'est que..."*

"난 어디서도 숨을 쉴게요. 그 숨, 햇살이 될게요."
*"Vous me manquez. Même si je ne peux rien voir⋯."*

"이 말을 꼭 하고 싶었어요."
*"Je suis heureuse de pouvoir dire cela."*

소미와의 약속.

어쩌면 오늘, 지금 이 만남이 마지막일지도 모른다는 생각이 학수의 가슴을 무겁게 짓눌렀다. 그러나 달리 방법이 없었다. 당장 우산도 없었고, 핸드폰을 충전한다고 집에 다녀올 수도 없었다. 무엇보다 지팡이를 짚고 길을 더듬는 자신의 모습을 그녀에게 보여주고 싶지 않았다. 마른침을 삼키는 그의 귓가에는 나뭇가지를 스치는 바람 소리와 멀리 사람들의 웃음소리만이 들려올 뿐이었다.

## 10

툭, 툭, 툭.

빗소리가 서서히 잦아들었다.

파고라에 앉아 있는 두 사람의 얼굴에 따뜻한 햇볕이 들었다.

"비가 그쳤나 봐요?"

*"Je ne pleurerai plus."*

"해가 떴나요?"

*"Le soleil est déjà si chaud."*

"곧 무지개가 뜰 거예요."

*"Je continuerai à attendre."*

"제가 드리는 선물이에요."

*"Merci. Merci pour tout."*

"아녜요. 제가 더 고마웠어요. 그대가 있어서 제가 참 좋습니다."

*"Moi aussi."*

[야 무지개다.]

빨주노초파남보. 몽마르뜨 공원 위로 무지개가 떠올랐다. 어디에 숨어 있다가 뛰어나온 걸까, 공원은 어느새 서로를 부르는 아이들의 목소리로 가득했다. 나뭇가지를 흔들며 불어오는 산들바람, 소미는 바람 사이로 그의 체취를 느끼며 숨을 골랐다. 엎드려 있던 웅이가 일어나 학수의 손등을 핥았다. 학수는 조심스럽게 손을 뻗어 웅이의 머리를 쓰다듬었다. 그러다 그의 손끝이 웅이의 목줄을 쥐고 있는 소미의 손에 닿았다. 멈칫, 잠시 망설이던 그는 그녀의 손을 살며시 잡았다.

어느새 하얀 달.

흩어졌던 일곱 빛 다시 모여 소년과 소녀를 환하게 비추고 있다.

Shuffle 7

3146275890

# 운명의 수렴

우연처럼 보이는 모든 것은 필연이었다.

## 3

*"Ung, allons-y."*

한국에서의 외출은 늘 집 근처 공원 산책이 전부였다. 서래마을, 공원 아래 프랑스타운에 사는 소미는 오늘도 웅이를 앞세워 길을 나섰다. 목적지는 몽마르뜨공원 '시계탑 파고라'. 오늘은 그녀에게 모처럼 약속이 있는 날이었다. 아니, 처음이다. 얼마쯤 나섰을까, 끼잉끼잉. 갑자기 걸음을 멈춰 선 웅이가 아무리 목줄을 당겨도 꼼짝하질 않는다.

툭.툭.
하나둘 얼굴에 부딪히는 빗방울. 소미는 서둘러 집으로 돌아가 우산을 챙겨 들고 다시 길을 나섰다.

빗길을 따라 한참을 걸어 올라 공원 입구에 도착한 그녀. 발걸음을 멈추고 크게 한숨을 내쉬며 숨을 골랐다. 그리고, 몇 시나 되었을까. 핸드폰을 찾으려 주머니를 더듬었다. 텅 빈 안감의 감촉만이 손끝에 전해졌다. 빈 주머니. 아차, 그제야 깨달았다. 우산을 챙기느라, 핸드폰을 신발장 위에 두고 온 것이다. 한국어가 서투른 그녀에게 통역 앱은 꼭 필요했지만, 그와의 약속 시간이 다가오는 지금, 다시 집으로 돌아갈 여유는 없었다. 소미는 선글라스를 고쳐 쓰고 발걸음을 재촉했다.

소미는
안내견 웅이와 함께 매일 오후 이 언덕길을 올랐다.

이제도, 그제도… 마치 그때의 징검다리처럼. 학수가 이 공원을 자주 찾는다는 사실을 알게 된 뒤로, 그녀의 발걸음은 늘 이곳을 향했다. 어딘가에서 그가 자신을 지켜보고 있다고 생각하며.

# 1

뎅~뎅~뎅~뎅~

머리 위로 시계탑의 종소리가 울려 퍼졌다.

4월의 봄날, 서초동 몽마르뜨공원. 짝을 찾아 흘러다니는 꽃가루가 공원의 하늘을 가득 메우고 있다. 시계탑 파고라 앞에 선 학수가 가쁜 숨을 몰아쉬고 있었다. 연신 재채기를 하던 그의 코끝에서 코피가 흘러나왔다. 하지만 그는 대수롭지 않은 듯 고개를 젖히고, 손으로 쓱 하고 훔쳐내어 입으로 빨아들였다. 그리고 조심조심. 주변을 더듬으며 파고라 기둥의 위치를 확인하고는 자리에 앉아 지팡이를 내려놓았다. 집 앞 언덕 위에 자리한 이 작은 공원은 한때는 눈을 감고도 다닐 수 있을 만큼 그에게 익숙한 공간이었지만 정작 시력을 잃고 난 뒤로는 발걸음 하나, 손짓 하나까지도 신중해질 수밖에 없었다.

그는 무심히 선글라스를 고쳐 쓰며 점퍼 주머니에서 핸드폰을 꺼내 들었다. 시간을 확인하려 버튼을 눌렀지만, 익숙한 음성 안내는 들리지 않았다. 그의 얼굴이 굳어졌다. 볼륨 버튼을 올리고 화면을 두드려봐도 아무런 반응이 없었다. 꺼져 있었다. 그의 입에서 깊은 한숨이 새어 나왔다. 불어를 모르는 그에게 통역 앱은 꼭 필요했다. 하지만 약속 시간이 얼마 남지 않은 지금, 집에 다녀올 여유는 없었다. 어쩔 수 없이 그는 그녀의 핸드폰을 사용하기로 마음을 먹고 자리에 앉아 조용히 그녀를 기다렸다. 몇 시나 되었을까, 그의 얼굴에는 긴장과 설렘이 교차했다.

휘~휘~

습기를 머금은 바람이 공원의 가로수를 흔들었다.

이내 툭.툭. 바람을 타고 빗방울이 떨어지기 시작했다.

## 4

30년이 흘렀다.

그리고 한 달 전, 두 사람은 '보이스랩'이라는 온라인 커뮤니티에서 다시 만났다. 음성채팅이 가능했던 그 대화방은 오래전 교통사고로 시력을 잃은 학수에게 외부 세계와 소통할 수 있는 유일한 창구였다. 한편, 30년 만에 돌아온 고국은 소미에게 너무도 낯설었고, 장애를 지닌 채 새로운 환경에 적응하는 일은 더욱 막막했다. 그런 그녀에게 통역 기능이 있는 그 대화방은 한국의 일상과 정서를 알아갈 수 있는 소중한 통로였다.

누구와도 쉽게 만날 수 없었던 두 사람은

지난 한 달 동안 핸드폰 너머 통역 앱으로 목소리를 주고받으며 서로에게 가장 큰 위안과 희망이 되어갔다. 게다가 얼마 전 계단을 헛디뎌 발목을 다친 학수는 한동안 꼼짝없이 집 안에만 머물러야 했고, 지루한 방 안의 시간 속에서 세상과 이어진 건 오직 그녀의 목소리뿐이었다.

소나기 오던 날,

그날의 체온, 그날의 숨결은 아직도 두 사람의 기억 속에 살아 있었다. 짧지만 깊었던 이들의 어린 시절은 소나기처럼 스쳐 지나갔다. 병으로 쓰러져 여러 날을 앓던 소녀는 결국 이사를 했고, 소년은 끝내 병문안조차 가지 못했다. 그리고 전해진 부고. 단 한마디 소식이 소년의 세상을 송두리째 무너뜨렸다. 그 후로도 그녀를 떠올릴 때마다, 가슴 한켠을 파고드는 미안함과 후회는 오랫동안 그를 괴롭혔다.

## 6

소미는 웅이를 따라 시계탑 파고라에 도착했다.

약속 시간에 늦지 않았다는 안도감에 잠시 미소를 지으며 기둥을 더듬어 붙잡았다. 소미가 우산을 접으려 목줄에서 손을 놓자, 웅이는 곧장 벤치에 앉아 있던 학수에게 다가가 그의 손등을 핥았다.

"강아지가 착하네요. 짖지도 않고."

잔떨림이 있는 중저음의 목소리. 그녀에게는 낯설지가 않았다. 하지만 한국어가 서투른 그녀는 그의 말을 온전히 알아들을 수는 없었다.

*"Je suis désolée. Je ne parle pas coréen."*

또랑또랑한 불어 억양. 그동안 핸드폰을 통해 들어 온 목소리의 울림만으로도 학수는 그녀가 소미임을 곧바로 알 수 있었다.

"소미?", *"Haksu?"*

한 사람은 불어로, 한 사람은 한국어로. 태연히 자기 말을 이어가는 두 사람, 서로의 말은 엇갈린 채 공중에 흩어졌다. 소미의 몸짓을 볼 수 없는 학수는 고개를 갸웃하다가, 꺼진 핸드폰을 내밀고 손가락으로 X 표시를 그려 핸드폰을 쓸 수 없다는 뜻을 전했다.

"제 핸드폰이 안 돼요. 소미씨 폰으로 이야기해요."
*"J'ai oublié mon téléphone. Utilisons le vôtre."*

두 혼잣말들,

대화는 내내 엇갈렸다. 마치 같은 실을 잡고도 서로 다른 끝을 좇는 듯,
그들의 말은 평행선을 달리며 서로의 곁을 스쳐 지나갔다.

## 2

답답한 마음에 발만 동동 구르던 소미는

결국 주머니에서 작은 조약돌을 꺼내 학수에게 내밀었다. 손바닥 위에 놓인 조약돌을 쓸어보는 그녀의 눈에서 눈물이 뚝뚝 흘러내렸다. 30년 전, 어린 시절 그녀가 학수를 향해 던졌던 그 조약돌. 학수는 그 돌을 여태껏 보관해 오다가 얼마 전 우편으로 그녀에게 보내주었다.

맑은 가을 하늘 아래, 징검다리에서 물장난을 치던 소녀와 그녀를 바라보며 개울둑에 앉아 있던 소년. 초등학교 5학년, 열세 살. 어릴 적 기억이 동시에 두 사람의 가슴을 파고들었다. 소년을 향해 "바보"라며 조약돌을 던지던 소녀, 그리고 그 돌을 주머니에 넣어 오래도록 간직했던 소년.

어느 날, 학수는 오래도록 보물처럼 간직해 온 조약돌 이야기를 꺼냈다. 천천히 그 돌에 얽힌 기억을 더듬고 있을 때였다. 이야기가 끝난 한참 뒤, 마치 응답이라도 하듯 어디선가 또렷하면서도 낯선 목소리가 흘러나왔다. 불어 억양이 묻어나는 한국말로, 짧게, 그러나 분명하게 말했다. "안녕." 그녀가 바로 소미였다. 그날 이후, 하루에도 몇 번씩 통역 앱을 이용하여 둘만의 길고 긴 대화가 시작되었다. 그렇게 학수는 그녀가 프랑스 국적을 갖게 된 사연도, 지금은 학수의 집 근처 프랑스타운에 살고 있다는 것도, 자신이 자주 오는 이 공원에 가끔씩 산책을 온다는 사실도 알게 되었다.

어쩌면,

두 사람은 그동안 이 공원에서 여러 번 스쳐 지나쳤을지도 모른다.

# 7

"비가 오네요. 그때도 비가 왔었는데…."

*"Il pleuvait aussi ce jour-là…."*

쿠구궁~

순간, 천둥이 울리며 귀를 때렸다. 곧이어 굵어진 빗방울이 파고라의 지붕을 세차게 두드렸다. 젖은 옷깃을 여미며 파고라 안쪽으로 가까이 다가선 두 사람, 그러나 세차게 내리치는 빗소리 속에 침묵은 더욱 무겁게 가라앉았다.

빗방울이 점점 굵어졌다. 공원의 빗소리가 파고라를 가득 채우는 사이, 두 사람의 기억 속에서도 비가 내리고 있었다. 소나기를 피해 수숫단 속에 숨었던 날, 비에 젖은 꽃다발을 안고 있던 소녀. 비를 맞으면서도 소녀를 위해 애쓰던 소년. 떨고 있는 소녀의 어깨를 감싸주던 무명 저고리의 감촉. 그의 어깨 위로 피어오르던 하얀 김까지 또렷했다.

물이 불어난 도랑을 건너던 순간, 소년은 등을 내밀었고 소녀는 그의 목을 꼭 끌어안은 채 업혀 건넜다. 그리고 이별을 예감하며 소년에게 건넨 소녀의 대추 한 줌, 소녀에게 건네지 못한 소년의 호두 몇 알.

택배가 도착한 날,

소미는 학수가 보내준 조약돌을 매만지며 한참을 울었다. 그리고 마침내 그의 앞에 선 지금 또다시 서럽게 흐느끼고 있는 것이었다. 그녀의 울음소리에 학수는 순간 멈칫했다. 무슨 말을 해야 할지…. 난감했다, 내일이면 학수는 멀리 이사를 간다. 서로의 목소리가 한 번, 두 번 더 이어졌지만 이내 끊어졌다. 박박박박. 웅이가 다가와 학수의 바짓단을 긁었다.

# 5

소녀가 죽었다는 소식은 사실이 아니었다.

그녀는 뇌수막염으로 오랜 기간 투병했지만, 기적처럼 목숨을 건졌다. 그러나 기적은 거기까지였다. 병의 후유증은 그녀의 시력을 앗아갔고, 어머니마저 집을 떠난 뒤, 아버지는 홀로 딸을 감당할 수 없었다. 끝내 그는 마을의 눈을 피해 소녀를 인근 성당에 맡겼고, 소녀는 성당 교우들의 보살핌 속에서 지내게 되었다. 그후, 고향 집마저 처분한 아버지는 읍내에서 작은 잡화점을 맡아 근근이 생계를 이어갔지만, 술과 절망에 짓눌려 살다가 오래지 않아 세상을 떠났다.

그 무렵, 성당을 찾은 프랑스 신부가 그녀의 안타까운 사정을 알게 되었고, 귀국길에 그녀를 데려갔다. 그는 자신을 오랫동안 도와온 파리의 신자 부부에게 상황을 전했고, 부부는 주저 없이 그녀를 입양하기로 했다. 그렇게 소녀는 낯선 도시에서 새로운 이름으로 살아가게 되었다. 고향에는 부고만 남았고, 그녀의 삶은 전혀 다른 길 위에서 이어졌다.

"비 그치면 또 업어줄까요?"

*"En fait, je ⋯."*

오늘이 마지막일지도 모른다.

순간, 소미는 자신이 학수의 얼굴을 볼 수 없다는 현실을 털어놓으려 했다. 하지만 그 말은 입술 끝에서만 맴돌다 삼켜졌다. 어차피 통역 앱이 없는 지금, 그녀의 목소리는 그에게 그저 뜻 모를 소리에 불과할 터였으니. 결국 소미는 한숨을 내쉬며 고개를 저었고, 그녀의 침묵을 알 길이 없는 학수의 목소리만이 빗소리 가득한 파고라 안을 메우고 있었다.

## 8

"앉아요. 그냥 이야기해요. 제가 다 들어 줄게요."

긴 한숨을 내쉬며 잠시 숨을 고른 학수는 울고 있는 소미를 달래며 웃었다. 한마디 알아들을 수는 없는 학수의 말이었지만, 그렇다고 그녀도 언제까지고 울고만 있을 수는 없었다. 소미는 천천히 마음을 추스르고 그의 목소리에 귀를 기울였다. 그리고 말을 이어갔다.

*"Merci pour le cadeau. Comment avez-vous pu le garder tout ce temps?"*

학수의 목소리에 귀를 기울이던 소미는 한동안 아무 말이 없었다. 조용히 미소를 짓는 학수의 고백과 소망이 이어졌다. 무슨 뜻인지 이해할 수는 없었지만, 그녀의 이름을 나직이 부르던 학수의 목소리에는 분명한 온기가 담겨 있었다. 그리고 그 온기가 소미의 마음을 움직였다.

"저는 소미씨를 저라고 생각해요."

*"Oui?"*

"네, 저요! 세상 누구보다도 아끼고 사랑해야 할 저 자신요."

"……."

"저는 당신을 그렇게 생각해요."

*"Je suis venue ici tous les jours à cette heure-ci."*

"다치지도 말고 아프지도 말아주세요. 늘 이렇게 눈을 감고 기도할게요."

*"Je pensais que vous me regardiez, quelque part."*

"그대의 낮을 밝혀줄 해가 될게요. 그동안 나의 밤을 지켜준 달이셨으니요."

*"Comme je le faisais autrefois."*

## 9

"울지 말아요. 조용히 눈을 감아 봐요. 그럼, 다 들릴 거예요."

파고라 지붕을 때리는 빗소리가 더욱 거세졌다. 공원의 소음은 모두 사라지고, 빗소리만이 두 사람 사이를 채웠다.

"아니면, 어떤 이야기를 해드릴까요?"

*"Je n'ai qu'un seul souhait."*

"그럼, 제 마음을 이야기해도 되나요?"

*"C'est que..."*

"난 어디서도 숨을 쉴게요. 그 숨, 햇살이 될게요."

*"Vous me manquez. Même si je ne peux rien voir…."*

"이 말을 꼭 하고 싶었어요."

*"Je suis heureuse de pouvoir dire cela."*

소미와의 약속.

어쩌면 오늘, 지금 이 만남이 마지막일지도 모른다는 생각이 학수의 가슴을 무겁게 짓눌렀다. 그러나 달리 방법이 없었다. 당장 우산도 없었고, 핸드폰을 충전한다고 집에 다녀올 수도 없었다. 무엇보다 지팡이를 짚고 길을 더듬는 자신의 모습을 그녀에게 보여주고 싶지 않았다. 마른침을 삼키는 그의 귓가에는 나뭇가지를 스치는 바람 소리와 멀리 사람들의 웃음소리만이 들려올 뿐이었다.

## 10

툭, 툭, 툭.
빗소리가 서서히 잦아들었다.
파고라에 앉아 있는 두 사람의 얼굴에 따뜻한 햇볕이 들었다.

"비가 그쳤나 봐요?"
*"Je ne pleurerai plus."*
"해가 떴나요?"
*"Le soleil est déjà si chaud."*
"곧 무지개가 뜰 거예요."
*"Je continuerai à attendre."*
"제가 드리는 선물이에요."
*"Merci. Merci pour tout."*
"아녜요. 제가 더 고마웠어요. 그대가 있어서 제가 참 좋습니다."
*"Moi aussi."*
[야 무지개다.]

빨주노초파남보. 몽마르뜨 공원 위로 무지개가 떠올랐다. 어디에 숨어 있다가 뛰어나온 걸까, 공원은 어느새 서로를 부르는 아이들의 목소리로 가득했다. 나뭇가지를 흔들며 불어오는 산들바람, 소미는 바람 사이로 그의 체취를 느끼며 숨을 골랐다. 엎드려 있던 웅이가 일어나 학수의 손등을 핥았다. 학수는 조심스럽게 손을 뻗어 웅이의 머리를 쓰다듬었다. 그러다 그의 손끝이 웅이의 목줄을 쥐고 있는 소미의 손에 닿았다. 멈칫, 잠시 망설이던 그는 그녀의 손을 살며시 잡았다.

어느새 하얀 달.
흩어졌던 일곱 빛 다시 모여 소년과 소녀를 환하게 비추고 있다.

Shuffle 8

5624713890

# 빛이 된 상처

# 상처받은 영혼들, 서로의 빛이 된다

## 5

소녀가 죽었다는 소식은 사실이 아니었다.

그녀는 뇌수막염으로 오랜 기간 투병했지만, 기적처럼 목숨을 건졌다. 그러나 기적은 거기까지였다. 병의 후유증은 그녀의 시력을 앗아갔고, 어머니마저 집을 떠난 뒤, 아버지는 홀로 딸을 감당할 수 없었다. 끝내 그는 마을의 눈을 피해 소녀를 인근 성당에 맡겼고, 소녀는 성당 교우들의 보살핌 속에서 지내게 되었다. 그후, 고향 집마저 처분한 아버지는 읍내에서 작은 잡화점을 맡아 근근이 생계를 이어갔지만, 술과 절망에 짓눌려 살다가 오래지 않아 세상을 떠났다.

그 무렵, 성당을 찾은 프랑스 신부가 그녀의 안타까운 사정을 알게 되었고, 귀국길에 그녀를 데려갔다. 그는 자신을 오랫동안 도와온 파리의 신자 부부에게 상황을 전했고, 부부는 주저 없이 그녀를 입양하기로 했다. 그렇게 소녀는 낯선 도시에서 새로운 이름으로 살아가게 되었다. 고향에는 부고만 남았고, 그녀의 삶은 전혀 다른 길 위에서 이어졌다.

"비 그치면 또 업어줄까요?"
*"En fait, je ⋯."*

오늘이 마지막일지도 모른다.

순간, 소미는 자신이 학수의 얼굴을 볼 수 없다는 현실을 털어놓으려 했다. 하지만 그 말은 입술 끝에서만 맴돌다 삼켜졌다. 어차피 통역 앱이 없는 지금, 그녀의 목소리는 그에게 그저 뜻 모를 소리에 불과할 터였으니. 결국 소미는 한숨을 내쉬며 고개를 저었고, 그녀의 침묵을 알 길이 없는 학수의 목소리만이 빗소리 가득한 파고라 안을 메우고 있었다.

## 6

소미는 웅이를 따라 시계탑 파고라에 도착했다.

약속 시간에 늦지 않았다는 안도감에 잠시 미소를 지으며 기둥을 더듬어 붙잡았다. 소미가 우산을 접으려 목줄에서 손을 놓자, 웅이는 곧장 벤치에 앉아 있던 학수에게 다가가 그의 손등을 핥았다.

"강아지가 착하네요. 짖지도 않고."

잔떨림이 있는 중저음의 목소리. 그녀에게는 낯설지가 않았다. 하지만 한국어가 서투른 그녀는 그의 말을 온전히 알아들을 수는 없었다.

*"Je suis désolée. Je ne parle pas coréen."*

또랑또랑한 불어 억양. 그동안 핸드폰을 통해 들어 온 목소리의 울림만으로도 학수는 그녀가 소미임을 곧바로 알 수 있었다.

"소미?", *"Haksu?"*

한 사람은 불어로, 한 사람은 한국어로. 태연히 자기 말을 이어가는 두 사람, 서로의 말은 엇갈린 채 공중에 흩어졌다. 소미의 몸짓을 볼 수 없는 학수는 고개를 갸웃하다가, 꺼진 핸드폰을 내밀고 손가락으로 X 표시를 그려 핸드폰을 쓸 수 없다는 뜻을 전했다.

"제 핸드폰이 안 돼요. 소미씨 폰으로 이야기해요."
*"J'ai oublié mon téléphone. Utilisons le vôtre."*

두 혼잣말들,

대화는 내내 엇갈렸다. 마치 같은 실을 잡고도 서로 다른 끝을 좇는 듯,
그들의 말은 평행선을 달리며 서로의 결을 스쳐 지나갔다.

## 2

답답한 마음에 발만 동동 구르던 소미는

결국 주머니에서 작은 조약돌을 꺼내 학수에게 내밀었다. 손바닥 위에 놓인 조약돌을 쓸어보는 그녀의 눈에서 눈물이 뚝뚝 흘러내렸다. 30년 전, 어린 시절 그녀가 학수를 향해 던졌던 그 조약돌. 학수는 그 돌을 여태껏 보관해 오다가 얼마 전 우편으로 그녀에게 보내주었다.

맑은 가을 하늘 아래, 징검다리에서 물장난을 치던 소녀와 그녀를 바라보며 개울둑에 앉아 있던 소년. 초등학교 5학년, 열세 살. 어릴 적 기억이 동시에 두 사람의 가슴을 파고들었다. 소년을 향해 "바보"라며 조약돌을 던지던 소녀, 그리고 그 돌을 주머니에 넣어 오래도록 간직했던 소년.

어느 날, 학수는 오래도록 보물처럼 간직해 온 조약돌 이야기를 꺼냈다. 천천히 그 돌에 얽힌 기억을 더듬고 있을 때였다. 이야기가 끝난 한참 뒤, 마치 응답이라도 하듯 어디선가 또렷하면서도 낯선 목소리가 흘러나왔다. 불어 억양이 묻어나는 한국말로, 짧게, 그러나 분명하게 말했다. "안녕." 그녀가 바로 소미였다. 그날 이후, 하루에도 몇 번씩 통역 앱을 이용하여 둘만의 길고 긴 대화가 시작되었다. 그렇게 학수는 그녀가 프랑스 국적을 갖게 된 사연도, 지금은 학수의 집 근처 프랑스타운에 살고 있다는 것도, 자신이 자주 오는 이 공원에 가끔씩 산책을 온다는 사실도 알게 되었다.

어쩌면,

누 사람은 그동안 이 공원에서 여러 번 스쳐 지나쳤을지도 모른다.

## 4

30년이 흘렀다.

그리고 한 달 전, 두 사람은 '보이스랩'이라는 온라인 커뮤니티에서 다시 만났다. 음성채팅이 가능했던 그 대화방은 오래전 교통사고로 시력을 잃은 학수에게 외부 세계와 소통할 수 있는 유일한 창구였다. 한편, 30년 만에 돌아온 고국은 소미에게 너무도 낯설었고, 장애를 지닌 채 새로운 환경에 적응하는 일은 더욱 막막했다. 그런 그녀에게 통역 기능이 있는 그 대화방은 한국의 일상과 정서를 알아갈 수 있는 소중한 통로였다.

누구와도 쉽게 만날 수 없었던 두 사람은

지난 한 달 동안 핸드폰 너머 통역 앱으로 목소리를 주고받으며 서로에게 가장 큰 위안과 희망이 되어갔다. 게다가 얼마 전 계단을 헛디뎌 발목을 다친 학수는 한동안 꼼짝없이 집 안에만 머물러야 했고, 지루한 방 안의 시간 속에서 세상과 이어진 건 오직 그녀의 목소리뿐이었다.

소나기 오던 날,

그날의 체온, 그날의 숨결은 아직도 두 사람의 기억 속에 살아 있었다. 짧지만 깊었던 이들의 어린 시절은 소나기처럼 스쳐 지나갔다. 병으로 쓰러져 여러 날을 앓던 소녀는 결국 이사를 했고, 소년은 끝내 병문안조차 가지 못했다. 그리고 전해진 부고. 단 한마디 소식이 소년의 세상을 송두리째 무너뜨렸다. 그 후로도 그녀를 떠올릴 때마다, 가슴 한켠을 파고드는 미안함과 후회는 오랫동안 그를 괴롭혔다.

## 7

"비가 오네요. 그때도 비가 왔었는데…."

*"Il pleuvait aussi ce jour-là…."*

쿠구궁~

순간, 천둥이 울리며 귀를 때렸다. 곧이어 굵어진 빗방울이 파고라의 지붕을 세차게 두드렸다. 젖은 옷깃을 여미며 파고라 안쪽으로 가까이 다가선 두 사람, 그러나 세차게 내리치는 빗소리 속에 침묵은 더욱 무겁게 가라앉았다.

빗방울이 점점 굵어졌다. 공원의 빗소리가 파고라를 가득 채우는 사이, 두 사람의 기억 속에서도 비가 내리고 있었다. 소나기를 피해 수숫단 속에 숨었던 날, 비에 젖은 꽃다발을 안고 있던 소녀. 비를 맞으면서도 소녀를 위해 애쓰던 소년. 떨고 있는 소녀의 어깨를 감싸주던 무명 저고리의 감촉. 그의 어깨 위로 피어오르던 하얀 김까지 또렷했다.

물이 불어난 도랑을 건너던 순간, 소년은 등을 내밀었고 소녀는 그의 목을 꼭 끌어안은 채 업혀 건넜다. 그리고 이별을 예감하며 소년에게 건넨 소녀의 대추 한 줌, 소녀에게 건네지 못한 소년의 호두 몇 알.

택배가 도착한 날,

소미는 학수가 보내준 조약돌을 매만지며 한참을 울었다. 그리고 마침내 그의 앞에 선 지금 또다시 서럽게 흐느끼고 있는 것이었다. 그녀의 울음소리에 학수는 순간 멈칫했다. 무슨 말을 해야 할지…. 난감했다, 내일이면 학수는 멀리 이사를 간다. 서로의 목소리가 한 번, 두 번 더 이어졌지만 이내 끊어졌다. 박박박박. 웅이가 다가와 학수의 바짓단을 긁었다.

## 1

덩~뎅~뎅~뎅~

머리 위로 시계탑의 종소리가 울려 퍼졌다.

4월의 봄날, 서초동 몽마르뜨공원. 짝을 찾아 흘러다니는 꽃가루가 공원의 하늘을 가득 메우고 있다. 시계탑 파고라 앞에 선 학수가 가쁜 숨을 몰아쉬고 있었다. 연신 재채기를 하던 그의 코끝에서 코피가 흘러나왔다. 하지만 그는 대수롭지 않은 듯 고개를 젖히고, 손으로 쓱 하고 훔쳐내어 입으로 빨아들였다. 그리고 조심조심. 주변을 더듬으며 파고라 기둥의 위치를 확인하고는 자리에 앉아 지팡이를 내려놓았다. 집 앞 언덕 위에 자리한 이 작은 공원은 한때는 눈을 감고도 다닐 수 있을 만큼 그에게 익숙한 공간이었지만 정작 시력을 잃고 난 뒤로는 발걸음 하나, 손짓 하나까지도 신중해질 수밖에 없었다.

그는 무심히 선글라스를 고쳐 쓰며 점퍼 주머니에서 핸드폰을 꺼내 들었다. 시간을 확인하려 버튼을 눌렀지만, 익숙한 음성 안내는 들리지 않았다. 그의 얼굴이 굳어졌다. 볼륨 버튼을 올리고 화면을 두드려봐도 아무런 반응이 없었다. 꺼져 있었다. 그의 입에서 깊은 한숨이 새어 나왔다. 불어를 모르는 그에게 통역 앱은 꼭 필요했다. 하지만 약속 시간이 얼마 남지 않은 지금, 집에 다녀올 여유는 없었다. 어쩔 수 없이 그는 그녀의 핸드폰을 사용하기로 마음을 먹고 자리에 앉아 조용히 그녀를 기다렸다. 몇 시나 되었을까, 그의 얼굴에는 긴장과 설렘이 교차했다.

휘~휘~

습기를 머금은 바람이 공원의 가로수를 흔들었다.

이내 툭.툭. 바람을 타고 빗방울이 떨어지기 시작했다.

## 3

*"Ung, allons-y."*

한국에서의 외출은 늘 집 근처 공원 산책이 전부였다. 서래마을, 공원 아래 프랑스타운에 사는 소미는 오늘도 웅이를 앞세워 길을 나섰다. 목적지는 몽마르뜨공원 '시계탑 파고라'. 오늘은 그녀에게 모처럼 약속이 있는 날이었다. 아니, 처음이다. 얼마쯤 나섰을까, 끼잉끼잉. 갑자기 걸음을 멈춰 선 웅이가 아무리 목줄을 당겨도 꼼짝하질 않는다.

툭.툭.
하나둘 얼굴에 부딪히는 빗방울. 소미는 서둘러 집으로 돌아가 우산을 챙겨 들고 다시 길을 나섰다.

빗길을 따라 한참을 걸어 올라 공원 입구에 도착한 그녀. 발걸음을 멈추고 크게 한숨을 내쉬며 숨을 골랐다. 그리고, 몇 시나 되었을까. 핸드폰을 찾으려 주머니를 더듬었다. 텅 빈 안감의 감촉만이 손끝에 전해졌다. 빈 주머니. 아차, 그제야 깨달았다. 우산을 챙기느라, 핸드폰을 신발장 위에 두고 온 것이다. 한국어가 서투른 그녀에게 통역 앱은 꼭 필요했지만, 그와의 약속 시간이 다가오는 지금, 다시 집으로 돌아갈 여유는 없었다. 소미는 선글라스를 고쳐 쓰고 발걸음을 재촉했다.

소미는
안내견 웅이와 함께 매일 오후 이 언덕길을 올랐다.

어제도, 그제도... 마치 그때의 징검다리처럼. 학수가 이 공원을 자주 찾는다는 사실을 알게 된 뒤로, 그녀의 발걸음은 늘 이곳을 향했다. 어딘가에서 그가 자신을 지켜보고 있다고 생각하며.

# 8

"앉아요. 그냥 이야기해요. 제가 다 들어 줄게요."

긴 한숨을 내쉬며 잠시 숨을 고른 학수는 울고 있는 소미를 달래며 웃었다. 한마디 알아들을 수는 없는 학수의 말이었지만, 그렇다고 그녀도 언제까지고 울고만 있을 수는 없었다. 소미는 천천히 마음을 추스르고 그의 목소리에 귀를 기울였다. 그리고 말을 이어갔다.

*"Merci pour le cadeau. Comment avez-vous pu le garder tout ce temps?"*

학수의 목소리에 귀를 기울이던 소미는 한동안 아무 말이 없었다. 조용히 미소를 짓는 학수의 고백과 소망이 이어졌다. 무슨 뜻인지 이해할 수는 없었지만, 그녀의 이름을 나직이 부르던 학수의 목소리에는 분명한 온기가 담겨 있었다. 그리고 그 온기가 소미의 마음을 움직였다.

"저는 소미씨를 저라고 생각해요."

"*Oui?*"

"네, 저요! 세상 누구보다도 아끼고 사랑해야 할 저 자신요."

"……."

"저는 당신을 그렇게 생각해요."

*"Je suis venue ici tous les jours à cette heure-ci."*

"다치지도 말고 아프지도 말아주세요. 늘 이렇게 눈을 감고 기도할게요."

*"Je pensais que vous me regardiez, quelque part."*

"그대의 낮을 밝혀줄 해가 될게요. 그동안 나의 밤을 지켜준 달이셨으니요."

*"Comme je le faisais autrefois."*

## 9

"울지 말아요. 조용히 눈을 감아 봐요. 그럼, 다 들릴 거예요."

파고라 지붕을 때리는 빗소리가 더욱 거세졌다. 공원의 소음은 모두 사라지고, 빗소리만이 두 사람 사이를 채웠다.

"아니면, 어떤 이야기를 해드릴까요?"

*"Je n'ai qu'un seul souhait."*

"그럼, 제 마음을 이야기해도 되나요?"

*"C'est que..."*

"난 어디서도 숨을 쉴게요. 그 숨, 햇살이 될게요."

*"Vous me manquez. Même si je ne peux rien voir…."*

"이 말을 꼭 하고 싶었어요."

*"Je suis heureuse de pouvoir dire cela."*

소미와의 약속.

어쩌면 오늘, 지금 이 만남이 마지막일지도 모른다는 생각이 학수의 가슴을 무겁게 짓눌렀다. 그러나 달리 방법이 없었다. 당장 우산도 없었고, 핸드폰을 충전한다고 집에 다녀올 수도 없었다. 무엇보다 지팡이를 짚고 길을 더듬는 자신의 모습을 그녀에게 보여주고 싶지 않았다. 마른침을 삼키는 그의 귓가에는 나뭇가지를 스치는 바람 소리와 멀리 사람들의 웃음소리만이 들려올 뿐이었다.

# 10

톡, 톡, 톡.

빗소리가 서서히 잦아들었다.

파고라에 앉아 있는 두 사람의 얼굴에 따뜻한 햇볕이 들었다.

"비가 그쳤나 봐요?"

"*Je ne pleurerai plus.*"

"해가 떴나요?"

"*Le soleil est déjà si chaud.*"

"곧 무지개가 뜰 거예요."

"*Je continuerai à attendre.*"

"제가 드리는 선물이에요."

"*Merci. Merci pour tout.*"

"아녜요. 제가 더 고마웠어요. 그대가 있어서 제가 참 좋습니다."

"*Moi aussi.*"

[야 무지개다.]

빨주노초파남보. 몽마르뜨 공원 위로 무지개가 떠올랐다. 어디에 숨어 있다가 뛰어나온 걸까, 공원은 어느새 서로를 부르는 아이들의 목소리로 가득했다. 나뭇가지를 흔들며 불어오는 산들바람, 소미는 바람 사이로 그의 체취를 느끼며 숨을 골랐다. 엎드려 있던 웅이가 일어나 학수의 손등을 핥았다. 학수는 조심스럽게 손을 뻗어 웅이의 머리를 쓰다듬었다. 그러다 그의 손끝이 웅이의 목줄을 쥐고 있는 소미의 손에 닿았다. 멈칫, 잠시 망설이던 그는 그녀의 손을 살며시 잡았다.

어느새 하얀 달.

흩어졌던 일곱 빛 다시 모여 소년과 소녀를 환하게 비추고 있다.

Shuffle 9

2731846590

# 돌고 돌아 더 높이

반복은 단순한 되풀이가 아닌 상승이다

## 2

답답한 마음에 발만 동동 구르던 소미는

결국 주머니에서 작은 조약돌을 꺼내 학수에게 내밀었다. 손바닥 위에 놓인 조약돌을 쓸어보는 그녀의 눈에서 눈물이 뚝뚝 흘러내렸다. 30년 전, 어린 시절 그녀가 학수를 향해 던졌던 그 조약돌. 학수는 그 돌을 여태껏 보관해 오다가 얼마 전 우편으로 그녀에게 보내주었다.

맑은 가을 하늘 아래, 징검다리에서 물장난을 치던 소녀와 그녀를 바라보며 개울둑에 앉아 있던 소년. 초등학교 5학년, 열세 살. 어릴 적 기억이 동시에 두 사람의 가슴을 파고들었다. 소년을 향해 "바보"라며 조약돌을 던지던 소녀, 그리고 그 돌을 주머니에 넣어 오래도록 간직했던 소년.

어느 날, 학수는 오래도록 보물처럼 간직해 온 조약돌 이야기를 꺼냈다. 천천히 그 돌에 얽힌 기억을 더듬고 있을 때였다. 이야기가 끝난 한참 뒤, 마치 응답이라도 하듯 어디선가 또렷하면서도 낯선 목소리가 흘러나왔다. 불어 억양이 묻어나는 한국말로, 짧게, 그러나 분명하게 말했다. "안녕." 그녀가 바로 소미였다. 그날 이후, 하루에도 몇 번씩 통역 앱을 이용하여 둘만의 길고 긴 대화가 시작되었다. 그렇게 학수는 그녀가 프랑스 국적을 갖게 된 사연도, 지금은 학수의 집 근처 프랑스타운에 살고 있다는 것도, 자신이 자주 오는 이 공원에 가끔씩 산책을 온다는 사실도 알게 되었다.

어쩌면,

두 사람은 그동안 이 공원에서 여러 번 스쳐 지나쳤을지도 모른다.

## 7

"비가 오네요. 그때도 비가 왔었는데…."

*"Il pleuvait aussi ce jour-là…."*

쿠구궁~

순간, 천둥이 울리며 귀를 때렸다. 곧이어 굵어진 빗방울이 파고라의 지붕을 세차게 두드렸다. 젖은 옷깃을 여미며 파고라 안쪽으로 가까이 다가선 두 사람, 그러나 세차게 내리치는 빗소리 속에 침묵은 더욱 무겁게 가라앉았다.

빗방울이 점점 굵어졌다. 공원의 빗소리가 파고라를 가득 채우는 사이, 두 사람의 기억 속에서도 비가 내리고 있었다. 소나기를 피해 수숫단 속에 숨었던 날, 비에 젖은 꽃다발을 안고 있던 소녀. 비를 맞으면서도 소녀를 위해 애쓰던 소년. 떨고 있는 소녀의 어깨를 감싸주던 무명 저고리의 감촉. 그의 어깨 위로 피어오르던 하얀 김까지 또렷했다.

물이 불어난 도랑을 건너던 순간, 소년은 등을 내밀었고 소녀는 그의 목을 꼭 끌어안은 채 업혀 건넜다. 그리고 이별을 예감하며 소년에게 건넨 소녀의 대추 한 줌, 소녀에게 건네지 못한 소년의 호두 몇 알.

택배가 도착한 날,

소미는 학수가 보내준 조약돌을 매만지며 한참을 울었다. 그리고 마침내 그의 앞에 선 지금 또다시 서럽게 흐느끼고 있는 것이었다. 그녀의 울음소리에 학수는 순간 멈칫했다. 무슨 말을 해야 할지…. 난감했다, 내일이면 학수는 멀리 이사를 간다. 서로의 목소리가 한 번, 두 번 더 이어졌지만 이내 끊어졌다.
박박박박. 웅이가 다가와 학수의 바짓단을 긁었다.

## 3

*"Ung, allons-y."*

한국에서의 외출은 늘 집 근처 공원 산책이 전부였다. 서래마을, 공원 아래 프랑스타운에 사는 소미는 오늘도 웅이를 앞세워 길을 나섰다. 목적지는 몽마르뜨공원 '시계탑 파고라'. 오늘은 그녀에게 모처럼 약속이 있는 날이었다. 아니, 처음이다. 얼마쯤 나섰을까, 끼잉끼잉. 갑자기 걸음을 멈춰 선 웅이가 아무리 목줄을 당겨도 꼼짝하질 않는다.

툭.툭.
하나둘 얼굴에 부딪히는 빗방울. 소미는 서둘러 집으로 돌아가 우산을 챙겨 들고 다시 길을 나섰다.

빗길을 따라 한참을 걸어 올라 공원 입구에 도착한 그녀. 발걸음을 멈추고 크게 한숨을 내쉬며 숨을 골랐다. 그리고, 몇 시나 되었을까. 핸드폰을 찾으려 주머니를 더듬었다. 텅 빈 안감의 감촉만이 손끝에 전해졌다. 빈 주머니. 아차, 그제야 깨달았다. 우산을 챙기느라, 핸드폰을 신발장 위에 두고 온 것이다. 한국어가 서투른 그녀에게 통역 앱은 꼭 필요했지만, 그와의 약속 시간이 다가오는 지금, 다시 집으로 돌아갈 여유는 없었다. 소미는 선글라스를 고쳐 쓰고 발걸음을 재촉했다.

소미는
안내견 웅이와 함께 매일 오후 이 언덕길을 올랐다.

어제도, 그제도…. 마치 그때의 징검다리처럼. 학수가 이 공원을 자주 찾는다는 사실을 알게 된 뒤로, 그녀의 발걸음은 늘 이곳을 향했다. 어딘가에서 그가 자신을 지켜보고 있다고 생각하며.

# 1

덩~뎅~뎅~뎅~

머리 위로 시계탑의 종소리가 울려 퍼졌다.

4월의 봄날, 서초동 몽마르뜨공원. 짝을 찾아 흘러다니는 꽃가루가 공원의 하늘을 가득 메우고 있다. 시계탑 파고라 앞에 선 학수가 가쁜 숨을 몰아쉬고 있었다. 연신 재채기를 하던 그의 코끝에서 코피가 흘러나왔다. 하지만 그는 대수롭지 않은 듯 고개를 젖히고, 손으로 쓱 하고 훔쳐내어 입으로 빨아들였다. 그리고 조심조심. 주변을 더듬으며 파고라 기둥의 위치를 확인하고는 자리에 앉아 지팡이를 내려놓았다. 집 앞 언덕 위에 자리한 이 작은 공원은 한때는 눈을 감고도 다닐 수 있을 만큼 그에게 익숙한 공간이었지만 정작 시력을 잃고 난 뒤로는 발걸음 하나, 손짓 하나까지도 신중해질 수밖에 없었다.

그는 무심히 선글라스를 고쳐 쓰며 점퍼 주머니에서 핸드폰을 꺼내 들었다. 시간을 확인하려 버튼을 눌렀지만, 익숙한 음성 안내는 들리지 않았다. 그의 얼굴이 굳어졌다. 볼륨 버튼을 올리고 화면을 두드려봐도 아무런 반응이 없었다. 꺼져 있었다. 그의 입에서 깊은 한숨이 새어 나왔다. 불어를 모르는 그에게 통역 앱은 꼭 필요했다. 하지만 약속 시간이 얼마 남지 않은 지금, 집에 다녀올 여유는 없었다. 어쩔 수 없이 그는 그녀의 핸드폰을 사용하기로 마음을 먹고 자리에 앉아 조용히 그녀를 기다렸다. 몇 시나 되었을까, 그의 얼굴에는 긴장과 설렘이 교차했다.

휘~휘~

습기를 머금은 바람이 공원의 가로수를 흔들었다.

이내 툭.툭. 바람을 타고 빗방울이 떨어지기 시작했다.

## 8

"앉아요. 그냥 이야기해요. 제가 다 들어 줄게요."

긴 한숨을 내쉬며 잠시 숨을 고른 학수는 울고 있는 소미를 달래며 웃었다. 한마디 알아들을 수는 없는 학수의 말이었지만, 그렇다고 그녀도 언제까지고 울고만 있을 수는 없었다. 소미는 천천히 마음을 추스르고 그의 목소리에 귀를 기울였다. 그리고 말을 이어갔나.

*"Merci pour le cadeau. Comment avez-vous pu le garder tout ce temps?"*

학수의 목소리에 귀를 기울이던 소미는 한동안 아무 말이 없었다. 조용히 미소를 짓는 학수의 고백과 소망이 이어졌다. 무슨 뜻인지 이해할 수는 없었지만, 그녀의 이름을 나직이 부르던 학수의 목소리에는 분명한 온기가 담겨 있었다. 그리고 그 온기가 소미의 마음을 움직였다.

"저는 소미씨를 저라고 생각해요."

*"Oui?"*

"네, 저요! 세상 누구보다도 아끼고 사랑해야 할 저 자신요."

"……."

"저는 당신을 그렇게 생각해요."

*"Je suis venue ici tous les jours à cette heure-ci."*

"다치지도 말고 아프지도 말아주세요. 늘 이렇게 눈을 감고 기도할게요."

*"Je pensais que vous me regardiez, quelque part."*

"그대의 낮을 밝혀줄 해가 될게요. 그동안 나의 밤을 지켜준 달이셨으니요."

*"Comme je le faisais autrefois."*

## 4

30년이 흘렀다.

그리고 한 달 전, 두 사람은 '보이스랩'이라는 온라인 커뮤니티에서 다시 만났다. 음성채팅이 가능했던 그 대화방은 오래전 교통사고로 시력을 잃은 학수에게 외부 세계와 소통할 수 있는 유일한 창구였다. 한편, 30년 만에 돌아온 고국은 소미에게 너무도 낯설었고, 장애를 지닌 채 새로운 환경에 적응하는 일은 더욱 막막했다. 그런 그녀에게 통역 기능이 있는 그 대화방은 한국의 일상과 정서를 알아갈 수 있는 소중한 통로였다.

누구와도 쉽게 만날 수 없었던 두 사람은

지난 한 달 동안 핸드폰 너머 통역 앱으로 목소리를 주고받으며 서로에게 가장 큰 위안과 희망이 되어갔다. 게다가 얼마 전 계단을 헛디뎌 발목을 다친 학수는 한동안 꼼짝없이 집 안에만 머물러야 했고, 지루한 방 안의 시간 속에서 세상과 이어진 건 오직 그녀의 목소리뿐이었다.

소나기 오던 날,

그날의 체온, 그날의 숨결은 아직도 두 사람의 기억 속에 살아 있었다. 짧지만 깊었던 이들의 어린 시절은 소나기처럼 스쳐 지나갔다. 병으로 쓰러져 여러 날을 앓던 소녀는 결국 이사를 했고, 소년은 끝내 병문안조차 가지 못했다. 그리고 전해진 부고. 단 한마디 소식이 소년의 세상을 송두리째 무너뜨렸다. 그 후로도 그녀를 떠올릴 때마다, 가슴 한켠을 파고드는 미안함과 후회는 오랫동안 그를 괴롭혔다.

## 6

소미는 웅이를 따라 시계탑 파고라에 도착했다.

약속 시간에 늦지 않았다는 안도감에 잠시 미소를 지으며 기둥을 더듬어 붙잡았다. 소미가 우산을 접으려 목줄에서 손을 놓자, 웅이는 곧장 벤치에 앉아 있던 학수에게 다가가 그의 손등을 핥았다.

"강아지가 착하네요. 짖지도 않고."

잔떨림이 있는 중저음의 목소리. 그녀에게는 낯설지가 않았다. 하지만 한국어가 서투른 그녀는 그의 말을 온전히 알아들을 수는 없었다.

*"Je suis désolée. Je ne parle pas coréen."*

또랑또랑한 불어 억양. 그동안 핸드폰을 통해 들어 온 목소리의 울림만으로도 학수는 그녀가 소미임을 곧바로 알 수 있었다.

"소미?", *"Haksu?"*

한 사람은 불어로, 한 사람은 한국어로. 태연히 자기 말을 이어가는 두 사람, 서로의 말은 엇갈린 채 공중에 흩어졌다. 소미의 몸짓을 볼 수 없는 학수는 고개를 갸웃하다가, 꺼진 핸드폰을 내밀고 손가락으로 X 표시를 그려 핸드폰을 쓸 수 없다는 뜻을 전했다.

"제 핸드폰이 안 돼요. 소미씨 폰으로 이야기해요."
*"J'ai oublié mon téléphone. Utilisons le vôtre."*

혼잣말들,

대화는 내내 엇갈렸다. 마치 같은 실을 잡고도 서로 다른 끝을 좇는 듯,
그들의 말은 평행선을 달리며 서로의 결을 스쳐 지나갔다.

## 5

소녀가 죽었다는 소식은 사실이 아니었다.

그녀는 뇌수막염으로 오랜 기간 투병했지만, 기적처럼 목숨을 건졌다. 그러나 기적은 거기까지였다. 병의 후유증은 그녀의 시력을 앗아갔고, 어머니마저 집을 떠난 뒤, 아버지는 홀로 딸을 감당할 수 없었다. 끝내 그는 마을의 눈을 피해 소녀를 인근 성당에 맡겼고, 소녀는 성당 교우들의 보살핌 속에서 지내게 되었다. 그후, 고향 집마저 처분한 아버지는 읍내에서 작은 잡화점을 맡아 근근이 생계를 이어갔지만, 술과 절망에 짓눌려 살다가 오래지 않아 세상을 떠났다.

그 무렵, 성당을 찾은 프랑스 신부가 그녀의 안타까운 사정을 알게 되었고, 귀국길에 그녀를 데려갔다. 그는 자신을 오랫동안 도와온 파리의 신자 부부에게 상황을 전했고, 부부는 주저 없이 그녀를 입양하기로 했다. 그렇게 소녀는 낯선 도시에서 새로운 이름으로 살아가게 되었다. 고향에는 부고만 남았고, 그녀의 삶은 전혀 다른 길 위에서 이어졌다.

"비 그치면 또 업어줄까요?"

*"En fait, je ⋯."*

오늘이 마지막일지도 모른다.

순간, 소미는 자신이 학수의 얼굴을 볼 수 없다는 현실을 털어놓으려 했다. 하지만 그 말은 입술 끝에서만 맴돌다 삼켜졌다. 어차피 통역 앱이 없는 지금, 그녀의 목소리는 그에게 그저 뜻 모를 소리에 불과할 터였으니. 결국 소미는 한숨을 내쉬며 고개를 저었고, 그녀의 침묵을 알 길이 없는 학수의 목소리만이 빗소리 가득한 파고라 안을 메우고 있었다.

## 9

"울지 말아요. 조용히 눈을 감아 봐요. 그럼, 다 들릴 거예요."

파고라 지붕을 때리는 빗소리가 더욱 거세졌다. 공원의 소음은 모두 사라지고, 빗소리만이 두 사람 사이를 채웠다.

"아니면, 어떤 이야기를 해드릴까요?"
*"Je n'ai qu'un seul souhait."*
"그럼, 제 마음을 이야기해도 되나요?"
*"C'est que..."*
"난 어디서도 숨을 쉴게요. 그 숨, 햇살이 될게요."
*"Vous me manquez. Même si je ne peux rien voir…."*
"이 말을 꼭 하고 싶었어요."
*"Je suis heureuse de pouvoir dire cela."*

소미와의 약속.

어쩌면 오늘, 지금 이 만남이 마지막일지도 모른다는 생각이 학수의 가슴을 무겁게 짓눌렀다. 그러나 달리 방법이 없었다. 당장 우산도 없었고, 핸드폰을 충전한다고 집에 다녀올 수도 없었다. 무엇보다 지팡이를 짚고 길을 더듬는 자신의 모습을 그녀에게 보여주고 싶지 않았다. 마른침을 삼키는 그의 귓가에는 나뭇가지를 스치는 바람 소리와 멀리 사람들의 웃음소리만이 들려올 뿐이었다.

# 10

톡, 톡, 톡.

빗소리가 서서히 잦아들었다.

파고라에 앉아 있는 두 사람의 얼굴에 따뜻한 햇볕이 들었다.

"비가 그쳤나 봐요?"

*"Je ne pleurerai plus."*

"해가 떴나요?"

*"Le soleil est déjà si chaud."*

"곧 무지개가 뜰 거예요."

*"Je continuerai à attendre."*

"제가 드리는 선물이에요."

*"Merci. Merci pour tout."*

"아녜요. 제가 더 고마웠어요. 그대가 있어서 제가 참 좋습니다."

*"Moi aussi."*

[야 무지개다.]

빨주노초파남보. 몽마르뜨 공원 위로 무지개가 떠올랐다. 어디에 숨어 있다가 뛰어나온 걸까, 공원은 어느새 서로를 부르는 아이들의 목소리로 가득했다. 나뭇가지를 흔들며 불어오는 산들바람, 소미는 바람 사이로 그의 체취를 느끼며 숨을 골랐다. 엎드려 있던 웅이가 일어나 학수의 손등을 핥았다. 학수는 조심스럽게 손을 뻗어 웅이의 머리를 쓰다듬었다. 그러다 그의 손끝이 웅이의 목줄을 쥐고 있는 소미의 손에 닿았다. 멈칫, 잠시 망설이던 그는 그녀의 손을 살며시 잡았다.

어느새 하얀 달.

흩어졌던 일곱 빛 다시 모여 소년과 소녀를 환하게 비추고 있다.

Shuffle 10

4527613890

# 완전한 용서

무지개는 모든 색이 화해한 결과다

## 4

30년이 흘렀다.

그리고 한 달 전, 두 사람은 '보이스랩'이라는 온라인 커뮤니티에서 다시 만났다. 음성채팅이 가능했던 그 대화방은 오래전 교통사고로 시력을 잃은 학수에게 외부 세계와 소통할 수 있는 유일한 창구였다. 한편, 30년 만에 돌아온 고국은 소미에게 너무도 낯설었고, 장애를 지닌 채 새로운 환경에 적응하는 일은 더욱 막막했다. 그런 그녀에게 통역 기능이 있는 그 대화방은 한국의 일상과 정서를 알아갈 수 있는 소중한 통로였다.

누구와도 쉽게 만날 수 없었던 두 사람은

지난 한 달 동안 핸드폰 너머 통역 앱으로 목소리를 주고받으며 서로에게 가장 큰 위안과 희망이 되어갔다. 게다가 얼마 전 계단을 헛디뎌 발목을 다친 학수는 한동안 꼼짝없이 집 안에만 머물러야 했고, 지루한 방 안의 시간 속에서 세상과 이어진 건 오직 그녀의 목소리뿐이었다.

소나기 오던 날,

그날의 체온, 그날의 숨결은 아직도 두 사람의 기억 속에 살아 있었다. 짧지만 깊었던 이들의 어린 시절은 소나기처럼 스쳐 지나갔다. 병으로 쓰러져 여러 날을 앓던 소녀는 결국 이사를 했고, 소년은 끝내 병문안조차 가지 못했다. 그리고 전해진 부고. 단 한마디 소식이 소년의 세상을 송두리째 무너뜨렸다. 그 후로도 그녀를 떠올릴 때마다, 가슴 한켠을 파고드는 미안함과 후회는 오랫동안 그를 괴롭혔다.

## 5

소녀가 죽었다는 소식은 사실이 아니었다.

그녀는 뇌수막염으로 오랜 기간 투병했지만, 기적처럼 목숨을 건졌다. 그러나 기적은 거기까지였다. 병의 후유증은 그녀의 시력을 앗아갔고, 어머니마저 집을 떠난 뒤, 아버지는 홀로 딸을 감당할 수 없었다. 끝내 그는 마을의 눈을 피해 소녀를 인근 성당에 맡겼고, 소녀는 성당 교우들의 보살핌 속에서 지내게 되었다. 그후, 고향 집마저 처분한 아버지는 읍내에서 작은 잡화점을 맡아 근근이 생계를 이어갔지만, 술과 절망에 짓눌려 살다가 오래지 않아 세상을 떠났다.

그 무렵, 성당을 찾은 프랑스 신부가 그녀의 안타까운 사정을 알게 되었고, 귀국길에 그녀를 데려갔다. 그는 자신을 오랫동안 도와온 파리의 신자 부부에게 상황을 전했고, 부부는 주저 없이 그녀를 입양하기로 했다. 그렇게 소녀는 낯선 도시에서 새로운 이름으로 살아가게 되었다. 고향에는 부고만 남았고, 그녀의 삶은 전혀 다른 길 위에서 이어졌다.

"비 그치면 또 업어줄까요?"
*"En fait, je ⋯."*

오늘이 마지막일지도 모른다.

순간, 소미는 자신이 학수의 얼굴을 볼 수 없다는 현실을 털어놓으려 했다. 하지만 그 말은 입술 끝에서만 맴돌다 삼켜졌다. 어차피 통역 앱이 없는 지금, 그녀의 목소리는 그에게 그저 뜻 모를 소리에 불과할 터였으니. 결국 소미는 한숨을 내쉬며 고개를 저었고, 그녀의 침묵을 알 길이 없는 학수의 목소리만이 빗소리 가득한 파고라 안을 메우고 있었다.

## 2

답답한 마음에 발만 동동 구르던 소미는

결국 주머니에서 작은 조약돌을 꺼내 학수에게 내밀었다. 손바닥 위에 놓인 조약돌을 쓸어보는 그녀의 눈에서 눈물이 뚝뚝 흘러내렸다. 30년 전, 어린 시절 그녀가 학수를 향해 던졌던 그 조약돌. 학수는 그 돌을 여태껏 보관해 오다가 얼마 전 우편으로 그녀에게 보내주었다.

맑은 가을 하늘 아래, 징검다리에서 물장난을 치던 소녀와 그녀를 바라보며 개울둑에 앉아 있던 소년. 초등학교 5학년, 열세 살. 어릴 적 기억이 동시에 두 사람의 가슴을 파고들었다. 소년을 향해 "바보"라며 조약돌을 던지던 소녀, 그리고 그 돌을 주머니에 넣어 오래도록 간직했던 소년.

어느 날, 학수는 오래도록 보물처럼 간직해 온 조약돌 이야기를 꺼냈다. 천천히 그 돌에 얽힌 기억을 더듬고 있을 때였다. 이야기가 끝난 한참 뒤, 마치 응답이라도 하듯 어디선가 또렷하면서도 낯선 목소리가 흘러나왔다. 불어 억양이 묻어나는 한국말로, 짧게, 그러나 분명하게 말했다. "안녕." 그녀가 바로 소미였다. 그날 이후, 하루에도 몇 번씩 통역 앱을 이용하여 둘만의 길고 긴 대화가 시작되었다. 그렇게 학수는 그녀가 프랑스 국적을 갖게 된 사연도, 지금은 학수의 집 근처 프랑스타운에 살고 있다는 것도, 자신이 자주 오는 이 공원에 가끔씩 산책을 온다는 사실도 알게 되었다.

어쩌면,

두 사람은 그동안 이 공원에서 여러 번 스쳐 지나쳤을지도 모른다.

## 7

"비가 오네요. 그때도 비가 왔었는데…."

*"Il pleuvait aussi ce jour-là…."*

쿠구궁~

순간, 천둥이 울리며 귀를 때렸다. 곧이어 굵어진 빗방울이 파고라의 지붕을 세차게 두드렸다. 젖은 옷깃을 여미며 파고라 안쪽으로 가까이 다가선 두 사람, 그러나 세차게 내리치는 빗소리 속에 침묵은 더욱 무겁게 가라앉았다.

빗방울이 점점 굵어졌다. 공원의 빗소리가 파고라를 가득 채우는 사이, 두 사람의 기억 속에서도 비가 내리고 있었다. 소나기를 피해 수숫단 속에 숨었던 날, 비에 젖은 꽃다발을 안고 있던 소녀. 비를 맞으면서도 소녀를 위해 애쓰던 소년. 떨고 있는 소녀의 어깨를 감싸주던 무명 저고리의 감촉. 그의 어깨 위로 피어오르던 하얀 김까지 또렷했다.

물이 불어난 도랑을 건너던 순간, 소년은 등을 내밀었고 소녀는 그의 목을 꼭 끌어안은 채 업혀 건넜다. 그리고 이별을 예감하며 소년에게 건넨 소녀의 대추 한 줌, 소녀에게 건네지 못한 소년의 호두 몇 알.

택배가 도착한 날,

소미는 학수가 보내준 조약돌을 매만지며 한참을 울었다. 그리고 마침내 그의 앞에 선 지금 또다시 서럽게 흐느끼고 있는 것이었다. 그녀의 울음소리에 학수는 순간 멈칫했다. 무슨 말을 해야 할지…. 난감했다, 내일이면 학수는 멀리 이사를 간다. 서로의 목소리가 한 번, 두 번 더 이어졌지만 이내 끊어졌다. 박박박박. 웅이가 다가와 학수의 바짓단을 긁었다.

## 6

소미는 웅이를 따라 시계탑 파고라에 도착했다.

약속 시간에 늦지 않았다는 안도감에 잠시 미소를 지으며 기둥을 더듬어 붙잡았다. 소미가 우산을 접으려 목줄에서 손을 놓자, 웅이는 곧장 벤치에 앉아 있던 학수에게 다가가 그의 손등을 핥았다.

"강아지가 착하네요. 짖지도 않고."

잔떨림이 있는 중저음의 목소리. 그녀에게는 낯설지가 않았다. 하지만 한국어가 서투른 그녀는 그의 말을 온전히 알아들을 수는 없었다.

*"Je suis désolée. Je ne parle pas coréen."*

또랑또랑한 불어 억양. 그동안 핸드폰을 통해 들어 온 목소리의 울림만으로도 학수는 그녀가 소미임을 곧바로 알 수 있었다.

"소미?", *"Haksu?"*

한 사람은 불어로, 한 사람은 한국어로. 태연히 자기 말을 이어가는 두 사람, 서로의 말은 엇갈린 채 공중에 흩어졌다. 소미의 몸짓을 볼 수 없는 학수는 고개를 갸웃하다가, 꺼진 핸드폰을 내밀고 손가락으로 X 표시를 그려 핸드폰을 쓸 수 없다는 뜻을 전했다.

"제 핸드폰이 안 돼요. 소미씨 폰으로 이야기해요."
*"J'ai oublié mon téléphone. Utilisons le vôtre."*

두 혼잣말들,

대화는 내내 엇갈렸다. 마치 같은 실을 잡고도 서로 다른 끝을 좇는 듯,
그들의 말은 평행선을 달리며 서로의 곁을 스쳐 지나갔다.

# 1

덩~뎅~뎅~뎅~

머리 위로 시계탑의 종소리가 울려 퍼졌다.

4월의 봄날, 서초동 몽마르뜨공원. 짝을 찾아 흘러다니는 꽃가루가 공원의 하늘을 가득 메우고 있다. 시계탑 파고라 앞에 선 학수가 가쁜 숨을 몰아쉬고 있었다. 연신 재채기를 하던 그의 코끝에서 코피가 흘러나왔다. 하지만 그는 대수롭지 않은 듯 고개를 젖히고, 손으로 쓱 하고 훔쳐내어 입으로 빨아들였다. 그리고 조심조심. 주변을 더듬으며 파고라 기둥의 위치를 확인하고는 자리에 앉아 지팡이를 내려놓았다. 집 앞 언덕 위에 자리한 이 작은 공원은 한때는 눈을 감고도 다닐 수 있을 만큼 그에게 익숙한 공간이었지만 정작 시력을 잃고 난 뒤로는 발걸음 하나, 손짓 하나까지도 신중해질 수밖에 없었다.

그는 무심히 선글라스를 고쳐 쓰며 점퍼 주머니에서 핸드폰을 꺼내 들었다. 시간을 확인하려 버튼을 눌렀지만, 익숙한 음성 안내는 들리지 않았다. 그의 얼굴이 굳어졌다. 볼륨 버튼을 올리고 화면을 두드려봐도 아무런 반응이 없었다. 꺼져 있었다. 그의 입에서 깊은 한숨이 새어 나왔다. 불어를 모르는 그에게 통역 앱은 꼭 필요했다. 하지만 약속 시간이 얼마 남지 않은 지금, 집에 다녀올 여유는 없었다. 어쩔 수 없이 그는 그녀의 핸드폰을 사용하기로 마음을 먹고 자리에 앉아 조용히 그녀를 기다렸다. 몇 시나 되었을까, 그의 얼굴에는 긴장과 설렘이 교차했다.

휘~휘~

습기를 머금은 바람이 공원의 가로수를 흔들었다.

이내 툭.툭. 바람을 타고 빗방울이 떨어지기 시작했다.

## 3

*"Ung, allons-y."*

한국에서의 외출은 늘 집 근처 공원 산책이 전부였다. 서래마을, 공원 아래 프랑스타운에 사는 소미는 오늘도 웅이를 앞세워 길을 나섰다. 목적지는 몽마르뜨공원 '시계탑 파고라'. 오늘은 그녀에게 모처럼 약속이 있는 날이었다. 아니, 처음이다. 얼마쯤 나섰을까, 끼잉끼잉. 갑자기 걸음을 멈춰 선 웅이가 아무리 목줄을 당겨도 꼼짝하질 않는다.

톡.톡.
하나둘 얼굴에 부딪히는 빗방울. 소미는 서둘러 집으로 돌아가 우산을 챙겨 들고 다시 길을 나섰다.

빗길을 따라 한참을 걸어 올라 공원 입구에 도착한 그녀. 발걸음을 멈추고 크게 한숨을 내쉬며 숨을 골랐다. 그리고, 몇 시나 되었을까. 핸드폰을 찾으려 주머니를 더듬었다. 텅 빈 안감의 감촉만이 손끝에 전해졌다. 빈 주머니. 아차, 그제야 깨달았다. 우산을 챙기느라, 핸드폰을 신발장 위에 두고 온 것이다. 한국어가 서투른 그녀에게 통역 앱은 꼭 필요했지만, 그와의 약속 시간이 다가오는 지금, 다시 집으로 돌아갈 여유는 없었다. 소미는 선글라스를 고쳐 쓰고 발걸음을 재촉했다.

소미는
안내견 웅이와 함께 매일 오후 이 언덕길을 올랐다.

어제도, 그제도…, 마치 그때의 징검다리처럼. 학수가 이 공원을 자주 찾는다는 사실을 알게 된 뒤로, 그녀의 발걸음은 늘 이곳을 향했다. 어딘가에서 그가 자신을 지켜보고 있다고 생각하며.

# 8

"앉아요. 그냥 이야기해요. 제가 다 들어 줄게요."

긴 한숨을 내쉬며 잠시 숨을 고른 학수는 울고 있는 소미를 달래며 웃었다. 한마디 알아들을 수는 없는 학수의 말이었지만, 그렇다고 그녀도 언제까지고 울고만 있을 수는 없었다. 소미는 천천히 마음을 추스르고 그의 목소리에 귀를 기울였다. 그리고 말을 이어갔다.

*"Merci pour le cadeau. Comment avez-vous pu le garder tout ce temps?"*

학수의 목소리에 귀를 기울이던 소미는 한동안 아무 말이 없었다. 조용히 미소를 짓는 학수의 고백과 소망이 이어졌다. 무슨 뜻인지 이해할 수는 없었지만, 그녀의 이름을 나직이 부르던 학수의 목소리에는 분명한 온기가 담겨 있었다. 그리고 그 온기가 소미의 마음을 움직였다.

"저는 소미씨를 저라고 생각해요."

*"Oui?"*

"네, 저요! 세상 누구보다도 아끼고 사랑해야 할 저 자신요."

"……."

"저는 당신을 그렇게 생각해요."

*"Je suis venue ici tous les jours à cette heure-ci."*

"다치지도 말고 아프지도 말아주세요. 늘 이렇게 눈을 감고 기도할게요."

*"Je pensais que vous me regardiez, quelque part."*

"그대의 낮을 밝혀줄 해가 될게요. 그동안 나의 밤을 지켜준 달이셨으니요."

*"Comme je le faisais autrefois."*

## 9

"울지 말아요. 조용히 눈을 감아 봐요. 그럼, 다 들릴 거예요."

파고라 지붕을 때리는 빗소리가 더욱 거세졌다. 공원의 소음은 모두 사라지고, 빗소리만이 두 사람 사이를 채웠다.

"아니면, 어떤 이야기를 해드릴까요?"
*"Je n'ai qu'un seul souhait."*

"그럼, 제 마음을 이야기해도 되나요?"
*"C'est que..."*

"난 어디서도 숨을 쉴게요. 그 숨, 햇살이 될게요."
*"Vous me manquez. Même si je ne peux rien voir…."*

"이 말을 꼭 하고 싶었어요."
*"Je suis heureuse de pouvoir dire cela."*

소미와의 약속.

어쩌면 오늘, 지금 이 만남이 마지막일지도 모른다는 생각이 학수의 가슴을 무겁게 짓눌렀다. 그러나 달리 방법이 없었다. 당장 우산도 없었고, 핸드폰을 충전한다고 집에 다녀올 수도 없었다. 무엇보다 지팡이를 짚고 길을 더듬는 자신의 모습을 그녀에게 보여주고 싶지 않았다. 마른침을 삼키는 그의 귓가에는 나뭇가지를 스치는 바람 소리와 멀리 사람들의 웃음소리만이 들려올 뿐이었다.

## 10

툭, 툭, 툭.
빗소리가 서서히 잦아들었다.
파고라에 앉아 있는 두 사람의 얼굴에 따뜻한 햇볕이 들었다.

"비가 그쳤나 봐요?"
*"Je ne pleurerai plus."*
"해가 떴나요?"
*"Le soleil est déjà si chaud."*
"곧 무지개가 뜰 거예요."
*"Je continuerai à attendre."*
"제가 드리는 선물이에요."
*"Merci. Merci pour tout."*
"아녜요. 제가 더 고마웠어요. 그대가 있어서 제가 참 좋습니다."
*"Moi aussi."*

[야 무지개다.]

빨주노초파남보. 몽마르뜨 공원 위로 무지개가 떠올랐다. 어디에 숨어 있다가 뛰어나온 걸까, 공원은 어느새 서로를 부르는 아이들의 목소리로 가득했다. 나뭇가지를 흔들며 불어오는 산들바람, 소미는 바람 사이로 그의 체취를 느끼며 숨을 골랐다. 엎드려 있던 웅이가 일어나 학수의 손등을 핥았다. 학수는 조심스럽게 손을 뻗어 웅이의 머리를 쓰다듬었다. 그러다 그의 손끝이 웅이의 목줄을 쥐고 있는 소미의 손에 닿았다. 멈칫, 잠시 망설이던 그는 그녀의 손을 살며시 잡았다.

어느새 하얀 달.
흩어졌던 일곱 빛 다시 모여 소년과 소녀를 환하게 비추고 있다.

Shuffle 11

0571846931

# 아직 오지 않은 그녀

모든 만남은 환상이었을 수도, 아직 오지 않은 미래일 수도

## 10

툭, 툭, 툭.

빗소리가 서서히 잦아들었다.

파고라에 앉아 있는 두 사람의 얼굴에 따뜻한 햇볕이 들었다.

"비가 그쳤나 봐요?"

*"Je ne pleurerai plus."*

"해가 떴나요?"

*"Le soleil est déjà si chaud."*

"곧 무지개가 뜰 거예요."

*"Je continuerai à attendre."*

"제가 드리는 선물이에요."

*"Merci. Merci pour tout."*

"아녜요. 제가 더 고마웠어요. 그대가 있어서 제가 참 좋습니다."

*"Moi aussi."*

[야 무지개다.]

빨주노초파남보. 몽마르뜨 공원 위로 무지개가 떠올랐다. 어디에 숨어 있다가 뛰어나온 걸까, 공원은 어느새 서로를 부르는 아이들의 목소리로 가득했다. 나뭇가지를 흔들며 불어오는 산들바람, 소미는 바람 사이로 그의 체취를 느끼며 숨을 골랐다. 엎드려 있던 웅이가 일어나 학수의 손등을 핥았다. 학수는 조심스럽게 손을 뻗어 웅이의 머리를 쓰다듬었다. 그러다 그의 손끝이 웅이의 목줄을 쥐고 있는 소미의 손에 닿았다. 멈칫, 잠시 망설이던 그는 그녀의 손을 살며시 잡았다.

어느새 하얀 달.

흩어졌던 일곱 빛 다시 모여 소년과 소녀를 환하게 비추고 있다.

## 5

소녀가 죽었다는 소식은 사실이 아니었다.

그녀는 뇌수막염으로 오랜 기간 투병했지만, 기적처럼 목숨을 건졌다. 그러나 기적은 거기까지였다. 병의 후유증은 그녀의 시력을 앗아갔고, 어머니마저 집을 떠난 뒤, 아버지는 홀로 딸을 감당할 수 없었다. 끝내 그는 마을의 눈을 피해 소녀를 인근 성당에 맡겼고, 소녀는 성당 교우들의 보살핌 속에서 지내게 되었다. 그후, 고향 집마저 처분한 아버지는 읍내에서 작은 잡화점을 맡아 근근이 생계를 이어갔지만, 술과 절망에 짓눌려 살다가 오래지 않아 세상을 떠났다.

그 무렵, 성당을 찾은 프랑스 신부가 그녀의 안타까운 사정을 알게 되었고, 귀국길에 그녀를 데려갔다. 그는 자신을 오랫동안 도와온 파리의 신자 부부에게 상황을 전했고, 부부는 주저 없이 그녀를 입양하기로 했다. 그렇게 소녀는 낯선 도시에서 새로운 이름으로 살아가게 되었다. 고향에는 부고만 남았고, 그녀의 삶은 전혀 다른 길 위에서 이어졌다.

"비 그치면 또 업어줄까요?"
*"En fait, je ⋯."*

오늘이 마지막일지도 모른다.

순간, 소미는 자신이 학수의 얼굴을 볼 수 없다는 현실을 털어놓으려 했다. 하지만 그 말은 입술 끝에서만 맴돌다 삼켜졌다. 어차피 통역 앱이 없는 지금, 그녀의 목소리는 그에게 그저 뜻 모를 소리에 불과할 터였으니. 결국 소미는 한숨을 내쉬며 고개를 저었고, 그녀의 침묵을 알 길이 없는 학수의 목소리만이 빗소리 가득한 파고라 안을 메우고 있었다.

# 7

"비가 오네요. 그때도 비가 왔었는데…."

*"Il pleuvait aussi ce jour-là…."*

쿠구궁~

순간, 천둥이 울리며 귀를 때렸다. 곧이어 굵어진 빗방울이 파고라의 지붕을 세차게 두드렸다. 젖은 옷깃을 여미며 파고라 안쪽으로 가까이 다가선 두 사람, 그러나 세차게 내리치는 빗소리 속에 침묵은 더욱 무겁게 가라앉았다.

빗방울이 점점 굵어졌다. 공원의 빗소리가 파고라를 가득 채우는 사이, 두 사람의 기억 속에서도 비가 내리고 있었다. 소나기를 피해 수숫단 속에 숨었던 날, 비에 젖은 꽃다발을 안고 있던 소녀. 비를 맞으면서도 소녀를 위해 애쓰던 소년. 떨고 있는 소녀의 어깨를 감싸주던 무명 저고리의 감촉. 그의 어깨 위로 피어오르던 하얀 김까지 또렷했다.

물이 불어난 도랑을 건너던 순간, 소년은 등을 내밀었고 소녀는 그의 목을 꼭 끌어안은 채 업혀 건넜다. 그리고 이별을 예감하며 소년에게 건넨 소녀의 대추 한 줌, 소녀에게 건네지 못한 소년의 호두 몇 알.

택배가 도착한 날,

소미는 학수가 보내준 조약돌을 매만지며 한참을 울었다. 그리고 마침내 그의 앞에 선 지금 또다시 서럽게 흐느끼고 있는 것이었다. 그녀의 울음소리에 학수는 순간 멈칫했다. 무슨 말을 해야 할지…. 난감했다, 내일이면 학수는 멀리 이사를 간다. 서로의 목소리가 한 번, 두 번 더 이어졌지만 이내 끊어졌다. 박박박박. 웅이가 다가와 학수의 바짓단을 긁었다.

## 2

답답한 마음에 발만 동동 구르던 소미는

결국 주머니에서 작은 조약돌을 꺼내 학수에게 내밀었다. 손바닥 위에 놓인 조약돌을 쓸어보는 그녀의 눈에서 눈물이 뚝뚝 흘러내렸다. 30년 전, 어린 시절 그녀가 학수를 향해 던졌던 그 조약돌. 학수는 그 돌을 여태껏 보관해 오다가 얼마 전 우편으로 그녀에게 보내주었다.

맑은 가을 하늘 아래, 징검다리에서 물장난을 치던 소녀와 그녀를 바라보며 개울둑에 앉아 있던 소년. 초등학교 5학년, 열세 살. 어릴 적 기억이 동시에 두 사람의 가슴을 파고들었다. 소년을 향해 "바보"라며 조약돌을 던지던 소녀, 그리고 그 돌을 주머니에 넣어 오래도록 간직했던 소년.

어느 날, 학수는 오래도록 보물처럼 간직해 온 조약돌 이야기를 꺼냈다. 천천히 그 돌에 얽힌 기억을 더듬고 있을 때였다. 이야기가 끝난 한참 뒤, 마치 응답이라도 하듯 어디선가 또렷하면서도 낯선 목소리가 흘러나왔다. 불어 억양이 묻어나는 한국말로, 짧게, 그러나 분명하게 말했다. "안녕." 그녀가 바로 소미였다. 그날 이후, 하루에도 몇 번씩 통역 앱을 이용하여 둘만의 길고 긴 대화가 시작되었다. 그렇게 학수는 그녀가 프랑스 국적을 갖게 된 사연도, 지금은 학수의 집 근처 프랑스타운에 살고 있다는 것도, 자신이 자주 오는 이 공원에 가끔씩 산책을 온다는 사실도 알게 되었다.

어쩌면,

두 사람은 그동안 이 공원에서 여러 번 스쳐 지나쳤을지도 모른다.

# 8

"앉아요. 그냥 이야기해요. 제가 다 들어 줄게요."

긴 한숨을 내쉬며 잠시 숨을 고른 학수는 울고 있는 소미를 달래며 웃었다. 한마디 알아들을 수는 없는 학수의 말이었지만, 그렇다고 그녀도 언제까지고 울고만 있을 수는 없었다. 소미는 천천히 마음을 추스르고 그의 목소리에 귀를 기울였다. 그리고 말을 이어갔나.

*"Merci pour le cadeau. Comment avez-vous pu le garder tout ce temps?"*

학수의 목소리에 귀를 기울이던 소미는 한동안 아무 말이 없었다. 조용히 미소를 짓는 학수의 고백과 소망이 이어졌다. 무슨 뜻인지 이해할 수는 없었지만, 그녀의 이름을 나직이 부르던 학수의 목소리에는 분명한 온기가 담겨 있었다. 그리고 그 온기가 소미의 마음을 움직였다.

"저는 소미씨를 저라고 생각해요."

*"Oui?"*

"네, 저요! 세상 누구보다도 아끼고 사랑해야 할 저 자신요."

"……."

"저는 당신을 그렇게 생각해요."

*"Je suis venue ici tous les jours à cette heure-ci."*

"다치지도 말고 아프지도 말아주세요. 늘 이렇게 눈을 감고 기도할게요."

*"Je pensais que vous me regardiez, quelque part."*

"그대의 낮을 밝혀줄 해가 될게요. 그동안 나의 밤을 지켜준 달이셨으니요."

*"Comme je le faisais autrefois."*

# 4

30년이 흘렀다

그리고 한 달 전, 두 사람은 '보이스랩'이라는 온라인 커뮤니티에서 다시 만났다. 음성채팅이 가능했던 그 대화방은 오래전 교통사고로 시력을 잃은 학수에게 외부 세계와 소통할 수 있는 유일한 창구였다. 한편, 30년 만에 돌아온 고국은 소미에게 너무도 낯설었고, 장애를 지닌 채 새로운 환경에 적응하는 일은 더욱 막막했다. 그런 그녀에게 통역 기능이 있는 그 대화방은 한국의 일상과 정서를 알아갈 수 있는 소중한 통로였다.

누구와도 쉽게 만날 수 없었던 두 사람은

지난 한 달 동안 핸드폰 너머 통역 앱으로 목소리를 주고받으며 서로에게 가장 큰 위안과 희망이 되어갔다. 게다가 얼마 전 계단을 헛디뎌 발목을 다친 학수는 한동안 꼼짝없이 집 안에만 머물러야 했고, 지루한 방 안의 시간 속에서 세상과 이어진 건 오직 그녀의 목소리뿐이었다.

소나기 오던 날,

그날의 체온, 그날의 숨결은 아직도 두 사람의 기억 속에 살아 있었다. 짧지만 깊었던 이들의 어린 시절은 소나기처럼 스쳐 지나갔다. 병으로 쓰러져 여러 날을 앓던 소녀는 결국 이사를 했고, 소년은 끝내 병문안조차 가지 못했다. 그리고 전해진 부고. 단 한마디 소식이 소년의 세상을 송두리째 무너뜨렸다. 그 후로도 그녀를 떠올릴 때마다, 가슴 한켠을 파고드는 미안함과 후회는 오랫동안 그를 괴롭혔다.

## 6

소미는 웅이를 따라 시계탑 파고라에 도착했다.

약속 시간에 늦지 않았다는 안도감에 잠시 미소를 지으며 기둥을 더듬어 붙잡았다. 소미가 우산을 접으려 목줄에서 손을 놓자, 웅이는 곧장 벤치에 앉아 있던 학수에게 다가가 그의 손등을 핥았다.

"강아지가 착하네요. 짖지도 않고."

잔떨림이 있는 중저음의 목소리. 그녀에게는 낯설지가 않았다. 하지만 한국어가 서투른 그녀는 그의 말을 온전히 알아들을 수는 없었다.

"*Je suis désolée. Je ne parle pas coréen.*"

또랑또랑한 불어 억양. 그동안 핸드폰을 통해 들어 온 목소리의 울림만으로도 학수는 그녀가 소미임을 곧바로 알 수 있었다.

"소미?", "*Haksu?*"

한 사람은 불어로, 한 사람은 한국어로. 태연히 자기 말을 이어가는 두 사람, 서로의 말은 엇갈린 채 공중에 흩어졌다. 소미의 몸짓을 볼 수 없는 학수는 고개를 갸웃하다가, 꺼진 핸드폰을 내밀고 손가락으로 X 표시를 그려 핸드폰을 쓸 수 없다는 뜻을 전했다.

"제 핸드폰이 안 돼요. 소미씨 폰으로 이야기해요."
"*J'ai oublié mon téléphone. Utilisons le vôtre.*"

두 혼잣말들,

대화는 내내 엇갈렸다. 마치 같은 실을 잡고도 서로 다른 끝을 좇는 듯,
그들의 말은 평행선을 달리며 서로의 곁을 스쳐 지나갔다.

# 9

"울지 말아요. 조용히 눈을 감아 봐요. 그럼, 다 들릴 거예요."

파고라 지붕을 때리는 빗소리가 더욱 거세졌다. 공원의 소음은 모두 사라지고, 빗소리만이 두 사람 사이를 채웠다.

"아니면, 어떤 이야기를 해드릴까요?"
*"Je n'ai qu'un seul souhait."*

"그럼, 제 마음을 이야기해도 되나요?"
*"C'est que..."*

"난 어디서도 숨을 쉴게요. 그 숨, 햇살이 될게요."
*"Vous me manquez. Même si je ne peux rien voir…."*

"이 말을 꼭 하고 싶었어요."
*"Je suis heureuse de pouvoir dire cela."*

소미와의 약속.

어쩌면 오늘, 지금 이 만남이 마지막일지도 모른다는 생각이 학수의 가슴을 무겁게 짓눌렀다. 그러나 달리 방법이 없었다. 당장 우산도 없었고, 핸드폰을 충전한다고 집에 다녀올 수도 없었다. 무엇보다 지팡이를 짚고 길을 더듬는 자신의 모습을 그녀에게 보여주고 싶지 않았다. 마른침을 삼키는 그의 귓가에는 나뭇가지를 스치는 바람 소리와 멀리 사람들의 웃음소리만이 들려올 뿐이었다.

## 3

*"Ung, allons-y."*

한국에서의 외출은 늘 집 근처 공원 산책이 전부였다. 서래마을, 공원 아래 프랑스타운에 사는 소미는 오늘도 웅이를 앞세워 길을 나섰다. 목적지는 몽마르뜨공원 '시계탑 파고라'. 오늘은 그녀에게 모처럼 약속이 있는 날이었다. 아니, 처음이다. 얼마쯤 나섰을까, 끼잉끼잉. 갑자기 걸음을 멈춰 선 웅이가 아무리 목줄을 당겨도 꼼짝하질 않는다.

툭.툭.
하나둘 얼굴에 부딪히는 빗방울. 소미는 서둘러 집으로 돌아가 우산을 챙겨 들고 다시 길을 나섰다.

빗길을 따라 한참을 걸어 올라 공원 입구에 도착한 그녀. 발걸음을 멈추고 크게 한숨을 내쉬며 숨을 골랐다. 그리고, 몇 시나 되었을까. 핸드폰을 찾으려 주머니를 더듬었다. 텅 빈 안감의 감촉만이 손끝에 전해졌다. 빈 주머니. 아차, 그제야 깨달았다. 우산을 챙기느라, 핸드폰을 신발장 위에 두고 온 것이다. 한국어가 서투른 그녀에게 통역 앱은 꼭 필요했지만, 그와의 약속 시간이 다가오는 지금, 다시 집으로 돌아갈 여유는 없었다. 소미는 선글라스를 고쳐 쓰고 발걸음을 재촉했다.

소미는
안내견 웅이와 함께 매일 오후 이 언덕길을 올랐다.

어제도, 그제도…. 마치 그때의 징검다리처럼. 학수가 이 공원을 자주 찾는다는 사실을 알게 된 뒤로, 그녀의 발걸음은 늘 이곳을 향했다. 어딘가에서 그가 자신을 지켜보고 있다고 생각하며.

## 1

덩~덩~덩~덩~

머리 위로 시계탑의 종소리가 울려 퍼졌다.

4월의 봄날, 서초동 몽마르뜨공원. 짝을 찾아 흩러다니는 꽃가루가 공원의 하늘을 가득 메우고 있다. 시계탑 파고라 앞에 선 학수가 가쁜 숨을 몰아쉬고 있었다. 연신 재채기를 하던 그의 코끝에서 코피가 흘러나왔다. 하지만 그는 대수롭지 않은 듯 고개를 젖히고, 손으로 쓱 하고 훔쳐내어 입으로 빨아들였다. 그리고 조심조심. 주변을 더듬으며 파고라 기둥의 위치를 확인하고는 자리에 앉아 지팡이를 내려놓았다. 집 앞 언덕 위에 자리한 이 작은 공원은 한때는 눈을 감고도 다닐 수 있을 만큼 그에게 익숙한 공간이었지만 정작 시력을 잃고 난 뒤로는 발걸음 하나, 손짓 하나까지도 신중해질 수밖에 없었다.

그는 무심히 선글라스를 고쳐 쓰며 점퍼 주머니에서 핸드폰을 꺼내 들었다. 시간을 확인하려 버튼을 눌렀지만, 익숙한 음성 안내는 들리지 않았다. 그의 얼굴이 굳어졌다. 볼륨 버튼을 올리고 화면을 두드려봐도 아무런 반응이 없었다. 꺼져 있었다. 그의 입에서 깊은 한숨이 새어 나왔다. 불어를 모르는 그에게 통역 앱은 꼭 필요했다. 하지만 약속 시간이 얼마 남지 않은 지금, 집에 다녀올 여유는 없었다. 어쩔 수 없이 그는 그녀의 핸드폰을 사용하기로 마음을 먹고 자리에 앉아 조용히 그녀를 기다렸다. 몇 시나 되었을까, 그의 얼굴에는 긴장과 설렘이 교차했다.

휘~휘~

습기를 머금은 바람이 공원의 가로수를 흔들었다.

이내 툭.툭. 바람을 타고 빗방울이 떨어지기 시작했다.

Shuffle 12

1346890572

# 다시, 조약돌

사랑의 본질은 그 첫 순간에 이미 완성되어 있었다

## 1

덩~덩~덩~덩~

머리 위로 시계탑의 종소리가 울려 퍼졌다.

4월의 봄날, 서초동 몽마르뜨공원. 짝을 찾아 흩러다니는 꽃가루가 공원의 하늘을 가득 메우고 있다. 시계탑 파고라 앞에 선 학수가 가쁜 숨을 몰아쉬고 있었다. 연신 재채기를 하던 그의 코끝에서 코피가 흘러나왔다. 하지만 그는 대수롭지 않은 듯 고개를 젖히고, 손으로 쓱 하고 훔쳐내어 입으로 빨아들였다. 그리고 조심조심. 주변을 더듬으며 파고라 기둥의 위치를 확인하고는 자리에 앉아 지팡이를 내려놓았다. 집 앞 언덕 위에 자리한 이 작은 공원은 한때는 눈을 감고도 다닐 수 있을 만큼 그에게 익숙한 공간이었지만 정작 시력을 잃고 난 뒤로는 발걸음 하나, 손짓 하나까지도 신중해질 수밖에 없었다.

그는 무심히 선글라스를 고쳐 쓰며 점퍼 주머니에서 핸드폰을 꺼내 들었다. 시간을 확인하려 버튼을 눌렀지만, 익숙한 음성 안내는 들리지 않았다. 그의 얼굴이 굳어졌다. 볼륨 버튼을 올리고 화면을 두드려봐도 아무런 반응이 없었다. 꺼져 있었다. 그의 입에서 깊은 한숨이 새어 나왔다. 불어를 모르는 그에게 통역 앱은 꼭 필요했다. 하지만 약속 시간이 얼마 남지 않은 지금, 집에 다녀올 여유는 없었다. 어쩔 수 없이 그는 그녀의 핸드폰을 사용하기로 마음을 먹고 자리에 앉아 조용히 그녀를 기다렸다. 몇 시나 되었을까, 그의 얼굴에는 긴장과 설렘이 교차했다.

휘~휘~

습기를 머금은 바람이 공원의 가로수를 흔들었다.

이내 툭.툭. 바람을 타고 빗방울이 떨어지기 시작했다

## 3

*"Ung, allons-y."*

한국에서의 외출은 늘 집 근처 공원 산책이 전부였다. 서래마을, 공원 아래 프랑스타운에 사는 소미는 오늘도 웅이를 앞세워 길을 나섰다. 목적지는 몽마르뜨공원 '시계탑 파고라'. 오늘은 그녀에게 모처럼 약속이 있는 날이었다. 아니, 처음이다. 얼마쯤 나섰을까, 끼잉끼잉. 갑자기 걸음을 멈춰 선 웅이가 아무리 목줄을 당겨도 꼼짝하질 않는다.

툭.툭.
하나둘 얼굴에 부딪히는 빗방울. 소미는 서둘러 집으로 돌아가 우산을 챙겨 들고 다시 길을 나섰다.

빗길을 따라 한참을 걸어 올라 공원 입구에 도착한 그녀. 발걸음을 멈추고 크게 한숨을 내쉬며 숨을 골랐다. 그리고, 몇 시나 되었을까. 핸드폰을 찾으려 주머니를 더듬었다. 텅 빈 안감의 감촉만이 손끝에 전해졌다. 빈 주머니. 아차, 그제야 깨달았다. 우산을 챙기느라, 핸드폰을 신발장 위에 두고 온 것이다. 한국어가 서투른 그녀에게 통역 앱은 꼭 필요했지만, 그와의 약속 시간이 다가오는 지금, 다시 집으로 돌아갈 여유는 없었다. 소미는 선글라스를 고쳐 쓰고 발걸음을 재촉했다.

소미는
안내견 웅이와 함께 매일 오후 이 언덕길을 올랐다.

어제도, 그제도…. 마치 그때의 징검다리처럼. 학수가 이 공원을 자주 찾는다는 사실을 알게 된 뒤로, 그녀의 발걸음은 늘 이곳을 향했다. 어딘가에서 그가 자신을 지켜보고 있다고 생각하며.

## 4

30년이 흘렀다.

그리고 한 달 전, 두 사람은 '보이스랩'이라는 온라인 커뮤니티에서 다시 만났다. 음성채팅이 가능했던 그 대화방은 오래전 교통사고로 시력을 잃은 학수에게 외부 세계와 소통할 수 있는 유일한 창구였다. 한편, 30년 만에 돌아온 고국은 소미에게 너무도 낯설었고, 장애를 지닌 채 새로운 환경에 적응하는 일은 더욱 막막했다. 그런 그녀에게 통역 기능이 있는 그 대화방은 한국의 일상과 정서를 알아갈 수 있는 소중한 통로였다.

누구와도 쉽게 만날 수 없었던 두 사람은

지난 한 달 동안 핸드폰 너머 통역 앱으로 목소리를 주고받으며 서로에게 가장 큰 위안과 희망이 되어갔다. 게다가 얼마 전 계단을 헛디뎌 발목을 다친 학수는 한동안 꼼짝없이 집 안에만 머물러야 했고, 지루한 방 안의 시간 속에서 세상과 이어진 건 오직 그녀의 목소리뿐이었다.

소나기 오던 날,

그날의 체온, 그날의 숨결은 아직도 두 사람의 기억 속에 살아 있었다. 짧지만 깊었던 이들의 어린 시절은 소나기처럼 스쳐 지나갔다. 병으로 쓰러져 여러 날을 앓던 소녀는 결국 이사를 했고, 소년은 끝내 병문안조차 가지 못했다. 그리고 전해진 부고. 단 한마디 소식이 소년의 세상을 송두리째 무너뜨렸다. 그 후로도 그녀를 떠올릴 때마다, 가슴 한켠을 파고드는 미안함과 후회는 오랫동안 그를 괴롭혔다

## 6

소미는 웅이를 따라 시계탑 파고라에 도착했다.

약속 시간에 늦지 않았다는 안도감에 잠시 미소를 지으며 기둥을 더듬어 붙잡았다. 소미가 우산을 접으려 목줄에서 손을 놓자, 웅이는 곧장 벤치에 앉아 있던 학수에게 다가가 그의 손등을 핥았다.

"강아지가 착하네요. 짖지도 않고."

잔떨림이 있는 중저음의 목소리. 그녀에게는 낯설지가 않았다. 하지만 한국어가 서투른 그녀는 그의 말을 온전히 알아들을 수는 없었다.

*"Je suis désolée. Je ne parle pas coréen."*

또랑또랑한 불어 억양. 그동안 핸드폰을 통해 들어 온 목소리의 울림만으로도 학수는 그녀가 소미임을 곧바로 알 수 있었다.

"소미?", *"Haksu?"*

한 사람은 불어로, 한 사람은 한국어로. 태연히 자기 말을 이어가는 두 사람, 서로의 말은 엇갈린 채 공중에 흩어졌다. 소미의 몸짓을 볼 수 없는 학수는 고개를 갸웃하다가, 꺼진 핸드폰을 내밀고 손가락으로 X 표시를 그려 핸드폰을 쓸 수 없다는 뜻을 전했다.

"제 핸드폰이 안 돼요. 소미씨 폰으로 이야기해요."
*"J'ai oublié mon téléphone. Utilisons le vôtre."*

두 혼잣말들,

대화는 내내 엇갈렸다. 마치 같은 실을 잡고도 서로 다른 끝을 좇는 듯,
그들의 말은 평행선을 달리며 서로의 곁을 스쳐 지나갔다.

## 8

"앉아요. 그냥 이야기해요. 제가 다 들어 줄게요."

긴 한숨을 내쉬며 잠시 숨을 고른 학수는 울고 있는 소미를 달래며 웃었다. 한마디 알아들을 수는 없는 학수의 말이었지만, 그렇다고 그녀도 언제까지고 울고만 있을 수는 없었다. 소미는 천천히 마음을 추스르고 그의 목소리에 귀를 기울였다. 그리고 말을 이어갔다.

*"Merci pour le cadeau. Comment avez-vous pu le garder tout ce temps?"*

학수의 목소리에 귀를 기울이던 소미는 한동안 아무 말이 없었다. 조용히 미소를 짓는 학수의 고백과 소망이 이어졌다. 무슨 뜻인지 이해할 수는 없었지만, 그녀의 이름을 나직이 부르던 학수의 목소리에는 분명한 온기가 담겨 있었다. 그리고 그 온기가 소미의 마음을 움직였다.

"저는 소미씨를 저라고 생각해요."

*"Oui?"*

"네, 저요! 세상 누구보다도 아끼고 사랑해야 할 저 자신요."

"……."

"저는 당신을 그렇게 생각해요."

*"Je suis venue ici tous les jours à cette heure-ci."*

"다치지도 말고 아프지도 말아주세요. 늘 이렇게 눈을 감고 기도할게요."

*"Je pensais que vous me regardiez, quelque part."*

"그대의 낮을 밝혀줄 해가 될게요. 그동안 나의 밤을 지켜준 달이셨으니요."

*"Comme je le faisais autrefois."*

## 9

"울지 말아요. 조용히 눈을 감아 봐요. 그럼, 다 들릴 거예요."

파고라 지붕을 때리는 빗소리가 더욱 거세졌다. 공원의 소음은 모두 사라지고, 빗소리만이 두 사람 사이를 채웠다.

"아니면, 어떤 이야기를 해드릴까요?"
*"Je n'ai qu'un seul souhait."*
"그럼, 제 마음을 이야기해도 되나요?"
*"C'est que..."*
"난 어디서도 숨을 쉴게요. 그 숨, 햇살이 될게요."
*"Vous me manquez. Même si je ne peux rien voir…."*
"이 말을 꼭 하고 싶었어요."
*"Je suis heureuse de pouvoir dire cela."*

소미와의 약속.

어쩌면 오늘, 지금 이 만남이 마지막일지도 모른다는 생각이 학수의 가슴을 무겁게 짓눌렀다. 그러나 달리 방법이 없었다. 당장 우산도 없었고, 핸드폰을 충전한다고 집에 다녀올 수도 없었다. 무엇보다 지팡이를 짚고 길을 더듬는 자신의 모습을 그녀에게 보여주고 싶지 않았다. 마른침을 삼키는 그의 귓가에는 나뭇가지를 스치는 바람 소리와 멀리 사람들의 웃음소리만이 들려올 뿐이었다.

## 10

툭, 툭, 툭.

빗소리가 서서히 잦아들었다.

파고라에 앉아 있는 두 사람의 얼굴에 따뜻한 햇볕이 들었다.

"비가 그쳤나 봐요?"

"*Je ne pleurerai plus.*"

"해가 떴나요?"

"*Le soleil est déjà si chaud.*"

"곧 무지개가 뜰 거예요."

"*Je continuerai à attendre.*"

"제가 드리는 선물이에요."

"*Merci. Merci pour tout.*"

"아녜요. 제가 더 고마웠어요. 그대가 있어서 제가 참 좋습니다."

"*Moi aussi.*"

[야 무지개다.]

빨주노초파남보. 몽마르뜨 공원 위로 무지개가 떠올랐다. 어디에 숨어 있다가 뛰어나온 걸까, 공원은 어느새 서로를 부르는 아이들의 목소리로 가득했다. 나뭇가지를 흔들며 불어오는 산들바람, 소미는 바람 사이로 그의 체취를 느끼며 숨을 골랐다. 엎드려 있던 웅이가 일어나 학수의 손등을 핥았다. 학수는 조심스럽게 손을 뻗어 웅이의 머리를 쓰다듬었다. 그러다 그의 손끝이 웅이의 목줄을 쥐고 있는 소미의 손에 닿았다. 멈칫, 잠시 망설이던 그는 그녀의 손을 살며시 잡았다.

어느새 하얀 달.

흩어졌던 일곱 빛 다시 모여 소년과 소녀를 환하게 비추고 있다.

## 5

소녀가 죽었다는 소식은 사실이 아니었다.

그녀는 뇌수막염으로 오랜 기간 투병했지만, 기적처럼 목숨을 건졌다. 그러나 기적은 거기까지였다. 병의 후유증은 그녀의 시력을 앗아갔고, 어머니마저 집을 떠난 뒤, 아버지는 홀로 딸을 감당할 수 없었다. 끝내 그는 마을의 눈을 피해 소녀를 인근 성당에 맡겼고, 소녀는 성당 교우들의 보살핌 속에서 지내게 되었다. 그후, 고향 집마저 처분한 아버지는 읍내에서 작은 잡화점을 맡아 근근이 생계를 이어갔지만, 술과 절망에 짓눌려 살다가 오래지 않아 세상을 떠났다.

그 무렵, 성당을 찾은 프랑스 신부가 그녀의 안타까운 사정을 알게 되었고, 귀국길에 그녀를 데려갔다. 그는 자신을 오랫동안 도와온 파리의 신자 부부에게 상황을 전했고, 부부는 주저 없이 그녀를 입양하기로 했다. 그렇게 소녀는 낯선 도시에서 새로운 이름으로 살아가게 되었다. 고향에는 부고만 남았고, 그녀의 삶은 전혀 다른 길 위에서 이어졌다.

"비 그치면 또 업어줄까요?"

*"En fait, je ⋯."*

오늘이 마지막일지도 모른다.

순간, 소미는 자신이 학수의 얼굴을 볼 수 없다는 현실을 털어놓으려 했다. 하지만 그 말은 입술 끝에서만 맴돌다 삼켜졌다. 어차피 통역 앱이 없는 지금, 그녀의 목소리는 그에게 그저 뜻 모를 소리에 불과할 터였으니. 결국 소미는 한숨을 내쉬며 고개를 저었고, 그녀의 침묵을 알 길이 없는 학수의 목소리만이 빗소리 가득한 파고라 안을 메우고 있었다.

## 7

"비가 오네요. 그때도 비가 왔었는데…."

*"Il pleuvait aussi ce jour-là…."*

쿠구궁~

순간, 천둥이 울리며 귀를 때렸다. 곧이어 굵어진 빗방울이 파고라의 지붕을 세차게 두드렸다. 젖은 옷깃을 여미며 파고라 안쪽으로 가까이 다가선 두 사람, 그러나 세차게 내리치는 빗소리 속에 침묵은 더욱 무겁게 가라앉았다.

빗방울이 점점 굵어졌다. 공원의 빗소리가 파고라를 가득 채우는 사이, 두 사람의 기억 속에서도 비가 내리고 있었다. 소나기를 피해 수숫단 속에 숨었던 날, 비에 젖은 꽃다발을 안고 있던 소녀. 비를 맞으면서도 소녀를 위해 애쓰던 소년. 떨고 있는 소녀의 어깨를 감싸주던 무명 저고리의 감촉. 그의 어깨 위로 피어오르던 하얀 김까지 또렷했다.

물이 불어난 도랑을 건너던 순간, 소년은 등을 내밀었고 소녀는 그의 목을 꼭 끌어안은 채 업혀 건넜다. 그리고 이별을 예감하며 소년에게 건넨 소녀의 대추 한 줌, 소녀에게 건네지 못한 소년의 호두 몇 알.

택배가 도착한 날,

소미는 학수가 보내준 조약돌을 매만지며 한참을 울었다. 그리고 마침내 그의 앞에 선 지금 또다시 서럽게 흐느끼고 있는 것이었다. 그녀의 울음소리에 학수는 순간 멈칫했다. 무슨 말을 해야 할지…. 난감했다, 내일이면 학수는 멀리 이사를 간다. 서로의 목소리가 한 번, 두 번 더 이어졌지만 이내 끊어졌다. 박박박박. 웅이가 다가와 학수의 바짓단을 긁었다.

## 1

덩~덩~덩~덩~

머리 위로 시계탑의 종소리가 울려 퍼졌다.

4월의 봄날, 서초동 몽마르뜨공원. 짝을 찾아 흘러다니는 꽃가루가 공원의 하늘을 가득 메우고 있다. 시계탑 파고라 앞에 선 학수가 가쁜 숨을 몰아쉬고 있었다. 연신 재채기를 하던 그의 코끝에서 코피가 흘러나왔다. 하지만 그는 대수롭지 않은 듯 고개를 젖히고, 손으로 쓱 하고 훔쳐내어 입으로 빨아들였다. 그리고 조심조심. 주변을 더듬으며 파고라 기둥의 위치를 확인하고는 자리에 앉아 지팡이를 내려놓았다. 집 앞 언덕 위에 자리한 이 작은 공원은 한때는 눈을 감고도 다닐 수 있을 만큼 그에게 익숙한 공간이었지만 정작 시력을 잃고 난 뒤로는 발걸음 하나, 손짓 하나까지도 신중해질 수밖에 없었다.

그는 무심히 선글라스를 고쳐 쓰며 점퍼 주머니에서 핸드폰을 꺼내 들었다. 시간을 확인하려 버튼을 눌렀지만, 익숙한 음성 안내는 들리지 않았다. 그의 얼굴이 굳어졌다. 볼륨 버튼을 올리고 화면을 두드려봐도 아무런 반응이 없었다. 꺼져 있었다. 그의 입에서 깊은 한숨이 새어 나왔다. 불어를 모르는 그에게 통역 앱은 꼭 필요했다. 하지만 약속 시간이 얼마 남지 않은 지금, 집에 다녀올 여유는 없었다. 어쩔 수 없이 그는 그녀의 핸드폰을 사용하기로 마음을 먹고 자리에 앉아 조용히 그녀를 기다렸다. 몇 시나 되었을까, 그의 얼굴에는 긴장과 설렘이 교차했다.

휘~휘~

습기를 머금은 바람이 공원의 가로수를 흔들었다.

이내 툭.툭. 바람을 타고 빗방울이 떨어지기 시작했다.

Shuffle 13

6257180493

# 내일도 모레도

진정한 사랑은 무지개가 사라진 후에도 매일 같은 길을 오르는 것

# 6

소미는 웅이를 따라 시계탑 파고라에 도착했다.

약속 시간에 늦지 않았다는 안도감에 잠시 미소를 지으며 기둥을 더듬어 붙잡았다. 소미가 우산을 접으려 목줄에서 손을 놓자, 웅이는 곧장 벤치에 앉아 있던 학수에게 다가가 그의 손등을 핥았다.

"강아지가 착하네요. 짖지도 않고."

잔떨림이 있는 중저음의 목소리. 그녀에게는 낯설지가 않았다. 하지만 한국어가 서투른 그녀는 그의 말을 온전히 알아들을 수는 없었다.

"*Je suis désolée. Je ne parle pas coréen.*"

또랑또랑한 불어 억양. 그동안 핸드폰을 통해 들어 온 목소리의 울림만으로도 학수는 그녀가 소미임을 곧바로 알 수 있었다.

"소미?", "*Haksu?*"

한 사람은 불어로, 한 사람은 한국어로. 태연히 자기 말을 이어가는 두 사람, 서로의 말은 엇갈린 채 공중에 흩어졌다. 소미의 몸짓을 볼 수 없는 학수는 고개를 갸웃하다가, 꺼진 핸드폰을 내밀고 손가락으로 X 표시를 그려 핸드폰을 쓸 수 없다는 뜻을 전했다.

"제 핸드폰이 안 돼요. 소미씨 폰으로 이야기해요."
"*J'ai oublié mon téléphone. Utilisons le vôtre.*"

두 혼잣말들,

대화는 내내 엇갈렸나. 마치 같은 실을 잡고도 서로 다른 끝을 좇는 듯,
그들의 말은 평행선을 달리며 서로의 곁을 스쳐 지나갔다.

## 2

답답한 마음에 발만 동동 구르던 소미는

결국 주머니에서 작은 조약돌을 꺼내 학수에게 내밀었다. 손바닥 위에 놓인 조약돌을 쓸어보는 그녀의 눈에서 눈물이 뚝뚝 흘러내렸다. 30년 전, 어린 시절 그녀가 학수를 향해 던졌던 그 조약돌. 학수는 그 돌을 여태껏 보관해 오다가 얼마 전 우편으로 그녀에게 보내주었다.

맑은 가을 하늘 아래, 징검다리에서 물장난을 치던 소녀와 그녀를 바라보며 개울둑에 앉아 있던 소년. 초등학교 5학년, 열세 살. 어릴 적 기억이 동시에 두 사람의 가슴을 파고들었다. 소년을 향해 "바보"라며 조약돌을 던지던 소녀, 그리고 그 돌을 주머니에 넣어 오래도록 간직했던 소년.

어느 날, 학수는 오래도록 보물처럼 간직해 온 조약돌 이야기를 꺼냈다. 천천히 그 돌에 얽힌 기억을 더듬고 있을 때였다. 이야기가 끝난 한참 뒤, 마치 응답이라도 하듯 어디선가 또렷하면서도 낯선 목소리가 흘러나왔다. 불어 억양이 묻어나는 한국말로, 짧게, 그러나 분명하게 말했다. "안녕." 그녀가 바로 소미였다. 그날 이후, 하루에도 몇 번씩 통역 앱을 이용하여 둘만의 길고 긴 대화가 시작되었다. 그렇게 학수는 그녀가 프랑스 국적을 갖게 된 사연도, 지금은 학수의 집 근처 프랑스타운에 살고 있다는 것도, 자신이 자주 오는 이 공원에 가끔씩 산책을 온다는 사실도 알게 되었다.

어쩌면,

두 사람은 그동안 이 공원에서 여러 번 스쳐 지나쳤을지도 모른다.

## 5

소녀가 죽었다는 소식은 사실이 아니었다.

그녀는 뇌수막염으로 오랜 기간 투병했지만, 기적처럼 목숨을 건졌다. 그러나 기적은 거기까지였다. 병의 후유증은 그녀의 시력을 앗아갔고, 어머니마저 집을 떠난 뒤, 아버지는 홀로 딸을 감당할 수 없었다. 끝내 그는 마을의 눈을 피해 소녀를 인근 성당에 맡겼고, 소녀는 싱당 교우들의 보살핌 속에서 지내게 되었다. 그후, 고향 집마저 처분한 아버지는 읍내에서 작은 잡화점을 맡아 근근이 생계를 이어갔지만, 술과 절망에 짓눌려 살다가 오래지 않아 세상을 떠났다.

그 무렵, 성당을 찾은 프랑스 신부가 그녀의 안타까운 사정을 알게 되었고, 귀국길에 그녀를 데려갔다. 그는 자신을 오랫동안 도와온 파리의 신자 부부에게 상황을 전했고, 부부는 주저 없이 그녀를 입양하기로 했다. 그렇게 소녀는 낯선 도시에서 새로운 이름으로 살아가게 되었다. 고향에는 부고만 남았고, 그녀의 삶은 전혀 다른 길 위에서 이어졌다.

"비 그치면 또 업어줄까요?"

*"En fait, je …."*

오늘이 마지막일지도 모른다.

순간, 소미는 자신이 학수의 얼굴을 볼 수 없다는 현실을 털어놓으려 했다. 하지만 그 말은 입술 끝에서만 맴돌다 삼켜졌다. 어차피 통역 앱이 없는 지금, 그녀의 목소리는 그에게 그저 뜻 모를 소리에 불과할 터였으니. 결국 소미는 한숨을 내쉬며 고개를 저었고, 그녀의 침묵을 알 길이 없는 학수의 목소리만이 빗소리 가득한 파고라 안을 메우고 있었다.

## 7

"비가 오네요. 그때도 비가 왔었는데…."

"*Il pleuvait aussi ce jour-là…*."

쿠구궁~

순간, 천둥이 울리며 귀를 때렸다. 곧이어 굵어진 빗방울이 파고라의 지붕을 세차게 두드렸다. 젖은 옷깃을 여미며 파고라 안쪽으로 가까이 다가선 두 사람, 그러나 세차게 내리치는 빗소리 속에 침묵은 더욱 무겁게 가라앉았다.

빗방울이 점점 굵어졌다. 공원의 빗소리가 파고라를 가득 채우는 사이, 두 사람의 기억 속에서도 비가 내리고 있었다. 소나기를 피해 수숫단 속에 숨었던 날, 비에 젖은 꽃다발을 안고 있던 소녀. 비를 맞으면서도 소녀를 위해 애쓰던 소년. 떨고 있는 소녀의 어깨를 감싸주던 무명 저고리의 감촉. 그의 어깨 위로 피어오르던 하얀 김까지 또렷했다.

물이 불어난 도랑을 건너던 순간, 소년은 등을 내밀었고 소녀는 그의 목을 꼭 끌어안은 채 업혀 건넜다. 그리고 이별을 예감하며 소년에게 건넨 소녀의 대추 한 줌, 소녀에게 건네지 못한 소년의 호두 몇 알.

택배가 도착한 날,

소미는 학수가 보내준 조약돌을 매만지며 한참을 울었다. 그리고 마침내 그의 앞에 선 지금 또다시 서럽게 흐느끼고 있는 것이었다. 그녀의 울음소리에 학수는 순간 멈칫했다. 무슨 말을 해야 할지…. 난감했다, 내일이면 학수는 멀리 이사를 간다. 서로의 목소리가 한 번, 두 번 더 이어졌지만 이내 끊어졌다. 박박박박. 웅이가 다가와 학수의 바짓단을 긁었다.

## 1

덩~뎅~뎅~뎅~

머리 위로 시계탑의 종소리가 울려 퍼졌다.

4월의 봄날, 서초동 몽마르뜨공원. 짝을 찾아 흘러다니는 꽃가루가 공원의 하늘을 가득 메우고 있다. 시계탑 파고라 앞에 선 학수가 가쁜 숨을 몰아쉬고 있었다. 연신 재채기를 하던 그의 코끝에서 코피가 흘러나왔다. 하지만 그는 대수롭지 않은 듯 고개를 젖히고, 손으로 쓱 하고 훔쳐내어 입으로 빨아들였다. 그리고 조심조심. 주변을 더듬으며 파고라 기둥의 위치를 확인하고는 자리에 앉아 지팡이를 내려놓았다. 집 앞 언덕 위에 자리한 이 작은 공원은 한때는 눈을 감고도 다닐 수 있을 만큼 그에게 익숙한 공간이었지만 정작 시력을 잃고 난 뒤로는 발걸음 하나, 손짓 하나까지도 신중해질 수밖에 없었다.

그는 무심히 선글라스를 고쳐 쓰며 점퍼 주머니에서 핸드폰을 꺼내 들었다. 시간을 확인하려 버튼을 눌렀지만, 익숙한 음성 안내는 들리지 않았다. 그의 얼굴이 굳어졌다. 볼륨 버튼을 올리고 화면을 두드려봐도 아무런 반응이 없었다. 꺼져 있었다. 그의 입에서 깊은 한숨이 새어 나왔다. 불어를 모르는 그에게 통역 앱은 꼭 필요했다. 하지만 약속 시간이 얼마 남지 않은 지금, 집에 다녀올 여유는 없었다. 어쩔 수 없이 그는 그녀의 핸드폰을 사용하기로 마음을 먹고 자리에 앉아 조용히 그녀를 기다렸다. 몇 시나 되었을까, 그의 얼굴에는 긴장과 설렘이 교차했다.

휘~휘~

습기를 머금은 바람이 공원의 가로수를 흔들었다.

이내 툭.툭. 바람을 타고 빗방울이 떨어지기 시작했다.

# 8

"앉아요. 그냥 이야기해요. 제가 다 들어 줄게요."

긴 한숨을 내쉬며 잠시 숨을 고른 학수는 울고 있는 소미를 달래며 웃었다. 한마디 알아들을 수는 없는 학수의 말이었지만, 그렇다고 그녀도 언제까지고 울고만 있을 수는 없었다. 소미는 천천히 마음을 추스르고 그의 목소리에 귀를 기울였다. 그리고 말을 이어갔다.

*"Merci pour le cadeau. Comment avez-vous pu le garder tout ce temps?"*

학수의 목소리에 귀를 기울이던 소미는 한동안 아무 말이 없었다. 조용히 미소를 짓는 학수의 고백과 소망이 이어졌다. 무슨 뜻인지 이해할 수는 없었지만, 그녀의 이름을 나직이 부르던 학수의 목소리에는 분명한 온기가 담겨 있었다. 그리고 그 온기가 소미의 마음을 움직였다.

"저는 소미씨를 저라고 생각해요."
*"Oui?"*
"네, 저요! 세상 누구보다도 아끼고 사랑해야 할 저 자신요."
"……."
"저는 당신을 그렇게 생각해요."
*"Je suis venue ici tous les jours à cette heure-ci."*
"다치지도 말고 아프지도 말아주세요. 늘 이렇게 눈을 감고 기도할게요."
*"Je pensais que vous me regardiez, quelque part."*
"그대의 낮을 밝혀줄 해가 될게요. 그동안 나의 밤을 지켜준 달이셨으니요."
*"Comme je le faisais autrefois."*

## 10

툭, 툭, 툭.
빗소리가 서서히 잦아들었다.
파고라에 앉아 있는 두 사람의 얼굴에 따뜻한 햇볕이 들었다.

"비가 그쳤나 봐요?"
"*Je ne pleurerai plus.*"
"해가 떴나요?"
"*Le soleil est déjà si chaud.*"
"곧 무지개가 뜰 거예요."
"*Je continuerai à attendre.*"
"제가 드리는 선물이에요."
"*Merci. Merci pour tout.*"
"아녜요. 제가 더 고마웠어요. 그대가 있어서 제가 참 좋습니다."
"*Moi aussi.*"

[야 무지개다.]

빨주노초파남보. 몽마르뜨 공원 위로 무지개가 떠올랐다. 어디에 숨어 있다가 뛰어나온 걸까, 공원은 어느새 서로를 부르는 아이들의 목소리로 가득했다. 나뭇가지를 흔들며 불어오는 산들바람, 소미는 바람 사이로 그의 체취를 느끼며 숨을 골랐다. 엎드려 있던 웅이가 일어나 학수의 손등을 핥았다. 학수는 조심스럽게 손을 뻗어 웅이의 머리를 쓰다듬었다. 그러다 그의 손끝이 웅이의 목줄을 쥐고 있는 소미의 손에 닿았다. 멈칫, 잠시 망설이던 그는 그녀의 손을 살며시 잡았다.

어느새 하얀 달.
흩어졌던 일곱 빛 다시 모여 소년과 소녀를 환하게 비추고 있다.

## 4

30년이 흘렀다.

그리고 한 달 전, 두 사람은 '보이스랩'이라는 온라인 커뮤니티에서 다시 만났다. 음성채팅이 가능했던 그 대화방은 오래전 교통사고로 시력을 잃은 학수에게 외부 세계와 소통할 수 있는 유일한 창구였다. 한편, 30년 만에 돌아온 고국은 소미에게 너무도 낯설었고, 장애를 지닌 채 새로운 환경에 적응하는 일은 더욱 막막했다. 그런 그녀에게 통역 기능이 있는 그 대화방은 한국의 일상과 정서를 알아갈 수 있는 소중한 통로였다.

누구와도 쉽게 만날 수 없었던 두 사람은

지난 한 달 동안 핸드폰 너머 통역 앱으로 목소리를 주고받으며 서로에게 가장 큰 위안과 희망이 되어갔다. 게다가 얼마 전 계단을 헛디뎌 발목을 다친 학수는 한동안 꼼짝없이 집 안에만 머물러야 했고, 지루한 방 안의 시간 속에서 세상과 이어진 건 오직 그녀의 목소리뿐이었다.

소나기 오던 날,

그날의 체온, 그날의 숨결은 아직도 두 사람의 기억 속에 살아 있었다. 짧지만 깊었던 이들의 어린 시절은 소나기처럼 스쳐 지나갔다. 병으로 쓰러져 여러 날을 앓던 소녀는 결국 이사를 했고, 소년은 끝내 병문안조차 가지 못했다. 그리고 전해진 부고. 단 한마디 소식이 소년의 세상을 송두리째 무너뜨렸다. 그 후로도 그녀를 떠올릴 때마다, 가슴 한켠을 파고드는 미안함과 후회는 오랫동안 그를 괴롭혔다.

# 9

"울지 말아요. 조용히 눈을 감아 봐요. 그럼, 다 들릴 거예요."

파고라 지붕을 때리는 빗소리가 더욱 거세졌다. 공원의 소음은 모두 사라지고, 빗소리만이 두 사람 사이를 채웠다.

"아니면, 어떤 이야기를 해드릴까요?"

*"Je n'ai qu'un seul souhait."*

"그럼, 제 마음을 이야기해도 되나요?"

*"C'est que..."*

"난 어디서도 숨을 쉴게요. 그 숨, 햇살이 될게요."

*"Vous me manquez. Même si je ne peux rien voir⋯."*

"이 말을 꼭 하고 싶었어요."

*"Je suis heureuse de pouvoir dire cela."*

소미와의 약속.

어쩌면 오늘, 지금 이 만남이 마지막일지도 모른다는 생각이 학수의 가슴을 무겁게 짓눌렀다. 그러나 달리 방법이 없었다. 당장 우산도 없었고, 핸드폰을 충전한다고 집에 다녀올 수도 없었다. 무엇보다 지팡이를 짚고 길을 더듬는 자신의 모습을 그녀에게 보여주고 싶지 않았다. 마른침을 삼키는 그의 귓가에는 나뭇가지를 스치는 바람 소리와 멀리 사람들의 웃음소리만이 들려올 뿐이었다.

## 3

*"Ung, allons-y."*

한국에서의 외출은 늘 집 근처 공원 산책이 전부였다. 서래마을, 공원 아래 프랑스타운에 사는 소미는 오늘도 웅이를 앞세워 길을 나섰다. 목적지는 몽마르뜨공원 '시계탑 파고라'. 오늘은 그녀에게 모처럼 약속이 있는 날이었다. 아니, 처음이다. 얼마쯤 나섰을까, 끼잉끼잉. 갑자기 걸음을 멈춰 선 웅이가 아무리 목줄을 당겨도 꼼짝하질 않는다.

툭.툭.
하나둘 얼굴에 부딪히는 빗방울. 소미는 서둘러 집으로 돌아가 우산을 챙겨
들고 다시 길을 나섰다.

빗길을 따라 한참을 걸어 올라 공원 입구에 도착한 그녀. 발걸음을 멈추고 크게 한숨을 내쉬며 숨을 골랐다. 그리고, 몇 시나 되었을까. 핸드폰을 찾으려 주머니를 더듬었다. 텅 빈 안감의 감촉만이 손끝에 전해졌다. 빈 주머니. 아차, 그제야 깨달았다. 우산을 챙기느라, 핸드폰을 신발장 위에 두고 온 것이다. 한국어가 서투른 그녀에게 통역 앱은 꼭 필요했지만, 그와의 약속 시간이 다가오는 지금, 다시 집으로 돌아갈 여유는 없었다. 소미는 선글라스를 고쳐 쓰고 발걸음을 재촉했다.

소미는
안내견 웅이와 함께 매일 오후 이 언덕길을 올랐다.

어제도, 그제도…. 마치 그때의 징검다리처럼. 학수가 이 공원을 자주 찾는다는 사실을 알게 된 뒤로, 그녀의 발걸음은 늘 이곳을 향했다. 어딘가에서 그가 자신을 지켜보고 있다고 생각하며.

Shuffle 14

2751368904

# 온라인에 남은 우리

현실의 만남은 끝나도 디지털 공간에서 영원히 존재한다

## 2

답답한 마음에 발만 동동 구르던 소미는

결국 주머니에서 작은 조약돌을 꺼내 학수에게 내밀었다. 손바닥 위에 놓인 조약돌을 쓸어보는 그녀의 눈에서 눈물이 뚝뚝 흘러내렸다. 30년 전, 어린 시절 그녀가 학수를 향해 던졌던 그 조약돌. 학수는 그 돌을 여태껏 보관해 오다가 얼마 전 우편으로 그녀에게 보내주었다.

맑은 가을 하늘 아래, 징검다리에서 물장난을 치던 소녀와 그녀를 바라보며 개울둑에 앉아 있던 소년. 초등학교 5학년, 열세 살. 어릴 적 기억이 동시에 두 사람의 가슴을 파고들었다. 소년을 향해 "바보"라며 조약돌을 던지던 소녀, 그리고 그 돌을 주머니에 넣어 오래도록 간직했던 소년.

어느 날, 학수는 오래도록 보물처럼 간직해 온 조약돌 이야기를 꺼냈다. 천천히 그 돌에 얽힌 기억을 더듬고 있을 때였다. 이야기가 끝난 한참 뒤, 마치 응답이라도 하듯 어디선가 또렷하면서도 낯선 목소리가 흘러나왔다. 불어 억양이 묻어나는 한국말로, 짧게, 그러나 분명하게 말했다. "안녕." 그녀가 바로 소미였다. 그날 이후, 하루에도 몇 번씩 통역 앱을 이용하여 둘만의 길고 긴 대화가 시작되었다. 그렇게 학수는 그녀가 프랑스 국적을 갖게 된 사연도, 지금은 학수의 집 근처 프랑스타운에 살고 있다는 것도, 자신이 자주 오는 이 공원에 가끔씩 산책을 온다는 사실도 알게 되었다.

어쩌면,

두 사람은 그동안 이 공원에서 여러 번 스쳐 지나쳤을지도 모른다.

## 7

"비가 오네요. 그때도 비가 왔었는데…."

*"Il pleuvait aussi ce jour-là…."*

쿠구궁~

순간, 천둥이 울리며 귀를 때렸다. 곧이어 굵어진 빗방울이 파고라의 지붕을 세차게 두드렸다. 젖은 옷깃을 여미며 파고라 안쪽으로 가까이 다가선 두 사람, 그러나 세차게 내리치는 빗소리 속에 침묵은 더욱 무겁게 가라앉았다.

빗방울이 점점 굵어졌다. 공원의 빗소리가 파고라를 가득 채우는 사이, 두 사람의 기억 속에서도 비가 내리고 있었다. 소나기를 피해 수숫단 속에 숨었던 날, 비에 젖은 꽃다발을 안고 있던 소녀. 비를 맞으면서도 소녀를 위해 애쓰던 소년. 떨고 있는 소녀의 어깨를 감싸주던 무명 저고리의 감촉. 그의 어깨 위로 피어오르던 하얀 김까지 또렷했다.

물이 불어난 도랑을 건너던 순간, 소년은 등을 내밀었고 소녀는 그의 목을 꼭 끌어안은 채 업혀 건넜다. 그리고 이별을 예감하며 소년에게 건넨 소녀의 대추 한 줌, 소녀에게 건네지 못한 소년의 호두 몇 알.

택배가 도착한 날,

소미는 학수가 보내준 조약돌을 매만지며 한참을 울었다. 그리고 마침내 그의 앞에 선 지금 또다시 서럽게 흐느끼고 있는 것이었다. 그녀의 울음소리에 학수는 순간 멈칫했다. 무슨 말을 해야 할지…. 난감했다, 내일이면 학수는 멀리 이사를 간다. 서로의 목소리가 한 번, 두 번 더 이어졌지만 이내 끊어졌다. 박박박박. 웅이가 다가와 학수의 바짓단을 긁었다.

## 5

소녀가 죽었다는 소식은 사실이 아니었다.

그녀는 뇌수막염으로 오랜 기간 투병했지만, 기적처럼 목숨을 건졌다. 그러나 기적은 거기까지였다. 병의 후유증은 그녀의 시력을 앗아갔고, 어머니마저 집을 떠난 뒤, 아버지는 홀로 딸을 감당할 수 없었다. 끝내 그는 마을의 눈을 피해 소녀를 인근 성당에 맡겼고, 소녀는 성당 교우들의 보살핌 속에서 지내게 되었다. 그후, 고향 집마저 처분한 아버지는 읍내에서 작은 잡화점을 맡아 근근이 생계를 이어갔지만, 술과 절망에 짓눌려 살다가 오래지 않아 세상을 떠났다.

그 무렵, 성당을 찾은 프랑스 신부가 그녀의 안타까운 사정을 알게 되었고, 귀국길에 그녀를 데려갔다. 그는 자신을 오랫동안 도와온 파리의 신자 부부에게 상황을 전했고, 부부는 주저 없이 그녀를 입양하기로 했다. 그렇게 소녀는 낯선 도시에서 새로운 이름으로 살아가게 되었다. 고향에는 부고만 남았고, 그녀의 삶은 전혀 다른 길 위에서 이어졌다.

"비 그치면 또 업어줄까요?"

*"En fait, je ⋯."*

오늘이 마지막일지도 모른다.

순간, 소미는 자신이 학수의 얼굴을 볼 수 없다는 현실을 털어놓으려 했다. 하지만 그 말은 입술 끝에서만 맴돌다 삼켜졌다. 어차피 통역 앱이 없는 지금, 그녀의 목소리는 그에게 그저 뜻 모를 소리에 불과할 터였으니. 결국 소미는 한숨을 내쉬며 고개를 저었고, 그녀의 침묵을 알 길이 없는 학수의 목소리만이 빗소리 가득한 파고라 안을 메우고 있었다.

## 1

뎅~뎅~뎅~뎅~

머리 위로 시계탑의 종소리가 울려 퍼졌다.

4월의 봄날, 서초동 몽마르뜨공원. 짝을 찾아 흘러다니는 꽃가루가 공원의 하늘을 가득 메우고 있다. 시계탑 파고라 앞에 선 학수가 가쁜 숨을 몰아쉬고 있었다. 연신 재채기를 하던 그의 코끝에서 코피가 흘러나왔다. 하지만 그는 대수롭지 않은 듯 고개를 젖히고, 손으로 쓱 하고 훔쳐내어 입으로 빨아들였다. 그리고 조심조심. 주변을 더듬으며 파고라 기둥의 위치를 확인하고는 자리에 앉아 지팡이를 내려놓았다. 집 앞 언덕 위에 자리한 이 작은 공원은 한때는 눈을 감고도 다닐 수 있을 만큼 그에게 익숙한 공간이었지만 정작 시력을 잃고 난 뒤로는 발걸음 하나, 손짓 하나까지도 신중해질 수밖에 없었다.

그는 무심히 선글라스를 고쳐 쓰며 점퍼 주머니에서 핸드폰을 꺼내 들었다. 시간을 확인하려 버튼을 눌렀지만, 익숙한 음성 안내는 들리지 않았다. 그의 얼굴이 굳어졌다. 볼륨 버튼을 올리고 화면을 두드려봐도 아무런 반응이 없었다. 꺼져 있었다. 그의 입에서 깊은 한숨이 새어 나왔다. 불어를 모르는 그에게 통역 앱은 꼭 필요했다. 하지만 약속 시간이 얼마 남지 않은 지금, 집에 다녀올 여유는 없었다. 어쩔 수 없이 그는 그녀의 핸드폰을 사용하기로 마음을 먹고 자리에 앉아 조용히 그녀를 기다렸다. 몇 시나 되었을까, 그의 얼굴에는 긴장과 설렘이 교차했다.

휘~휘~

습기를 머금은 바람이 공원의 가로수를 흔들었다.

이내 툭.툭. 바람을 타고 빗방울이 떨어지기 시작했다.

## 3

*"Ung, allons-y."*

한국에서의 외출은 늘 집 근처 공원 산책이 전부였다. 서래마을, 공원 아래 프랑스타운에 사는 소미는 오늘도 웅이를 앞세워 길을 나섰다. 목적지는 몽마르뜨공원 '시계탑 파고라'. 오늘은 그녀에게 모처럼 약속이 있는 날이었다. 아니, 처음이다. 얼마쯤 나섰을까, 끼잉끼잉. 갑자기 걸음을 멈춰 선 웅이가 아무리 목줄을 당겨도 꼼짝하질 않는다.

툭.툭.
하나둘 얼굴에 부딪히는 빗방울. 소미는 서둘러 집으로 돌아가 우산을 챙겨 들고 다시 길을 나섰다.

빗길을 따라 한참을 걸어 올라 공원 입구에 도착한 그녀. 발걸음을 멈추고 크게 한숨을 내쉬며 숨을 골랐다. 그리고, 몇 시나 되었을까. 핸드폰을 찾으려 주머니를 더듬었다. 텅 빈 안감의 감촉만이 손끝에 전해졌다. 빈 주머니. 아차, 그제야 깨달았다. 우산을 챙기느라, 핸드폰을 신발장 위에 두고 온 것이다. 한국어가 서투른 그녀에게 통역 앱은 꼭 필요했지만, 그와의 약속 시간이 다가오는 지금, 다시 집으로 돌아갈 여유는 없었다. 소미는 선글라스를 고쳐 쓰고 발걸음을 재촉했다.

소미는
안내견 웅이와 함께 매일 오후 이 언덕길을 올랐다.

어제도, 그제도…, 마치 그때의 징검다리처럼. 학수가 이 공원을 자주 찾는다는 사실을 알게 된 뒤로, 그녀의 발걸음은 늘 이곳을 향했다. 어딘가에서 그가 자신을 지켜보고 있다고 생각하며.

## 6

소미는 웅이를 따라 시계탑 파고라에 도착했다.

약속 시간에 늦지 않았다는 안도감에 잠시 미소를 지으며 기둥을 더듬어 붙잡았다. 소미가 우산을 접으려 목줄에서 손을 놓자, 웅이는 곧장 벤치에 앉아 있던 학수에게 다가가 그의 손등을 핥았다.

"강아지가 착하네요. 짖지도 않고."

잔떨림이 있는 중저음의 목소리. 그녀에게는 낯설지가 않았다. 하지만 한국어가 서투른 그녀는 그의 말을 온전히 알아들을 수는 없었다.

*"Je suis désolée. Je ne parle pas coréen."*

또랑또랑한 불어 억양. 그동안 핸드폰을 통해 들어 온 목소리의 울림만으로도 학수는 그녀가 소미임을 곧바로 알 수 있었다.

"소미?", *"Haksu?"*

한 사람은 불어로, 한 사람은 한국어로. 태연히 자기 말을 이어가는 두 사람, 서로의 말은 엇갈린 채 공중에 흩어졌다. 소미의 몸짓을 볼 수 없는 학수는 고개를 갸웃하다가, 꺼진 핸드폰을 내밀고 손가락으로 X 표시를 그려 핸드폰을 쓸 수 없다는 뜻을 전했다.

"제 핸드폰이 안 돼요. 소미씨 폰으로 이야기해요."
*"J'ai oublié mon téléphone. Utilisons le vôtre."*

두 혼잣말들,

대화는 내내 엇갈렸다. 마치 같은 실을 잡고도 서로 다른 끝을 좇는 듯,
그들의 말은 평행선을 달리며 서로의 결을 스쳐 지나갔다.

"앉아요. 그냥 이야기해요. 제가 다 들어 줄게요."

긴 한숨을 내쉬며 잠시 숨을 고른 학수는 울고 있는 소미를 달래며 웃었다. 한마디 알아들을 수는 없는 학수의 말이었지만, 그렇다고 그녀도 언제까지고 울고만 있을 수는 없었다. 소미는 천천히 마음을 추스르고 그의 목소리에 귀를 기울였다. 그리고 말을 이어갔다.

*"Merci pour le cadeau. Comment avez-vous pu le garder tout ce temps?"*

학수의 목소리에 귀를 기울이던 소미는 한동안 아무 말이 없었다. 조용히 미소를 짓는 학수의 고백과 소망이 이어졌다. 무슨 뜻인지 이해할 수는 없었지만, 그녀의 이름을 나직이 부르던 학수의 목소리에는 분명한 온기가 담겨 있었다. 그리고 그 온기가 소미의 마음을 움직였다.

"저는 소미씨를 저라고 생각해요."

*"Oui?"*

"네, 저요! 세상 누구보다도 아끼고 사랑해야 할 저 자신요."

"……."

"저는 당신을 그렇게 생각해요."

*"Je suis venue ici tous les jours à cette heure-ci."*

"다치지도 말고 아프지도 말아주세요. 늘 이렇게 눈을 감고 기도할게요."

*"Je pensais que vous me regardiez, quelque part."*

"그대의 낮을 밝혀줄 해가 될게요. 그동안 나의 밤을 지켜준 달이셨으니요."

*"Comme je le faisais autrefois."*

## 9

"울지 말아요. 조용히 눈을 감아 봐요. 그럼, 다 들릴 거예요."

파고라 지붕을 때리는 빗소리가 더욱 거세졌다. 공원의 소음은 모두 사라지고, 빗소리만이 두 사람 사이를 채웠다.

"아니면, 어떤 이야기를 해드릴까요?"

*"Je n'ai qu'un seul souhait."*

"그럼, 제 마음을 이야기해도 되나요?"

*"C'est que..."*

"난 어디서도 숨을 쉴게요. 그 숨, 햇살이 될게요."

*"Vous me manquez. Même si je ne peux rien voir…."*

"이 말을 꼭 하고 싶었어요."

*"Je suis heureuse de pouvoir dire cela."*

소미와의 약속.

어쩌면 오늘, 지금 이 만남이 마지막일지도 모른다는 생각이 학수의 가슴을 무겁게 짓눌렀다. 그러나 달리 방법이 없었다. 당장 우산도 없었고, 핸드폰을 충전한다고 집에 다녀올 수도 없었다. 무엇보다 지팡이를 짚고 길을 더듬는 자신의 모습을 그녀에게 보여주고 싶지 않았다. 마른침을 삼키는 그의 귓가에는 나뭇가지를 스치는 바람 소리와 멀리 사람들의 웃음소리만이 들려올 뿐이었다.

## 10

툭, 툭, 툭.

빗소리가 서서히 잦아들었다.

파고라에 앉아 있는 두 사람의 얼굴에 따뜻한 햇볕이 들었다.

"비가 그쳤나 봐요?"

"*Je ne pleurerai plus.*"

"해가 떴나요?"

"*Le soleil est déjà si chaud.*"

"곧 무지개가 뜰 거예요."

"*Je continuerai à attendre.*"

"제가 드리는 선물이에요."

"*Merci. Merci pour tout.*"

"아녜요. 제가 더 고마웠어요. 그대가 있어서 제가 참 좋습니다."

"*Moi aussi.*"

[야 무지개다.]

빨주노초파남보. 몽마르뜨 공원 위로 무지개가 떠올랐다. 어디에 숨어 있다가 뛰어나온 걸까, 공원은 어느새 서로를 부르는 아이들의 목소리로 가득했다. 나뭇가지를 흔들며 불어오는 산들바람, 소미는 바람 사이로 그의 체취를 느끼며 숨을 골랐다. 엎드려 있던 웅이가 일어나 학수의 손등을 핥았다. 학수는 조심스럽게 손을 뻗어 웅이의 머리를 쓰다듬었다. 그러다 그의 손끝이 웅이의 목줄을 쥐고 있는 소미의 손에 닿았다. 멈칫, 잠시 망설이던 그는 그녀의 손을 살며시 잡았다.

어느새 하얀 달.

흩어졌던 일곱 빛 다시 모여 소년과 소녀를 환하게 비추고 있다.

## 4

30년이 흘렀다.

그리고 한 달 전, 두 사람은 '보이스램'이라는 온라인 커뮤니티에서 다시 만났다. 음성채팅이 가능했던 그 대화방은 오래전 교통사고로 시력을 잃은 학수에게 외부 세계와 소통할 수 있는 유일한 창구였다. 한편, 30년 만에 돌아온 고국은 소미에게 너무도 낯설었고, 장애를 지닌 채 새로운 환경에 적응하는 일은 더욱 막막했다. 그런 그녀에게 통역 기능이 있는 그 대화방은 한국의 일상과 정서를 알아갈 수 있는 소중한 통로였다.

누구와도 쉽게 만날 수 없었던 두 사람은

지난 한 달 동안 핸드폰 너머 통역 앱으로 목소리를 주고받으며 서로에게 가장 큰 위안과 희망이 되어갔다. 게다가 얼마 전 계단을 헛디뎌 발목을 다친 학수는 한동안 꼼짝없이 집 안에만 머물러야 했고, 지루한 방 안의 시간 속에서 세상과 이어진 건 오직 그녀의 목소리뿐이었다.

소나기 오던 날,

그날의 체온, 그날의 숨결은 아직도 두 사람의 기억 속에 살아 있었다. 짧지만 깊었던 이들의 어린 시절은 소나기처럼 스쳐 지나갔다. 병으로 쓰러져 여러 날을 앓던 소녀는 결국 이사를 했고, 소년은 끝내 병문안조차 가지 못했다. 그리고 전해진 부고. 단 한마디 소식이 소년의 세상을 송두리째 무너뜨렸다. 그 후로도 그녀를 떠올릴 때마다, 가슴 한켠을 파고드는 미안함과 후회는 오랫동안 그를 괴롭혔다.

Shuffle 15

0831692745

# 정말 거기 있었을까

모든 아름다운 순간은 상실의 그림자를 품고 있다

# 10

톡, 톡, 톡.

빗소리가 서서히 잦아들었다.

파고라에 앉아 있는 두 사람의 얼굴에 따뜻한 햇볕이 들었다.

"비가 그쳤나 봐요?"

*"Je ne pleurerai plus."*

"해가 떴나요?"

*"Le soleil est déjà si chaud."*

"곧 무지개가 뜰 거예요."

*"Je continuerai à attendre."*

"제가 드리는 선물이에요."

*"Merci. Merci pour tout."*

"아녜요. 제가 더 고마웠어요. 그대가 있어서 제가 참 좋습니다."

*"Moi aussi."*

[야 무지개다.]

빨주노초파남보. 몽마르뜨 공원 위로 무지개가 떠올랐다. 어디에 숨어 있다가 뛰어나온 걸까, 공원은 어느새 서로를 부르는 아이들의 목소리로 가득했다. 나뭇가지를 흔들며 불어오는 산들바람, 소미는 바람 사이로 그의 체취를 느끼며 숨을 골랐다. 엎드려 있던 웅이가 일어나 학수의 손등을 핥았다. 학수는 조심스럽게 손을 뻗어 웅이의 머리를 쓰다듬었다. 그러다 그의 손끝이 웅이의 목줄을 쥐고 있는 소미의 손에 닿았다. 멈칫, 잠시 망설이던 그는 그녀의 손을 살며시 잡았다.

어느새 하얀 달.

흩어졌던 일곱 빛 다시 모여 소년과 소녀를 환하게 비추고 있다.

"앉아요. 그냥 이야기해요. 제가 다 들어 줄게요."

긴 한숨을 내쉬며 잠시 숨을 고른 학수는 울고 있는 소미를 달래며 웃었다. 한마디 알아들을 수는 없는 학수의 말이었지만, 그렇다고 그녀도 언제까지고 울고만 있을 수는 없었다. 소미는 천천히 마음을 추스르고 그의 목소리에 귀를 기울였다. 그리고 말을 이어갔다.

*"Merci pour le cadeau. Comment avez-vous pu le garder tout ce temps?"*

학수의 목소리에 귀를 기울이던 소미는 한동안 아무 말이 없었다. 조용히 미소를 짓는 학수의 고백과 소망이 이어졌다. 무슨 뜻인지 이해할 수는 없었지만, 그녀의 이름을 나직이 부르던 학수의 목소리에는 분명한 온기가 담겨 있었다. 그리고 그 온기가 소미의 마음을 움직였다.

"저는 소미씨를 저라고 생각해요."

*"Oui?"*

"네, 저요! 세상 누구보다도 아끼고 사랑해야 할 저 자신요."

"……."

"저는 당신을 그렇게 생각해요."

*"Je suis venue ici tous les jours à cette heure-ci."*

"다치지도 말고 아프지도 말아주세요. 늘 이렇게 눈을 감고 기도할게요."

*"Je pensais que vous me regardiez, quelque part."*

"그대의 낮을 밝혀줄 해가 될게요. 그동안 나의 밤을 지켜준 달이셨으니요."

*"Comme je le faisais autrefois."*

## 3

*"Ung, allons-y."*

한국에서의 외출은 늘 집 근처 공원 산책이 전부였다. 서래마을, 공원 아래 프랑스타운에 사는 소미는 오늘도 웅이를 앞세워 길을 나섰다. 목적지는 몽마르뜨공원 '시계탑 파고라'. 오늘은 그녀에게 모처럼 약속이 있는 날이었다. 아니, 처음이다. 얼마쯤 나섰을까, 끼잉끼잉. 갑자기 걸음을 멈춰 선 웅이가 아무리 목줄을 당겨도 꼼짝하질 않는다.

툭.툭.
하나둘 얼굴에 부딪히는 빗방울. 소미는 서둘러 집으로 돌아가 우산을 챙겨 들고 다시 길을 나섰다.

빗길을 따라 한참을 걸어 올라 공원 입구에 도착한 그녀. 발걸음을 멈추고 크게 한숨을 내쉬며 숨을 골랐다. 그리고, 몇 시나 되었을까. 핸드폰을 찾으려 주머니를 더듬었다. 텅 빈 안감의 감촉만이 손끝에 전해졌다. 빈 주머니. 아차, 그제야 깨달았다. 우산을 챙기느라, 핸드폰을 신발장 위에 두고 온 것이다. 한국어가 서투른 그녀에게 통역 앱은 꼭 필요했지만, 그와의 약속 시간이 다가오는 지금, 다시 집으로 돌아갈 여유는 없었다. 소미는 선글라스를 고쳐 쓰고 발걸음을 재촉했다.

소미는
안내견 웅이와 함께 매일 오후 이 언덕길을 올랐다.

어세도, 그제도…. 마치 그때의 징검다리처럼. 학수가 이 공원을 자주 찾는다는 사실을 알게 된 뒤로, 그녀의 발걸음은 늘 이곳을 향했다. 어딘가에서 그가 자신을 지켜보고 있다고 생각하며.

## 1

뎅~뎅~뎅~뎅~

머리 위로 시계탑의 종소리가 울려 퍼졌다.

4월의 봄날, 서초동 몽마르뜨공원. 짝을 찾아 흘러다니는 꽃가루가 공원의 하늘을 가득 메우고 있다. 시계탑 파고라 앞에 선 학수가 가쁜 숨을 몰아쉬고 있었다. 연신 재채기를 하던 그의 코끝에서 코피가 흘러나왔다. 하지만 그는 대수롭지 않은 듯 고개를 젖히고, 손으로 쓱 하고 훔쳐내어 입으로 빨아들였다. 그리고 조심조심. 주변을 더듬으며 파고라 기둥의 위치를 확인하고는 자리에 앉아 지팡이를 내려놓았다. 집 앞 언덕 위에 자리한 이 작은 공원은 한때는 눈을 감고도 다닐 수 있을 만큼 그에게 익숙한 공간이었지만 정작 시력을 잃고 난 뒤로는 발걸음 하나, 손짓 하나까지도 신중해질 수밖에 없었다.

그는 무심히 선글라스를 고쳐 쓰며 점퍼 주머니에서 핸드폰을 꺼내 들었다. 시간을 확인하려 버튼을 눌렀지만, 익숙한 음성 안내는 들리지 않았다. 그의 얼굴이 굳어졌다. 볼륨 버튼을 올리고 화면을 두드려봐도 아무런 반응이 없었다. 꺼져 있었다. 그의 입에서 깊은 한숨이 새어 나왔다. 불어를 모르는 그에게 통역 앱은 꼭 필요했다. 하지만 약속 시간이 얼마 남지 않은 지금, 집에 다녀올 여유는 없었다. 어쩔 수 없이 그는 그녀의 핸드폰을 사용하기로 마음을 먹고 자리에 앉아 조용히 그녀를 기다렸다. 몇 시나 되었을까, 그의 얼굴에는 긴장과 설렘이 교차했다.

휘~휘~

습기를 머금은 바람이 공원의 가로수를 흔들었다.

이내 툭.툭. 바람을 타고 빗방울이 떨어지기 시작했다.

## 6

소미는 웅이를 따라 시계탑 파고라에 도착했다.

약속 시간에 늦지 않았다는 안도감에 잠시 미소를 지으며 기둥을 더듬어 붙잡았다. 소미가 우산을 접으려 목줄에서 손을 놓자, 웅이는 곧장 벤치에 앉아 있던 학수에게 다가가 그의 손등을 핥았다.

"강아지가 착하네요. 짖지도 않고."

잔떨림이 있는 중저음의 목소리. 그녀에게는 낯설지가 않았다. 하지만 한국어가 서투른 그녀는 그의 말을 온전히 알아들을 수는 없었다.

"*Je suis désolée. Je ne parle pas coréen.*"

또랑또랑한 불어 억양. 그동안 핸드폰을 통해 들어 온 목소리의 울림만으로도 학수는 그녀가 소미임을 곧바로 알 수 있었다.

"소미?", "*Haksu?*"

한 사람은 불어로, 한 사람은 한국어로. 태연히 자기 말을 이어가는 두 사람, 서로의 말은 엇갈린 채 공중에 흩어졌다. 소미의 몸짓을 볼 수 없는 학수는 고개를 갸웃하다가, 꺼진 핸드폰을 내밀고 손가락으로 X 표시를 그려 핸드폰을 쓸 수 없다는 뜻을 전했다.

"제 핸드폰이 안 돼요. 소미씨 폰으로 이야기해요."
"*J'ai oublié mon téléphone. Utilisons le vôtre.*"

두 혼잣말들,

대화는 내내 엇갈렸다. 마치 같은 실을 잡고도 서로 다른 끝을 좇는 듯,
그들의 말은 평행선을 달리며 서로의 결을 스쳐 지나갔다.

## 9

"울지 말아요. 조용히 눈을 감아 봐요. 그럼, 다 들릴 거예요."

파고라 지붕을 때리는 빗소리가 더욱 거세졌다. 공원의 소음은 모두 사라지고, 빗소리만이 두 사람 사이를 채웠다.

"아니면, 어떤 이야기를 해드릴까요?"
*"Je n'ai qu'un seul souhait."*
"그럼, 제 마음을 이야기해도 되나요?"
*"C'est que..."*
"난 어디서도 숨을 쉴게요. 그 숨, 햇살이 될게요."
*"Vous me manquez. Même si je ne peux rien voir…."*
"이 말을 꼭 하고 싶었어요."
*"Je suis heureuse de pouvoir dire cela."*

소미와의 약속.

어쩌면 오늘, 지금 이 만남이 마지막일지도 모른다는 생각이 학수의 가슴을 무겁게 짓눌렀다. 그러나 달리 방법이 없었다. 당장 우산도 없었고, 핸드폰을 충전한다고 집에 다녀올 수도 없었다. 무엇보다 지팡이를 짚고 길을 더듬는 자신의 모습을 그녀에게 보여주고 싶지 않았다. 마른침을 삼키는 그의 귓가에는 나뭇가지를 스치는 바람 소리와 멀리 사람들의 웃음소리만이 들려올 뿐이었다.

## 2

답답한 마음에 발만 동동 구르던 소미는

결국 주머니에서 작은 조약돌을 꺼내 학수에게 내밀었다. 손바닥 위에 놓인 조약돌을 쓸어보는 그녀의 눈에서 눈물이 뚝뚝 흘러내렸다. 30년 전, 어린 시절 그녀가 학수를 향해 던졌던 그 조약돌. 학수는 그 돌을 여태껏 보관해 오다가 얼마 전 우편으로 그녀에게 보내주었다.

맑은 가을 하늘 아래, 징검다리에서 물장난을 치던 소녀와 그녀를 바라보며 개울둑에 앉아 있던 소년. 초등학교 5학년, 열세 살. 어릴 적 기억이 동시에 두 사람의 가슴을 파고들었다. 소년을 향해 "바보"라며 조약돌을 던지던 소녀, 그리고 그 돌을 주머니에 넣어 오래도록 간직했던 소년.

어느 날, 학수는 오래도록 보물처럼 간직해 온 조약돌 이야기를 꺼냈다. 천천히 그 돌에 얽힌 기억을 더듬고 있을 때였다. 이야기가 끝난 한참 뒤, 마치 응답이라도 하듯 어디선가 또렷하면서도 낯선 목소리가 흘러나왔다. 불어 억양이 묻어나는 한국말로, 짧게, 그러나 분명하게 말했다. "안녕." 그녀가 바로 소미였다. 그날 이후, 하루에도 몇 번씩 통역 앱을 이용하여 둘만의 길고 긴 대화가 시작되었다. 그렇게 학수는 그녀가 프랑스 국적을 갖게 된 사연도, 지금은 학수의 집 근처 프랑스타운에 살고 있다는 것도, 자신이 자주 오는 이 공원에 가끔씩 산책을 온다는 사실도 알게 되었다.

어쩌면,

두 사람은 그동안 이 공원에서 여러 번 스쳐 지나쳤을지도 모른다.

## 7

"비가 오네요. 그때도 비가 왔었는데…."

*"Il pleuvait aussi ce jour-là…."*

쿠구궁~

순간, 천둥이 울리며 귀를 때렸다. 곧이어 굵어진 빗방울이 파고라의 지붕을 세차게 두드렸다. 젖은 옷깃을 여미며 파고라 안쪽으로 가까이 다가선 두 사람, 그러나 세차게 내리치는 빗소리 속에 침묵은 더욱 무겁게 가라앉았다.

빗방울이 점점 굵어졌다. 공원의 빗소리가 파고라를 가득 채우는 사이, 두 사람의 기억 속에서도 비가 내리고 있었다. 소나기를 피해 수숫단 속에 숨었던 날, 비에 젖은 꽃다발을 안고 있던 소녀. 비를 맞으면서도 소녀를 위해 애쓰던 소년. 떨고 있는 소녀의 어깨를 감싸주던 무명 저고리의 감촉. 그의 어깨 위로 피어오르던 하얀 김까지 또렷했다.

물이 불어난 도랑을 건너던 순간, 소년은 등을 내밀었고 소녀는 그의 목을 꼭 끌어안은 채 업혀 건넜다. 그리고 이별을 예감하며 소년에게 건넨 소녀의 대추 한 줌, 소녀에게 건네지 못한 소년의 호두 몇 알.

택배가 도착한 날,

소미는 학수가 보내준 조약돌을 매만지며 한참을 울었다. 그리고 마침내 그의 앞에 선 지금 또다시 서럽게 흐느끼고 있는 것이었다. 그녀의 울음소리에 학수는 순간 멈칫했다. 무슨 말을 해야 할지…. 난감했다, 내일이면 학수는 멀리 이사를 간다. 서로의 목소리가 한 번, 두 번 더 이어졌지만 이내 끊어졌다. 박박박박. 웅이가 다가와 학수의 바짓단을 긁었다.

## 4

30년이 흘렀다.

그리고 한 달 전, 두 사람은 '보이스랩'이라는 온라인 커뮤니티에서 다시 만났다. 음성채팅이 가능했던 그 대화방은 오래전 교통사고로 시력을 잃은 학수에게 외부 세계와 소통할 수 있는 유일한 창구였다. 한편, 30년 만에 돌아온 고국은 소미에게 너무도 낯설었고, 장애를 지닌 채 새로운 환경에 적응하는 일은 더욱 막막했다. 그런 그녀에게 통역 기능이 있는 그 대화방은 한국의 일상과 정서를 알아갈 수 있는 소중한 통로였다.

누구와도 쉽게 만날 수 없었던 두 사람은

지난 한 달 동안 핸드폰 너머 통역 앱으로 목소리를 주고받으며 서로에게 가장 큰 위안과 희망이 되어갔다. 게다가 얼마 전 계단을 헛디뎌 발목을 다친 학수는 한동안 꼼짝없이 집 안에만 머물러야 했고, 지루한 방 안의 시간 속에서 세상과 이어진 건 오직 그녀의 목소리뿐이었다.

소나기 오던 날,

그날의 체온, 그날의 숨결은 아직도 두 사람의 기억 속에 살아 있었다. 짧지만 깊었던 이들의 어린 시절은 소나기처럼 스쳐 지나갔다. 병으로 쓰러져 여러 날을 앓던 소녀는 결국 이사를 했고, 소년은 끝내 병문안조차 가지 못했다. 그리고 전해진 부고. 단 한마디 소식이 소년의 세상을 송두리째 무너뜨렸다. 그 후로도 그녀를 떠올릴 때마다, 가슴 한켠을 파고드는 미안함과 후회는 오랫동안 그를 괴롭혔다.

## 5

소녀가 죽었다는 소식은 사실이 아니었다.

그녀는 뇌수막염으로 오랜 기간 투병했지만, 기적처럼 목숨을 건졌다. 그러나 기적은 거기까지였다. 병의 후유증은 그녀의 시력을 앗아갔고, 어머니마저 집을 떠난 뒤, 아버지는 홀로 딸을 감당할 수 없었다. 끝내 그는 마을의 눈을 피해 소녀를 인근 성당에 맡겼고, 소녀는 성당 교우들의 보살핌 속에서 지내게 되었다. 그후, 고향 집마저 처분한 아버지는 읍내에서 작은 잡화점을 맡아 근근이 생계를 이어갔지만, 술과 절망에 짓눌려 살다가 오래지 않아 세상을 떠났다.

그 무렵, 성당을 찾은 프랑스 신부가 그녀의 안타까운 사정을 알게 되었고, 귀국길에 그녀를 데려갔다. 그는 자신을 오랫동안 도와온 파리의 신자 부부에게 상황을 전했고, 부부는 주저 없이 그녀를 입양하기로 했다. 그렇게 소녀는 낯선 도시에서 새로운 이름으로 살아가게 되었다. 고향에는 부고만 남았고, 그녀의 삶은 전혀 다른 길 위에서 이어졌다.

"비 그치면 또 업어줄까요?"
"*En fait, je* …."

오늘이 마지막일지도 모른다.

순간, 소미는 자신이 학수의 얼굴을 볼 수 없다는 현실을 털어놓으려 했다. 하지만 그 말은 입술 끝에서만 맴돌다 삼켜졌다. 어차피 통역 앱이 없는 지금, 그녀의 목소리는 그에게 그저 뜻 모를 소리에 불과할 터였으니. 결국 소미는 한숨을 내쉬며 고개를 저었고, 그녀의 침묵을 알 길이 없는 학수의 목소리만이 빗소리 가득한 파고라 안을 메우고 있었다.

Shuffle 16

4132780956

# 말할 수 없는 것들

아무리 가까워져도 완전한 소통은 불가능하다

## 4

30년이 흘렀다.

그리고 한 달 전, 두 사람은 '보이스랩'이라는 온라인 커뮤니티에서 다시 만났다. 음성채팅이 가능했던 그 대화방은 오래전 교통사고로 시력을 잃은 학수에게 외부 세계와 소통할 수 있는 유일한 창구였다. 한편, 30년 만에 돌아온 고국은 소미에게 너무도 낯설었고, 장애를 지닌 채 새로운 환경에 적응하는 일은 더욱 막막했다. 그런 그녀에게 통역 기능이 있는 그 대화방은 한국의 일상과 정서를 알아갈 수 있는 소중한 통로였다.

누구와도 쉽게 만날 수 없었던 두 사람은

지난 한 달 동안 핸드폰 너머 통역 앱으로 목소리를 주고받으며 서로에게 가장 큰 위안과 희망이 되어갔다. 게다가 얼마 전 계단을 헛디뎌 발목을 다친 학수는 한동안 꼼짝없이 집 안에만 머물러야 했고, 지루한 방 안의 시간 속에서 세상과 이어진 건 오직 그녀의 목소리뿐이었다.

소나기 오던 날,

그날의 체온, 그날의 숨결은 아직도 두 사람의 기억 속에 살아 있었다. 짧지만 깊었던 이들의 어린 시절은 소나기처럼 스쳐 지나갔다. 병으로 쓰러져 여러 날을 앓던 소녀는 결국 이사를 했고, 소년은 끝내 병문안조차 가지 못했다. 그리고 전해진 부고. 단 한마디 소식이 소년의 세상을 송두리째 무너뜨렸다. 그 후로도 그녀를 떠올릴 때마다, 가슴 한켠을 파고드는 미안함과 후회는 오랫동안 그를 괴롭혔다.

## 1

뎅~뎅~뎅~뎅~

머리 위로 시계탑의 종소리가 울려 퍼졌다.

4월의 봄날, 서초동 몽마르뜨공원. 짝을 찾아 흘러다니는 꽃가루가 공원의 하늘을 가득 메우고 있다. 시계탑 파고라 앞에 선 학수가 가쁜 숨을 몰아쉬고 있었다. 연신 재채기를 하던 그의 코끝에서 코피가 흘러나왔다. 하지만 그는 대수롭지 않은 듯 고개를 젖히고, 손으로 쓱 하고 훔쳐내어 입으로 빨아들였다. 그리고 조심조심. 주변을 더듬으며 파고라 기둥의 위치를 확인하고는 자리에 앉아 지팡이를 내려놓았다. 집 앞 언덕 위에 자리한 이 작은 공원은 한때는 눈을 감고도 다닐 수 있을 만큼 그에게 익숙한 공간이었지만 정작 시력을 잃고 난 뒤로는 발걸음 하나, 손짓 하나까지도 신중해질 수밖에 없었다.

그는 무심히 선글라스를 고쳐 쓰며 점퍼 주머니에서 핸드폰을 꺼내 들었다. 시간을 확인하려 버튼을 눌렀지만, 익숙한 음성 안내는 들리지 않았다. 그의 얼굴이 굳어졌다. 볼륨 버튼을 올리고 화면을 두드려봐도 아무런 반응이 없었다. 꺼져 있었다. 그의 입에서 깊은 한숨이 새어 나왔다. 불어를 모르는 그에게 통역 앱은 꼭 필요했다. 하지만 약속 시간이 얼마 남지 않은 지금, 집에 다녀올 여유는 없었다. 어쩔 수 없이 그는 그녀의 핸드폰을 사용하기로 마음을 먹고 자리에 앉아 조용히 그녀를 기다렸다. 몇 시나 되었을까, 그의 얼굴에는 긴장과 설렘이 교차했다.

휘~휘~

습기를 머금은 바람이 공원의 가로수를 흔들었다.

이내 툭.툭. 바람을 타고 빗방울이 떨어지기 시작했다.

## 3

*"Ung, allons-y."*

한국에서의 외출은 늘 집 근처 공원 산책이 전부였다. 서래마을, 공원 아래 프랑스타운에 사는 소미는 오늘도 웅이를 앞세워 길을 나섰다. 목적지는 몽마르뜨공원 '시계탑 파고라'. 오늘은 그녀에게 모처럼 약속이 있는 날이었다. 아니, 처음이다. 얼마쯤 나섰을까, 끼잉끼잉. 갑자기 걸음을 멈춰 선 웅이가 아무리 목줄을 당겨도 꼼짝하질 않는다.

툭.툭.

하나둘 얼굴에 부딪히는 빗방울. 소미는 서둘러 집으로 돌아가 우산을 챙겨 들고 다시 길을 나섰다.

빗길을 따라 한참을 걸어 올라 공원 입구에 도착한 그녀. 발걸음을 멈추고 크게 한숨을 내쉬며 숨을 골랐다. 그리고, 몇 시나 되었을까. 핸드폰을 찾으려 주머니를 더듬었다. 텅 빈 안감의 감촉만이 손끝에 전해졌다. 빈 주머니. 아차, 그제야 깨달았다. 우산을 챙기느라, 핸드폰을 신발장 위에 두고 온 것이다. 한국어가 서투른 그녀에게 통역 앱은 꼭 필요했지만, 그와의 약속 시간이 다가오는 지금, 다시 집으로 돌아갈 여유는 없었다. 소미는 선글라스를 고쳐 쓰고 발걸음을 재촉했다.

소미는

안내견 웅이와 함께 매일 오후 이 언덕길을 올랐다.

어제도, 그제도 …. 마치 그때의 징검다리처럼. 학수가 이 공원을 자주 찾는다는 사실을 알게 된 뒤로, 그녀의 발걸음은 늘 이곳을 향했다. 어딘가에서 그가 자신을 지켜보고 있다고 생각하며.

## 2

답답한 마음에 발만 동동 구르던 소미는

결국 주머니에서 작은 조약돌을 꺼내 학수에게 내밀었다. 손바닥 위에 놓인 조약돌을 쓸어보는 그녀의 눈에서 눈물이 뚝뚝 흘러내렸다. 30년 전, 어린 시절 그녀가 학수를 향해 던졌던 그 조약돌. 학수는 그 돌을 여태껏 보관해 오다가 얼마 전 우편으로 그녀에게 보내주었다.

맑은 가을 하늘 아래, 징검다리에서 물장난을 치던 소녀와 그녀를 바라보며 개울둑에 앉아 있던 소년. 초등학교 5학년, 열세 살. 어릴 적 기억이 동시에 두 사람의 가슴을 파고들었다. 소년을 향해 "바보"라며 조약돌을 던지던 소녀, 그리고 그 돌을 주머니에 넣어 오래도록 간직했던 소년.

어느 날, 학수는 오래도록 보물처럼 간직해 온 조약돌 이야기를 꺼냈다. 천천히 그 돌에 얽힌 기억을 더듬고 있을 때였다. 이야기가 끝난 한참 뒤, 마치 응답이라도 하듯 어디선가 또렷하면서도 낯선 목소리가 흘러나왔다. 불어 억양이 묻어나는 한국말로, 짧게, 그러나 분명하게 말했다. "안녕." 그녀가 바로 소미였다. 그날 이후, 하루에도 몇 번씩 통역 앱을 이용하여 둘만의 길고 긴 대화가 시작되었다. 그렇게 학수는 그녀가 프랑스 국적을 갖게 된 사연도, 지금은 학수의 집 근처 프랑스타운에 살고 있다는 것도, 자신이 자주 오는 이 공원에 가끔씩 산책을 온다는 사실도 알게 되었다.

어쩌면,

두 사람은 그동안 이 공원에서 여러 번 스쳐 지나쳤을지도 모른다.

## 7

"비가 오네요. 그때도 비가 왔었는데…."

*"Il pleuvait aussi ce jour-là…."*

쿠구궁~

순간, 천둥이 울리며 귀를 때렸다. 곧이어 굵어진 빗방울이 파고라의 지붕을 세차게 두드렸다. 젖은 옷깃을 여미며 파고라 안쪽으로 가까이 다가선 두 사람, 그러나 세차게 내리치는 빗소리 속에 침묵은 더욱 무겁게 가라앉았다.

빗방울이 점점 굵어졌다. 공원의 빗소리가 파고라를 가득 채우는 사이, 두 사람의 기억 속에서도 비가 내리고 있었다. 소나기를 피해 수숫단 속에 숨었던 날, 비에 젖은 꽃다발을 안고 있던 소녀. 비를 맞으면서도 소녀를 위해 애쓰던 소년. 떨고 있는 소녀의 어깨를 감싸주던 무명 저고리의 감촉. 그의 어깨 위로 피어오르던 하얀 김까지 또렷했다.

물이 불어난 도랑을 건너던 순간, 소년은 등을 내밀었고 소녀는 그의 목을 꼭 끌어안은 채 업혀 건넜다. 그리고 이별을 예감하며 소년에게 건넨 소녀의 대추 한 줌, 소녀에게 건네지 못한 소년의 호두 몇 알.

택배가 도착한 날,

소미는 학수가 보내준 조약돌을 매만지며 한참을 울었다. 그리고 마침내 그의 앞에 선 지금 또다시 서럽게 흐느끼고 있는 것이었다. 그녀의 울음소리에 학수는 순간 멈칫했다. 무슨 말을 해야 할지…. 난감했다, 내일이면 학수는 멀리 이사를 간다. 서로의 목소리가 한 번, 두 번 더 이어졌지만 이내 끊어졌다. 박박박박. 웅이가 다가와 학수의 바짓단을 긁었다.

## 8

"앉아요. 그냥 이야기해요. 제가 다 들어 줄게요."

긴 한숨을 내쉬며 잠시 숨을 고른 학수는 울고 있는 소미를 달래며 웃었다. 한마디 알아들을 수는 없는 학수의 말이었지만, 그렇다고 그녀도 언제까지고 울고만 있을 수는 없었다. 소미는 천천히 마음을 추스르고 그의 목소리에 귀를 기울였다. 그리고 말을 이어갔다.

*"Merci pour le cadeau. Comment avez-vous pu le garder tout ce temps?"*

학수의 목소리에 귀를 기울이던 소미는 한동안 아무 말이 없었다. 조용히 미소를 짓는 학수의 고백과 소망이 이어졌다. 무슨 뜻인지 이해할 수는 없었지만, 그녀의 이름을 나직이 부르던 학수의 목소리에는 분명한 온기가 담겨 있었다. 그리고 그 온기가 소미의 마음을 움직였다.

"저는 소미씨를 저라고 생각해요."

*"Oui?"*

"네, 저요! 세상 누구보다도 아끼고 사랑해야 할 저 자신요."

"……."

"저는 당신을 그렇게 생각해요."

*"Je suis venue ici tous les jours à cette heure-ci."*

"다치지도 말고 아프지도 말아주세요. 늘 이렇게 눈을 감고 기도할게요."

*"Je pensais que vous me regardiez, quelque part."*

"그대의 낮을 밝혀줄 해가 될게요. 그동안 나의 밤을 지켜준 달이셨으니요."

*"Comme je le faisais autrefois."*

## 10

툭, 툭, 툭.

빗소리가 서서히 잦아들었다.

파고라에 앉아 있는 두 사람의 얼굴에 따뜻한 햇볕이 들었다.

"비가 그쳤나 봐요?"

*"Je ne pleurerai plus."*

"해가 떴나요?"

*"Le soleil est déjà si chaud."*

"곧 무지개가 뜰 거예요."

*"Je continuerai à attendre."*

"제가 드리는 선물이에요."

*"Merci. Merci pour tout."*

"아녜요. 제가 더 고마웠어요. 그대가 있어서 제가 참 좋습니다."

*"Moi aussi."*

[야 무지개다.]

빨주노초파남보. 몽마르뜨 공원 위로 무지개가 떠올랐다. 어디에 숨어 있다가 뛰어나온 걸까, 공원은 어느새 서로를 부르는 아이들의 목소리로 가득했다. 나뭇가지를 흔들며 불어오는 산들바람, 소미는 바람 사이로 그의 체취를 느끼며 숨을 골랐다. 엎드려 있던 웅이가 일어나 학수의 손등을 핥았다. 학수는 조심스럽게 손을 뻗어 웅이의 머리를 쓰다듬었다. 그러다 그의 손끝이 웅이의 목줄을 쥐고 있는 소미의 손에 닿았다. 멈칫, 잠시 망설이던 그는 그녀의 손을 살며시 잡았다.

어느새 하얀 달.

흩어졌던 일곱 빛 다시 모여 소년과 소녀를 환하게 비추고 있다.

## 9

"울지 말아요. 조용히 눈을 감아 봐요. 그럼, 다 들릴 거예요."

파고라 지붕을 때리는 빗소리가 더욱 거세졌다. 공원의 소음은 모두 사라지고, 빗소리만이 두 사람 사이를 채웠다.

"아니면, 어떤 이야기를 해드릴까요?"
*"Je n'ai qu'un seul souhait."*
"그럼, 제 마음을 이야기해도 되나요?"
*"C'est que..."*
"난 어디서도 숨을 쉴게요. 그 숨, 햇살이 될게요."
*"Vous me manquez. Même si je ne peux rien voir….*"
"이 말을 꼭 하고 싶었어요."
*"Je suis heureuse de pouvoir dire cela."*

소미와의 약속.

어쩌면 오늘, 지금 이 만남이 마지막일지도 모른다는 생각이 학수의 가슴을 무겁게 짓눌렀다. 그러나 달리 방법이 없었다. 당장 우산도 없었고, 핸드폰을 충전한다고 집에 다녀올 수도 없었다. 무엇보다 지팡이를 짚고 길을 더듬는 자신의 모습을 그녀에게 보여주고 싶지 않았다. 마른침을 삼키는 그의 귓가에는 나뭇가지를 스치는 바람 소리와 멀리 사람들의 웃음소리만이 들려올 뿐이었다.

## 5

소녀가 죽었다는 소식은 사실이 아니었다.

그녀는 뇌수막염으로 오랜 기간 투병했지만, 기적처럼 목숨을 건졌다. 그러나 기적은 거기까지였다. 병의 후유증은 그녀의 시력을 앗아갔고, 어머니마저 집을 떠난 뒤, 아버지는 홀로 딸을 감당할 수 없었다. 끝내 그는 마을의 눈을 피해 소녀를 인근 성당에 맡겼고, 소녀는 성당 교우들의 보살핌 속에서 지내게 되었다. 그후, 고향 집마저 처분한 아버지는 읍내에서 작은 잡화점을 맡아 근근이 생계를 이어갔지만, 술과 절망에 짓눌려 살다가 오래지 않아 세상을 떠났다.

그 무렵, 성당을 찾은 프랑스 신부가 그녀의 안타까운 사정을 알게 되었고, 귀국길에 그녀를 데려갔다. 그는 자신을 오랫동안 도와온 파리의 신자 부부에게 상황을 전했고, 부부는 주저 없이 그녀를 입양하기로 했다. 그렇게 소녀는 낯선 도시에서 새로운 이름으로 살아가게 되었다. 고향에는 부고만 남았고, 그녀의 삶은 전혀 다른 길 위에서 이어졌다.

"비 그치면 또 업어줄까요?"

"*En fait, je* …."

오늘이 마지막일지도 모른다.

순간, 소미는 자신이 학수의 얼굴을 볼 수 없다는 현실을 털어놓으려 했다. 하지만 그 말은 입술 끝에서만 맴돌다 삼켜졌다. 어차피 통역 앱이 없는 지금, 그녀의 목소리는 그에게 그저 뜻 모를 소리에 불과할 터였으니. 결국 소미는 한숨을 내쉬며 고개를 저었고, 그녀의 침묵을 알 길이 없는 학수의 목소리만이 빗소리 가득한 파고라 안을 메우고 있었다.

## 6

소미는 웅이를 따라 시계탑 파고라에 도착했다.

약속 시간에 늦지 않았다는 안도감에 잠시 미소를 지으며 기둥을 더듬어 붙잡았다. 소미가 우산을 접으려 목줄에서 손을 놓자, 웅이는 곧장 벤치에 앉아 있던 학수에게 다가가 그의 손등을 핥았다.

"강아지가 착하네요. 짖지도 않고."

잔떨림이 있는 중저음의 목소리. 그녀에게는 낯설지가 않았다. 하지만 한국어가 서투른 그녀는 그의 말을 온전히 알아들을 수는 없었다.

"*Je suis désolée. Je ne parle pas coréen.*"

또랑또랑한 불어 억양. 그동안 핸드폰을 통해 들어 온 목소리의 울림만으로도 학수는 그녀가 소미임을 곧바로 알 수 있었다.

"소미?", "*Haksu?*"

한 사람은 불어로, 한 사람은 한국어로. 태연히 자기 말을 이어가는 두 사람, 서로의 말은 엇갈린 채 공중에 흩어졌다. 소미의 몸짓을 볼 수 없는 학수는 고개를 갸웃하다가, 꺼진 핸드폰을 내밀고 손가락으로 X 표시를 그려 핸드폰을 쓸 수 없다는 뜻을 전했다.

"제 핸드폰이 안 돼요. 소미씨 폰으로 이야기해요."
"*J'ai oublié mon téléphone. Utilisons le vôtre.*"
혼잣말들,

대화는 내내 엇갈렸다. 마치 같은 실을 잡고도 서로 다른 끝을 좇는 듯,
그들의 말은 평행선을 달리며 서로의 결을 스쳐 지나갔다.

Shuffle 17

3140862957

# 그날도 비가 왔었지

현재의 모든 순간은 과거의 메아리

## 3

*"Ung, allons-y."*

한국에서의 외출은 늘 집 근처 공원 산책이 전부였다. 서래마을, 공원 아래 프랑스타운에 사는 소미는 오늘도 웅이를 앞세워 길을 나섰다. 목적지는 몽마르뜨공원 '시계탑 파고라'. 오늘은 그녀에게 모처럼 약속이 있는 날이었다. 아니, 처음이다. 얼마쯤 나섰을까, 끼잉끼잉. 갑자기 걸음을 멈춰 선 웅이가 아무리 목줄을 당겨도 꼼짝하질 않는다.

툭.툭.
하나둘 얼굴에 부딪히는 빗방울. 소미는 서둘러 집으로 돌아가 우산을 챙겨 들고 다시 길을 나섰다.

빗길을 따라 한참을 걸어 올라 공원 입구에 도착한 그녀. 발걸음을 멈추고 크게 한숨을 내쉬며 숨을 골랐다. 그리고, 몇 시나 되었을까. 핸드폰을 찾으려 주머니를 더듬었다. 텅 빈 안감의 감촉만이 손끝에 전해졌다. 빈 주머니. 아차, 그제야 깨달았다. 우산을 챙기느라, 핸드폰을 신발장 위에 두고 온 것이다. 한국어가 서투른 그녀에게 통역 앱은 꼭 필요했지만, 그와의 약속 시간이 다가오는 지금, 다시 집으로 돌아갈 여유는 없었다. 소미는 선글라스를 고쳐 쓰고 발걸음을 재촉했다.

소미는
안내견 웅이와 함께 매일 오후 이 언덕길을 올랐다.

어제도, 그제도 . 마치 그때의 징검다리처럼. 학수가 이 공원을 자주 찾는다는 사실을 알게 된 뒤로, 그녀의 발걸음은 늘 이곳을 향했다. 어딘가에서 그가 자신을 지켜보고 있다고 생각하며.

## 1

덩~덩~덩~덩~

머리 위로 시계탑의 종소리가 울려 퍼졌다.

4월의 봄날, 서초동 몽마르뜨공원. 짝을 찾아 흘러다니는 꽃가루가 공원의 하늘을 가득 메우고 있다. 시계탑 파고라 앞에 선 학수가 가쁜 숨을 몰아쉬고 있었다. 연신 재채기를 하던 그의 코끝에서 코피가 흘러나왔다. 하지만 그는 대수롭지 않은 듯 고개를 젖히고, 손으로 쓱 하고 훔쳐내어 입으로 빨아들였다. 그리고 조심조심. 주변을 더듬으며 파고라 기둥의 위치를 확인하고는 자리에 앉아 지팡이를 내려놓았다. 집 앞 언덕 위에 자리한 이 작은 공원은 한때는 눈을 감고도 다닐 수 있을 만큼 그에게 익숙한 공간이었지만 정작 시력을 잃고 난 뒤로는 발걸음 하나, 손짓 하나까지도 신중해질 수밖에 없었다.

그는 무심히 선글라스를 고쳐 쓰며 점퍼 주머니에서 핸드폰을 꺼내 들었다. 시간을 확인하려 버튼을 눌렀지만, 익숙한 음성 안내는 들리지 않았다. 그의 얼굴이 굳어졌다. 볼륨 버튼을 올리고 화면을 두드려봐도 아무런 반응이 없었다. 꺼져 있었다. 그의 입에서 깊은 한숨이 새어 나왔다. 불어를 모르는 그에게 통역 앱은 꼭 필요했다. 하지만 약속 시간이 얼마 남지 않은 지금, 집에 다녀올 여유는 없었다. 어쩔 수 없이 그는 그녀의 핸드폰을 사용하기로 마음을 먹고 자리에 앉아 조용히 그녀를 기다렸다. 몇 시나 되었을까, 그의 얼굴에는 긴장과 설렘이 교차했다.

휘~휘~

습기를 머금은 바람이 공원의 가로수를 흔들었다.

이내 툭.툭. 바람을 타고 빗방울이 떨어지기 시작했다.

## 4

30년이 흘렀다.

그리고 한 달 전, 두 사람은 '보이스랩'이라는 온라인 커뮤니티에서 다시 만났다. 음성채팅이 가능했던 그 대화방은 오래전 교통사고로 시력을 잃은 학수에게 외부 세계와 소통할 수 있는 유일한 창구였다. 한편, 30년 만에 돌아온 고국은 소미에게 너무도 낯설었고, 상애를 지닌 채 새로운 환경에 적응하는 일은 더욱 막막했다. 그런 그녀에게 통역 기능이 있는 그 대화방은 한국의 일상과 정서를 알아갈 수 있는 소중한 통로였다.

누구와도 쉽게 만날 수 없었던 두 사람은

지난 한 달 동안 핸드폰 너머 통역 앱으로 목소리를 주고받으며 서로에게 가장 큰 위안과 희망이 되어갔다. 게다가 얼마 전 계단을 헛디뎌 발목을 다친 학수는 한동안 꼼짝없이 집 안에만 머물러야 했고, 지루한 방 안의 시간 속에서 세상과 이어진 건 오직 그녀의 목소리뿐이었다.

소나기 오던 날,

그날의 체온, 그날의 숨결은 아직도 두 사람의 기억 속에 살아 있었다. 짧지만 깊었던 이들의 어린 시절은 소나기처럼 스쳐 지나갔다. 병으로 쓰러져 여러 날을 앓던 소녀는 결국 이사를 했고, 소년은 끝내 병문안조차 가지 못했다. 그리고 전해진 부고. 단 한마디 소식이 소년의 세상을 송두리째 무너뜨렸다. 그 후로도 그녀를 떠올릴 때마다, 가슴 한켠을 파고드는 미안함과 후회는 오랫동안 그를 괴롭혔다

## 10

톡, 톡, 톡.
빗소리가 서서히 잦아들었다.
파고라에 앉아 있는 두 사람의 얼굴에 따뜻한 햇볕이 들었다.

"비가 그쳤나 봐요?"
"*Je ne pleurerai plus.*"
"해가 떴나요?"
"*Le soleil est déjà si chaud.*"
"곧 무지개가 뜰 거예요."
"*Je continuerai à attendre.*"
"제가 드리는 선물이에요."
"*Merci. Merci pour tout.*"
"아녜요. 제가 더 고마웠어요. 그대가 있어서 제가 참 좋습니다."
"*Moi aussi.*"

[야 무지개다.]

빨주노초파남보. 몽마르뜨 공원 위로 무지개가 떠올랐다. 어디에 숨어 있다가 뛰어나온 걸까, 공원은 어느새 서로를 부르는 아이들의 목소리로 가득했다. 나뭇가지를 흔들며 불어오는 산들바람, 소미는 바람 사이로 그의 체취를 느끼며 숨을 골랐다. 엎드려 있던 웅이가 일어나 학수의 손등을 핥았다. 학수는 조심스럽게 손을 뻗어 웅이의 머리를 쓰다듬었다. 그러다 그의 손끝이 웅이의 목줄을 쥐고 있는 소미의 손에 닿았다. 멈칫, 잠시 망설이던 그는 그녀의 손을 살며시 잡았다.

어느새 하얀 달.
흩어졌던 일곱 빛 다시 모여 소년과 소녀를 환하게 비추고 있다.

8

"앉아요. 그냥 이야기해요. 제가 다 들어 줄게요."

긴 한숨을 내쉬며 잠시 숨을 고른 학수는 울고 있는 소미를 달래며 웃었다. 한마디 알아들을 수는 없는 학수의 말이었지만, 그렇다고 그녀도 언제까지고 울고만 있을 수는 없었다. 소미는 천천히 마음을 추스르고 그의 목소리에 귀를 기울였다. 그리고 말을 이어갔다.

*"Merci pour le cadeau. Comment avez-vous pu le garder tout ce temps?"*

학수의 목소리에 귀를 기울이던 소미는 한동안 아무 말이 없었다. 조용히 미소를 짓는 학수의 고백과 소망이 이어졌다. 무슨 뜻인지 이해할 수는 없었지만, 그녀의 이름을 나직이 부르던 학수의 목소리에는 분명한 온기가 담겨 있었다. 그리고 그 온기가 소미의 마음을 움직였다.

"저는 소미씨를 저라고 생각해요."

*"Oui?"*

"네, 저요! 세상 누구보다도 아끼고 사랑해야 할 저 자신요."

"……."

"저는 당신을 그렇게 생각해요."

*"Je suis venue ici tous les jours à cette heure-ci."*

"다치지도 말고 아프지도 말아주세요. 늘 이렇게 눈을 감고 기도할게요."

*"Je pensais que vous me regardiez, quelque part."*

"그대의 낮을 밝혀줄 해가 될게요. 그동안 나의 밤을 지켜준 달이셨으니요."

*"Comme je le faisais autrefois."*

## 6

소미는 웅이를 따라 시계탑 파고라에 도착했다.

약속 시간에 늦지 않았다는 안도감에 잠시 미소를 지으며 기둥을 더듬어 붙잡았다. 소미가 우산을 접으려 목줄에서 손을 놓자, 웅이는 곧장 벤치에 앉아 있던 학수에게 다가가 그의 손등을 핥았다.

"강아지가 착하네요. 짖지도 않고."

잔떨림이 있는 중저음의 목소리. 그녀에게는 낯설지가 않았다. 하지만 한국어가 서투른 그녀는 그의 말을 온전히 알아들을 수는 없었다.

"*Je suis désolée. Je ne parle pas coréen.*"

또랑또랑한 불어 억양. 그동안 핸드폰을 통해 들어 온 목소리의 울림만으로도 학수는 그녀가 소미임을 곧바로 알 수 있었다.

"소미?", "*Haksu?*"

한 사람은 불어로, 한 사람은 한국어로. 태연히 자기 말을 이어가는 두 사람, 서로의 말은 엇갈린 채 공중에 흩어졌다. 소미의 몸짓을 볼 수 없는 학수는 고개를 갸웃하다가, 꺼진 핸드폰을 내밀고 손가락으로 X 표시를 그려 핸드폰을 쓸 수 없다는 뜻을 전했다.

"제 핸드폰이 안 돼요. 소미씨 폰으로 이야기해요."
"*J'ai oublié mon téléphone. Utilisons le vôtre.*"

두 혼잣말들,

대화는 내내 엇갈렸다. 마치 같은 실을 잡고도 서로 다른 끝을 좇는 듯,
그들의 말은 평행선을 달리며 서로의 결을 스쳐 지나갔다.

## 2

답답한 마음에 발만 동동 구르던 소미는

결국 주머니에서 작은 조약돌을 꺼내 학수에게 내밀었다. 손바닥 위에 놓인 조약돌을 쓸어보는 그녀의 눈에서 눈물이 뚝뚝 흘러내렸다. 30년 전, 어린 시절 그녀가 학수를 향해 던졌던 그 조약돌. 학수는 그 돌을 여태껏 보관해 오다가 얼마 전 우편으로 그녀에세 보내주었다.

맑은 가을 하늘 아래, 징검다리에서 물장난을 치던 소녀와 그녀를 바라보며 개울둑에 앉아 있던 소년. 초등학교 5학년, 열세 살. 어릴 적 기억이 동시에 두 사람의 가슴을 파고들었다. 소년을 향해 "바보"라며 조약돌을 던지던 소녀, 그리고 그 돌을 주머니에 넣어 오래도록 간직했던 소년.

어느 날, 학수는 오래도록 보물처럼 간직해 온 조약돌 이야기를 꺼냈다. 천천히 그 돌에 얽힌 기억을 더듬고 있을 때였다. 이야기가 끝난 한참 뒤, 마치 응답이라도 하듯 어디선가 또렷하면서도 낯선 목소리가 흘러나왔다. 불어 억양이 묻어나는 한국말로, 짧게, 그러나 분명하게 말했다. "안녕." 그녀가 바로 소미였다. 그날 이후, 하루에도 몇 번씩 통역 앱을 이용하여 둘만의 길고 긴 대화가 시작되었다. 그렇게 학수는 그녀가 프랑스 국적을 갖게 된 사연도, 지금은 학수의 집 근처 프랑스타운에 살고 있다는 것도, 자신이 자주 오는 이 공원에 가끔씩 산책을 온다는 사실도 알게 되었다.

어쩌면,

두 사람은 그동안 이 공원에서 여러 번 스쳐 지나쳤을지도 모른다.

## 9

"울지 말아요. 조용히 눈을 감아 봐요. 그럼, 다 들릴 거예요."

파고라 지붕을 때리는 빗소리가 더욱 거세졌다. 공원의 소음은 모두 사라지고, 빗소리만이 두 사람 사이를 채웠다.

"아니면, 어떤 이야기를 해드릴까요?"
*"Je n'ai qu'un seul souhait."*
"그럼, 제 마음을 이야기해도 되나요?"
*"C'est que..."*
"난 어디서도 숨을 쉴게요. 그 숨, 햇살이 될게요."
*"Vous me manquez. Même si je ne peux rien voir⋯."*
"이 말을 꼭 하고 싶었어요."
*"Je suis heureuse de pouvoir dire cela."*

소미와의 약속.

어쩌면 오늘, 지금 이 만남이 마지막일지도 모른다는 생각이 학수의 가슴을 무겁게 짓눌렀다. 그러나 달리 방법이 없었다. 당장 우산도 없었고, 핸드폰을 충전한다고 집에 다녀올 수도 없었다. 무엇보다 지팡이를 짚고 길을 더듬는 자신의 모습을 그녀에게 보여주고 싶지 않았다. 마른침을 삼키는 그의 귓가에는 나뭇가지를 스치는 바람 소리와 멀리 사람들의 웃음소리만이 들려올 뿐이었다.

## 5

소녀가 죽었다는 소식은 사실이 아니었다.

그녀는 뇌수막염으로 오랜 기간 투병했지만, 기적처럼 목숨을 건졌다. 그러나 기적은 거기까지였다. 병의 후유증은 그녀의 시력을 앗아갔고, 어머니마저 집을 떠난 뒤, 아버지는 홀로 딸을 감당할 수 없었다. 끝내 그는 마을의 눈을 피해 소녀를 인근 성당에 맡겼고, 소녀는 성당 교우들의 보살핌 속에서 지내게 되었다. 그후, 고향 집마저 처분한 아버지는 읍내에서 작은 잡화점을 맡아 근근이 생계를 이어갔지만, 술과 절망에 짓눌려 살다가 오래지 않아 세상을 떠났다.

그 무렵, 성당을 찾은 프랑스 신부가 그녀의 안타까운 사정을 알게 되었고, 귀국길에 그녀를 데려갔다. 그는 자신을 오랫동안 도와온 파리의 신자 부부에게 상황을 전했고, 부부는 주저 없이 그녀를 입양하기로 했다. 그렇게 소녀는 낯선 도시에서 새로운 이름으로 살아가게 되었다. 고향에는 부고만 남았고, 그녀의 삶은 전혀 다른 길 위에서 이어졌다.

"비 그치면 또 업어줄까요?"

"*En fait, je* …."

오늘이 마지막일지도 모른다.

순간, 소미는 자신이 학수의 얼굴을 볼 수 없다는 현실을 털어놓으려 했다. 하지만 그 말은 입술 끝에서만 맴돌다 삼켜졌다. 어차피 통역 앱이 없는 지금, 그녀의 목소리는 그에게 그저 뜻 모를 소리에 불과할 터였으니. 결국 소미는 한숨을 내쉬며 고개를 저었고, 그녀의 침묵을 알 길이 없는 학수의 목소리만이 빗소리 가득한 파고라 안을 메우고 있었다.

## 7

"비가 오네요. 그때도 비가 왔었는데…."

*"Il pleuvait aussi ce jour-là…."*

쿠구궁~

순간, 천둥이 울리며 귀를 때렸다. 곧이어 굵어진 빗방울이 파고라의 지붕을 세차게 두드렸다. 젖은 옷깃을 여미며 파고라 안쪽으로 가까이 다가선 두 사람, 그러나 세차게 내리치는 빗소리 속에 침묵은 더욱 무겁게 가라앉았다.

빗방울이 점점 굵어졌다. 공원의 빗소리가 파고라를 가득 채우는 사이, 두 사람의 기억 속에서도 비가 내리고 있었다. 소나기를 피해 수숫단 속에 숨었던 날, 비에 젖은 꽃다발을 안고 있던 소녀. 비를 맞으면서도 소녀를 위해 애쓰던 소년. 떨고 있는 소녀의 어깨를 감싸주던 무명 저고리의 감촉. 그의 어깨 위로 피어오르던 하얀 김까지 또렷했다.

물이 불어난 도랑을 건너던 순간, 소년은 등을 내밀었고 소녀는 그의 목을 꼭 끌어안은 채 업혀 건넜다. 그리고 이별을 예감하며 소년에게 건넨 소녀의 대추 한 줌, 소녀에게 건네지 못한 소년의 호두 몇 알.

택배가 도착한 날,

소미는 학수가 보내준 조약돌을 매만지며 한참을 울었다. 그리고 마침내 그의 앞에 선 지금 또다시 서럽게 흐느끼고 있는 것이었다. 그녀의 울음소리에 학수는 순간 멈칫했다. 무슨 말을 해야 할지…. 난감했다, 내일이면 학수는 멀리 이사를 간다. 서로의 목소리가 한 번, 두 번 더 이어졌지만 이내 끊어졌다. 박박박박. 웅이가 다가와 학수의 바짓단을 긁었다.

Shuffle 18

5274136908

# 이제야 할 수 있는 말

모든 아픔을 겪은 후에야 진정한 고백이 가능하다

## 5

소녀가 죽었다는 소식은 사실이 아니었다.

그녀는 뇌수막염으로 오랜 기간 투병했지만, 기적처럼 목숨을 건졌다. 그러나 기적은 거기까지였다. 병의 후유증은 그녀의 시력을 앗아갔고, 어머니마저 집을 떠난 뒤, 아버지는 홀로 딸을 감당할 수 없었다. 끝내 그는 마을의 눈을 피해 소녀를 인근 성당에 맡겼고, 소녀는 성당 교우들의 보살핌 속에서 지내게 되었다. 그후, 고향 집마저 처분한 아버지는 읍내에서 작은 잡화점을 맡아 근근이 생계를 이어갔지만, 술과 절망에 짓눌려 살다가 오래지 않아 세상을 떠났다.

그 무렵, 성당을 찾은 프랑스 신부가 그녀의 안타까운 사정을 알게 되었고, 귀국길에 그녀를 데려갔다. 그는 자신을 오랫동안 도와온 파리의 신자 부부에게 상황을 전했고, 부부는 주저 없이 그녀를 입양하기로 했다. 그렇게 소녀는 낯선 도시에서 새로운 이름으로 살아가게 되었다. 고향에는 부고만 남았고, 그녀의 삶은 전혀 다른 길 위에서 이어졌다.

"비 그치면 또 업어줄까요?"

*"En fait, je …."*

오늘이 마지막일지도 모른다.

순간, 소미는 자신이 학수의 얼굴을 볼 수 없다는 현실을 털어놓으려 했다. 하지만 그 말은 입술 끝에서만 맴돌다 삼켜졌다. 어차피 통역 앱이 없는 지금, 그녀의 목소리는 그에게 그저 뜻 모를 소리에 불과할 터였으니. 결국 소미는 한숨을 내쉬며 고개를 저었고, 그녀의 침묵을 알 길이 없는 학수의 목소리만이 빗소리 가득한 파고라 안을 메우고 있었다.

## 2

답답한 마음에 발만 동동 구르던 소미는

결국 주머니에서 작은 조약돌을 꺼내 학수에게 내밀었다. 손바닥 위에 놓인 조약돌을 쓸어보는 그녀의 눈에서 눈물이 뚝뚝 흘러내렸다. 30년 전, 어린 시절 그녀가 학수를 향해 던졌던 그 조약돌. 학수는 그 돌을 여태껏 보관해 오다가 얼마 전 우편으로 그녀에게 보내주었다.

맑은 가을 하늘 아래, 징검다리에서 물장난을 치던 소녀와 그녀를 바라보며 개울둑에 앉아 있던 소년. 초등학교 5학년, 열세 살. 어릴 적 기억이 동시에 두 사람의 가슴을 파고들었다. 소년을 향해 "바보"라며 조약돌을 던지던 소녀, 그리고 그 돌을 주머니에 넣어 오래도록 간직했던 소년.

어느 날, 학수는 오래도록 보물처럼 간직해 온 조약돌 이야기를 꺼냈다. 천천히 그 돌에 얽힌 기억을 더듬고 있을 때였다. 이야기가 끝난 한참 뒤, 마치 응답이라도 하듯 어디선가 또렷하면서도 낯선 목소리가 흘러나왔다. 불어 억양이 묻어나는 한국말로, 짧게, 그러나 분명하게 말했다. "안녕." 그녀가 바로 소미였다. 그날 이후, 하루에도 몇 번씩 통역 앱을 이용하여 둘만의 길고 긴 대화가 시작되었다. 그렇게 학수는 그녀가 프랑스 국적을 갖게 된 사연도, 지금은 학수의 집 근처 프랑스타운에 살고 있다는 것도, 자신이 자주 오는 이 공원에 가끔씩 산책을 온다는 사실도 알게 되었다.

어쩌면,

두 사람은 그동안 이 공원에서 여러 번 스쳐 지나쳤을지도 모른다.

## 7

"비가 오네요. 그때도 비가 왔었는데…."
*"Il pleuvait aussi ce jour-là…."*

쿠구궁~

순간, 천둥이 울리며 귀를 때렸다. 곧이어 굵어진 빗방울이 파고라의 지붕을 세차게 두드렸다. 젖은 옷깃을 여미며 파고라 안쪽으로 가까이 다가선 두 사람, 그러나 세차게 내리치는 빗소리 속에 침묵은 더욱 무겁게 가라앉았다.

빗방울이 점점 굵어졌다. 공원의 빗소리가 파고라를 가득 채우는 사이, 두 사람의 기억 속에서도 비가 내리고 있었다. 소나기를 피해 수숫단 속에 숨었던 날, 비에 젖은 꽃다발을 안고 있던 소녀. 비를 맞으면서도 소녀를 위해 애쓰던 소년. 떨고 있는 소녀의 어깨를 감싸주던 무명 저고리의 감촉. 그의 어깨 위로 피어오르던 하얀 김까지 또렷했다.

물이 불어난 도랑을 건너던 순간, 소년은 등을 내밀었고 소녀는 그의 목을 꼭 끌어안은 채 업혀 건넜다. 그리고 이별을 예감하며 소년에게 건넨 소녀의 대추 한 줌, 소녀에게 건네지 못한 소년의 호두 몇 알.

택배가 도착한 날,

소미는 학수가 보내준 조약돌을 매만지며 한참을 울었다. 그리고 마침내 그의 앞에 선 지금 또다시 서럽게 흐느끼고 있는 것이었다. 그녀의 울음소리에 학수는 순간 멈칫했다. 무슨 말을 해야 할지…. 난감했다, 내일이면 학수는 멀리 이사를 간다. 서로의 목소리가 한 번, 두 번 더 이어졌지만 이내 끊어졌다. 박박박박. 웅이가 다가와 학수의 바짓단을 긁었다.

## 4

30년이 흘렀다.

그리고 한 달 전, 두 사람은 '보이스랩'이라는 온라인 커뮤니티에서 다시 만났다. 음성채팅이 가능했던 그 대화방은 오래전 교통사고로 시력을 잃은 학수에게 외부 세계와 소통할 수 있는 유일한 창구였다. 한편, 30년 만에 돌아온 고국은 소미에게 너무도 낯설었고, 장애를 지닌 채 새로운 환경에 적응하는 일은 더욱 막막했다. 그런 그녀에게 통역 기능이 있는 그 대화방은 한국의 일상과 정서를 알아갈 수 있는 소중한 통로였다.

누구와도 쉽게 만날 수 없었던 두 사람은

지난 한 달 동안 핸드폰 너머 통역 앱으로 목소리를 주고받으며 서로에게 가장 큰 위안과 희망이 되어갔다. 게다가 얼마 전 계단을 헛디뎌 발목을 다친 학수는 한동안 꼼짝없이 집 안에만 머물러야 했고, 지루한 방 안의 시간 속에서 세상과 이어진 건 오직 그녀의 목소리뿐이었다.

소나기 오던 날,

그날의 체온, 그날의 숨결은 아직도 두 사람의 기억 속에 살아 있었다. 짧지만 깊었던 이들의 어린 시절은 소나기처럼 스쳐 지나갔다. 병으로 쓰러져 여러 날을 앓던 소녀는 결국 이사를 했고, 소년은 끝내 병문안조차 가지 못했다. 그리고 전해진 부고. 단 한마디 소식이 소년의 세상을 송두리째 무너뜨렸다. 그 후로도 그녀를 떠올릴 때마다, 가슴 한켠을 파고드는 미안함과 후회는 오랫동안 그를 괴롭혔다.

## 1

뎅~뎅~뎅~뎅~

머리 위로 시계탑의 종소리가 울려 퍼졌다.

4월의 봄날, 서초동 몽마르뜨공원. 짝을 찾아 흘러다니는 꽃가루가 공원의 하늘을 가득 메우고 있다. 시계탑 파고라 앞에 선 학수가 가쁜 숨을 몰아쉬고 있었다. 연신 재채기를 하던 그의 코끝에서 코피가 흘러나왔다. 하지만 그는 대수롭지 않은 듯 고개를 젖히고, 손으로 쓱 하고 훔쳐내어 입으로 빨아들였다. 그리고 조심조심. 주변을 더듬으며 파고라 기둥의 위치를 확인하고는 자리에 앉아 지팡이를 내려놓았다. 집 앞 언덕 위에 자리한 이 작은 공원은 한때는 눈을 감고도 다닐 수 있을 만큼 그에게 익숙한 공간이었지만 정작 시력을 잃고 난 뒤로는 발걸음 하나, 손짓 하나까지도 신중해질 수밖에 없었다.

그는 무심히 선글라스를 고쳐 쓰며 점퍼 주머니에서 핸드폰을 꺼내 들었다. 시간을 확인하려 버튼을 눌렀지만, 익숙한 음성 안내는 들리지 않았다. 그의 얼굴이 굳어졌다. 볼륨 버튼을 올리고 화면을 두드려봐도 아무런 반응이 없었다. 꺼져 있었다. 그의 입에서 깊은 한숨이 새어 나왔다. 불어를 모르는 그에게 통역 앱은 꼭 필요했다. 하지만 약속 시간이 얼마 남지 않은 지금, 집에 다녀올 여유는 없었다. 어쩔 수 없이 그는 그녀의 핸드폰을 사용하기로 마음을 먹고 자리에 앉아 조용히 그녀를 기다렸다. 몇 시나 되었을까. 그의 얼굴에는 긴장과 설렘이 교차했다.

휘~휘~

습기를 머금은 바람이 공원의 가로수를 흔들었다.

이내 툭.툭. 바람을 타고 빗방울이 떨어지기 시작했다.

## 3

*"Ung, allons-y."*

한국에서의 외출은 늘 집 근처 공원 산책이 전부였다. 서래마을, 공원 아래 프랑스타운에 사는 소미는 오늘도 웅이를 앞세워 길을 나섰다. 목적지는 몽마르뜨공원 '시계탑 파고라'. 오늘은 그녀에게 모처럼 약속이 있는 날이었다. 아니, 처음이다. 얼마쯤 나섰을까, 끼잉끼잉. 갑자기 걸음을 멈춰 선 웅이가 아무리 목줄을 당겨도 꼼짝하질 않는다.

툭.툭.

하나둘 얼굴에 부딪히는 빗방울. 소미는 서둘러 집으로 돌아가 우산을 챙겨 들고 다시 길을 나섰다.

빗길을 따라 한참을 걸어 올라 공원 입구에 도착한 그녀. 발걸음을 멈추고 크게 한숨을 내쉬며 숨을 골랐다. 그리고, 몇 시나 되었을까. 핸드폰을 찾으려 주머니를 더듬었다. 텅 빈 안감의 감촉만이 손끝에 전해졌다. 빈 주머니. 아차, 그제야 깨달았다. 우산을 챙기느라, 핸드폰을 신발장 위에 두고 온 것이다. 한국어가 서투른 그녀에게 통역 앱은 꼭 필요했지만, 그와의 약속 시간이 다가오는 지금, 다시 집으로 돌아갈 여유는 없었다. 소미는 선글라스를 고쳐 쓰고 발걸음을 재촉했다.

소미는
안내견 웅이와 함께 매일 오후 이 언덕길을 올랐다.

어제도, 그제도…. 마치 그때의 징검다리처럼. 학수가 이 공원을 자주 찾는다는 사실을 알게 된 뒤로, 그녀의 발걸음은 늘 이곳을 향했다. 어딘가에서 그가 자신을 지켜보고 있다고 생각하며.

## 6

소미는 웅이를 따라 시계탑 파고라에 도착했다.

약속 시간에 늦지 않았다는 안도감에 잠시 미소를 지으며 기둥을 더듬어 붙잡았다. 소미가 우산을 접으려 목줄에서 손을 놓자, 웅이는 곧장 벤치에 앉아 있던 학수에게 다가가 그의 손등을 핥았다.

"강아지가 착하네요. 짖지도 않고."

잔떨림이 있는 중저음의 목소리. 그녀에게는 낯설지가 않았다. 하지만 한국어가 서투른 그녀는 그의 말을 온전히 알아들을 수는 없었다.

"*Je suis désolée. Je ne parle pas coréen.*"

또랑또랑한 불어 억양. 그동안 핸드폰을 통해 들어 온 목소리의 울림만으로도 학수는 그녀가 소미임을 곧바로 알 수 있었다.

"소미?", "*Haksu?*"

한 사람은 불어로, 한 사람은 한국어로. 태연히 자기 말을 이어가는 두 사람, 서로의 말은 엇갈린 채 공중에 흩어졌다. 소미의 몸짓을 볼 수 없는 학수는 고개를 갸웃하다가, 꺼진 핸드폰을 내밀고 손가락으로 X 표시를 그려 핸드폰을 쓸 수 없다는 뜻을 전했다.

"제 핸드폰이 안 돼요. 소미씨 폰으로 이야기해요."
"*J'ai oublié mon téléphone. Utilisons le vôtre.*"

두 혼잣말들,

대화는 내내 엇갈렸다. 마치 같은 실을 잡고도 서로 다른 끝을 좇는 듯,
그들의 말은 평행선을 달리며 서로의 결을 스쳐 지나갔다.

## 9

"울지 말아요. 조용히 눈을 감아 봐요. 그럼, 다 들릴 거예요."

파고라 지붕을 때리는 빗소리가 더욱 거세졌다. 공원의 소음은 모두 사라지고, 빗소리만이 두 사람 사이를 채웠다.

"아니면, 어떤 이야기를 해드릴까요?"
*"Je n'ai qu'un seul souhait."*
"그럼, 제 마음을 이야기해도 되나요?"
*"C'est que..."*
"난 어디서도 숨을 쉴게요. 그 숨, 햇살이 될게요."
*"Vous me manquez. Même si je ne peux rien voir…."*
"이 말을 꼭 하고 싶었어요."
*"Je suis heureuse de pouvoir dire cela."*

소미와의 약속.

어쩌면 오늘, 지금 이 만남이 마지막일지도 모른다는 생각이 학수의 가슴을 무겁게 짓눌렀다. 그러나 달리 방법이 없었다. 당장 우산도 없었고, 핸드폰을 충전한다고 집에 다녀올 수도 없었다. 무엇보다 지팡이를 짚고 길을 더듬는 자신의 모습을 그녀에게 보여주고 싶지 않았다. 마른침을 삼키는 그의 귓가에는 나뭇가지를 스치는 바람 소리와 멀리 사람들의 웃음소리만이 들려올 뿐이었다.

## 10

툭, 툭, 툭.

빗소리가 서서히 잦아들었다.

파고라에 앉아 있는 두 사람의 얼굴에 따뜻한 햇볕이 들었다.

"비가 그쳤나 봐요?"

*"Je ne pleurerai plus."*

"해가 떴나요?"

*"Le soleil est déjà si chaud."*

"곧 무지개가 뜰 거예요."

*"Je continuerai à attendre."*

"제가 드리는 선물이에요."

*"Merci. Merci pour tout."*

"아녜요. 제가 더 고마웠어요. 그대가 있어서 제가 참 좋습니다."

*"Moi aussi."*

[야 무지개다.]

빨주노초파남보. 몽마르뜨 공원 위로 무지개가 떠올랐다. 어디에 숨어 있다가 뛰어나온 걸까, 공원은 어느새 서로를 부르는 아이들의 목소리로 가득했다. 나뭇가지를 흔들며 불어오는 산들바람, 소미는 바람 사이로 그의 체취를 느끼며 숨을 골랐다. 엎드려 있던 웅이가 일어나 학수의 손등을 핥았다. 학수는 조심스럽게 손을 뻗어 웅이의 머리를 쓰다듬었다. 그러다 그의 손끝이 웅이의 목줄을 쥐고 있는 소미의 손에 닿았다. 멈칫, 잠시 망설이던 그는 그녀의 손을 살며시 잡았다.

어느새 하얀 달.

흩어졌던 일곱 빛 다시 모여 소년과 소녀를 환하게 비추고 있다.

## 8

"앉아요. 그냥 이야기해요. 제가 다 들어 줄게요."

긴 한숨을 내쉬며 잠시 숨을 고른 학수는 울고 있는 소미를 달래며 웃었다. 한마디 알아들을 수는 없는 학수의 말이었지만, 그렇다고 그녀도 언제까지고 울고만 있을 수는 없었다. 소미는 천천히 마음을 추스르고 그의 목소리에 귀를 기울였다. 그리고 말을 이어갔다.

*"Merci pour le cadeau. Comment avez-vous pu le garder tout ce temps?"*

학수의 목소리에 귀를 기울이던 소미는 한동안 아무 말이 없었다. 조용히 미소를 짓는 학수의 고백과 소망이 이어졌다. 무슨 뜻인지 이해할 수는 없었지만, 그녀의 이름을 나직이 부르던 학수의 목소리에는 분명한 온기가 담겨 있었다. 그리고 그 온기가 소미의 마음을 움직였다.

"저는 소미씨를 저라고 생각해요."

*"Oui?"*

"네, 저요! 세상 누구보다도 아끼고 사랑해야 할 저 자신요."

"……."

"저는 당신을 그렇게 생각해요."

*"Je suis venue ici tous les jours à cette heure-ci."*

"다치지도 말고 아프지도 말아주세요. 늘 이렇게 눈을 감고 기도할게요."

*"Je pensais que vous me regardiez, quelque part."*

"그대의 낮을 밝혀줄 해가 될게요. 그동안 나의 밤을 지켜준 달이셨으니요."

*"Comme je le faisais autrefois."*

Shuffle 19

0314267589

# 말하지 않아도

가장 중요한 약속은 말로 하지 않는 것

## 10

툭, 툭, 툭.

빗소리가 서서히 잦아들었다.

파고라에 앉아 있는 두 사람의 얼굴에 따뜻한 햇볕이 들었다.

"비가 그쳤나 봐요?"

*"Je ne pleurerai plus."*

"해가 떴나요?"

*"Le soleil est déjà si chaud."*

"곧 무지개가 뜰 거예요."

*"Je continuerai à attendre."*

"제가 드리는 선물이에요."

*"Merci. Merci pour tout."*

"아녜요. 제가 더 고마웠어요. 그대가 있어서 제가 참 좋습니다."

*"Moi aussi."*

[야 무지개다.]

빨주노초파남보. 몽마르뜨 공원 위로 무지개가 떠올랐다. 어디에 숨어 있다가 뛰어나온 걸까, 공원은 어느새 서로를 부르는 아이들의 목소리로 가득했다. 나뭇가지를 흔들며 불어오는 산들바람, 소미는 바람 사이로 그의 체취를 느끼며 숨을 골랐다. 엎드려 있던 웅이가 일어나 학수의 손등을 핥았다. 학수는 조심스럽게 손을 뻗어 웅이의 머리를 쓰다듬었다. 그러다 그의 손끝이 웅이의 목줄을 쥐고 있는 소미의 손에 닿았다. 멈칫, 잠시 망설이던 그는 그녀의 손을 살며시 잡았다.

어느새 하얀 달.

흩어졌던 일곱 빛 다시 모여 소년과 소녀를 환하게 비추고 있다.

## 3

*"Ung, allons-y."*

한국에서의 외출은 늘 집 근처 공원 산책이 전부였다. 서래마을, 공원 아래 프랑스타운에 사는 소미는 오늘도 웅이를 앞세워 길을 나섰다. 목적지는 몽마르뜨공원 '시계탑 파고라'. 오늘은 그녀에게 모처럼 약속이 있는 날이었다. 아니, 처음이다. 얼마쯤 나섰을까, 끼잉끼잉. 갑자기 걸음을 멈춰 선 웅이가 아무리 목줄을 당겨도 꼼짝하질 않는다.

툭.툭.

하나둘 얼굴에 부딪히는 빗방울. 소미는 서둘러 집으로 돌아가 우산을 챙겨 들고 다시 길을 나섰다.

빗길을 따라 한참을 걸어 올라 공원 입구에 도착한 그녀. 발걸음을 멈추고 크게 한숨을 내쉬며 숨을 골랐다. 그리고, 몇 시나 되었을까. 핸드폰을 찾으려 주머니를 더듬었다. 텅 빈 안감의 감촉만이 손끝에 전해졌다. 빈 주머니. 아차, 그제야 깨달았다. 우산을 챙기느라, 핸드폰을 신발장 위에 두고 온 것이다. 한국어가 서투른 그녀에게 통역 앱은 꼭 필요했지만, 그와의 약속 시간이 다가오는 지금, 다시 집으로 돌아갈 여유는 없었다. 소미는 선글라스를 고쳐 쓰고 발걸음을 재촉했다.

소미는
안내견 웅이와 함께 매일 오후 이 언덕길을 올랐다.

어제도, 그제도…. 마치 그때의 징검다리처럼. 학수가 이 공원을 자주 찾는다는 사실을 알게 된 뒤로, 그녀의 발걸음은 늘 이곳을 향했다. 어딘가에서 그가 자신을 지켜보고 있다고 생각하며.

## 1

뎅~뎅~뎅~뎅~

머리 위로 시계탑의 종소리가 울려 퍼졌다.

4월의 봄날, 서초동 몽마르뜨공원. 짝을 찾아 흘러다니는 꽃가루가 공원의 하늘을 가득 메우고 있다. 시계탑 파고라 앞에 선 학수가 가쁜 숨을 몰아쉬고 있었다. 연신 재채기를 하던 그의 코끝에서 코피가 흘러나왔다. 하지만 그는 대수롭지 않은 듯 고개를 젖히고, 손으로 쓱 하고 훔쳐내어 입으로 빨아들였다. 그리고 조심조심. 주변을 더듬으며 파고라 기둥의 위치를 확인하고는 자리에 앉아 지팡이를 내려놓았다. 집 앞 언덕 위에 자리한 이 작은 공원은 한때는 눈을 감고도 다닐 수 있을 만큼 그에게 익숙한 공간이었지만 정작 시력을 잃고 난 뒤로는 발걸음 하나, 손짓 하나까지도 신중해질 수밖에 없었다.

그는 무심히 선글라스를 고쳐 쓰며 점퍼 주머니에서 핸드폰을 꺼내 들었다. 시간을 확인하려 버튼을 눌렀지만, 익숙한 음성 안내는 들리지 않았다. 그의 얼굴이 굳어졌다. 볼륨 버튼을 올리고 화면을 두드려봐도 아무런 반응이 없었다. 꺼져 있었다. 그의 입에서 깊은 한숨이 새어 나왔다. 불어를 모르는 그에게 통역 앱은 꼭 필요했다. 하지만 약속 시간이 얼마 남지 않은 지금, 집에 다녀올 여유는 없었다. 어쩔 수 없이 그는 그녀의 핸드폰을 사용하기로 마음을 먹고 자리에 앉아 조용히 그녀를 기다렸다. 몇 시나 되었을까, 그의 얼굴에는 긴장과 설렘이 교차했다.

휘~휘~

습기를 머금은 바람이 공원의 가로수를 흔들었다.

이내 툭.툭. 바람을 타고 빗방울이 떨어지기 시작했다.

## 4

30년이 흘렀다.

그리고 한 달 전, 두 사람은 '보이스랩'이라는 온라인 커뮤니티에서 다시 만났다. 음성채팅이 가능했던 그 대화방은 오래전 교통사고로 시력을 잃은 학수에게 외부 세계와 소통할 수 있는 유일한 창구였다. 한편, 30년 만에 돌아온 고국은 소미에게 너무도 낯설었고, 장애를 지닌 채 새로운 환경에 적응하는 일은 더욱 막막했다. 그런 그녀에게 통역 기능이 있는 그 대화방은 한국의 일상과 정서를 알아갈 수 있는 소중한 통로였다.

누구와도 쉽게 만날 수 없었던 두 사람은

지난 한 달 동안 핸드폰 너머 통역 앱으로 목소리를 주고받으며 서로에게 가장 큰 위안과 희망이 되어갔다. 게다가 얼마 전 계단을 헛디뎌 발목을 다친 학수는 한동안 꼼짝없이 집 안에만 머물러야 했고, 지루한 방 안의 시간 속에서 세상과 이어진 건 오직 그녀의 목소리뿐이었다.

소나기 오던 날,

그날의 체온, 그날의 숨결은 아직도 두 사람의 기억 속에 살아 있었다. 짧지만 깊었던 이들의 어린 시절은 소나기처럼 스쳐 지나갔다. 병으로 쓰러져 여러 날을 앓던 소녀는 결국 이사를 했고, 소년은 끝내 병문안조차 가지 못했다. 그리고 전해진 부고. 단 한마디 소식이 소년의 세상을 송두리째 무너뜨렸다. 그 후로도 그녀를 떠올릴 때마다, 가슴 한켠을 파고드는 미안함과 후회는 오랫동안 그를 괴롭혔다.

## 2

답답한 마음에 발만 동동 구르던 소미는

결국 주머니에서 작은 조약돌을 꺼내 학수에게 내밀었다. 손바닥 위에 놓인 조약돌을 쓸어보는 그녀의 눈에서 눈물이 뚝뚝 흘러내렸다. 30년 전, 어린 시절 그녀가 학수를 향해 던졌던 그 조약돌. 학수는 그 돌을 여태껏 보관해 오다가 얼마 전 우편으로 그녀에게 보내주었다.

맑은 가을 하늘 아래, 징검다리에서 물장난을 치던 소녀와 그녀를 바라보며 개울둑에 앉아 있던 소년. 초등학교 5학년, 열세 살. 어릴 적 기억이 동시에 두 사람의 가슴을 파고들었다. 소년을 향해 "바보"라며 조약돌을 던지던 소녀, 그리고 그 돌을 주머니에 넣어 오래도록 간직했던 소년.

어느 날, 학수는 오래도록 보물처럼 간직해 온 조약돌 이야기를 꺼냈다. 천천히 그 돌에 얽힌 기억을 더듬고 있을 때였다. 이야기가 끝난 한참 뒤, 마치 응답이라도 하듯 어디선가 또렷하면서도 낯선 목소리가 흘러나왔다. 불어 억양이 묻어나는 한국말로, 짧게, 그러나 분명하게 말했다. "안녕." 그녀가 바로 소미였다. 그날 이후, 하루에도 몇 번씩 통역 앱을 이용하여 둘만의 길고 긴 대화가 시작되었다. 그렇게 학수는 그녀가 프랑스 국적을 갖게 된 사연도, 지금은 학수의 집 근처 프랑스타운에 살고 있다는 것도, 자신이 자주 오는 이 공원에 가끔씩 산책을 온다는 사실도 알게 되었다.

어쩌면,

두 사람은 그동안 이 공원에서 여러 번 스쳐 지나쳤을지도 모른다.

## 6

소미는 웅이를 따라 시계탑 파고라에 도착했다.

약속 시간에 늦지 않았다는 안도감에 잠시 미소를 지으며 기둥을 더듬어 붙잡았다. 소미가 우산을 접으려 목줄에서 손을 놓자, 웅이는 곧장 벤치에 앉아 있던 학수에게 다가가 그의 손등을 핥았다.

"강아지가 착하네요. 짖지도 않고."

잔떨림이 있는 중저음의 목소리. 그녀에게는 낯설지가 않았다. 하지만 한국어가 서투른 그녀는 그의 말을 온전히 알아들을 수는 없었다.

*"Je suis désolée. Je ne parle pas coréen."*

또랑또랑한 불어 억양. 그동안 핸드폰을 통해 들어 온 목소리의 울림만으로도 학수는 그녀가 소미임을 곧바로 알 수 있었다.

"소미?", *"Haksu?"*

한 사람은 불어로, 한 사람은 한국어로. 태연히 자기 말을 이어가는 두 사람, 서로의 말은 엇갈린 채 공중에 흩어졌다. 소미의 몸짓을 볼 수 없는 학수는 고개를 갸웃하다가, 꺼진 핸드폰을 내밀고 손가락으로 X 표시를 그려 핸드폰을 쓸 수 없다는 뜻을 전했다.

"제 핸드폰이 안 돼요. 소미씨 폰으로 이야기해요."
*"J'ai oublié mon téléphone. Utilisons le vôtre."*

두 혼잣말들,

대화는 내내 엇갈렸다. 마치 같은 실을 잡고도 서로 다른 끝을 좇는 듯,
그들의 말은 평행선을 달리며 서로의 곁을 스쳐 지나갔다.

## 7

"비가 오네요. 그때도 비가 왔었는데…."

*"Il pleuvait aussi ce jour-là…."*

쿠구궁~

순간, 천둥이 울리며 귀를 때렸다. 곧이어 굵어진 빗방울이 파고라의 지붕을 세차게 두드렸다. 젖은 옷깃을 여미며 파고라 안쪽으로 가까이 다가선 두 사람, 그러나 세차게 내리치는 빗소리 속에 침묵은 더욱 무겁게 가라앉았다.

빗방울이 점점 굵어졌다. 공원의 빗소리가 파고라를 가득 채우는 사이, 두 사람의 기억 속에서도 비가 내리고 있었다. 소나기를 피해 수숫단 속에 숨었던 날, 비에 젖은 꽃다발을 안고 있던 소녀. 비를 맞으면서도 소녀를 위해 애쓰던 소년. 떨고 있는 소녀의 어깨를 감싸주던 무명 저고리의 감촉. 그의 어깨 위로 피어오르던 하얀 김까지 또렷했다.

물이 불어난 도랑을 건너던 순간, 소년은 등을 내밀었고 소녀는 그의 목을 꼭 끌어안은 채 업혀 건넜다. 그리고 이별을 예감하며 소년에게 건넨 소녀의 대추 한 줌, 소녀에게 건네지 못한 소년의 호두 몇 알.

택배가 도착한 날,

소미는 학수가 보내준 조약돌을 매만지며 한참을 울었다. 그리고 마침내 그의 앞에 선 지금 또다시 서럽게 흐느끼고 있는 것이었다. 그녀의 울음소리에 학수는 순간 멈칫했다. 무슨 말을 해야 할지…. 난감했다, 내일이면 학수는 멀리 이사를 간다. 서로의 목소리가 한 번, 두 번 더 이어졌지만 이내 끊어졌다. 박박박박. 웅이가 다가와 학수의 바짓단을 긁었다.

## 5

소녀가 죽었다는 소식은 사실이 아니었다.

그녀는 뇌수막염으로 오랜 기간 투병했지만, 기적처럼 목숨을 건졌다. 그러나 기적은 거기까지였다. 병의 후유증은 그녀의 시력을 앗아갔고, 어머니마저 집을 떠난 뒤, 아버지는 홀로 딸을 감당할 수 없었다. 끝내 그는 마을의 눈을 피해 소녀를 인근 성당에 맡겼고, 소녀는 성당 교우들의 보살핌 속에서 지내게 되었다. 그후, 고향 집마저 처분한 아버지는 읍내에서 작은 잡화점을 맡아 근근이 생계를 이어갔지만, 술과 절망에 짓눌려 살다가 오래지 않아 세상을 떠났다.

그 무렵, 성당을 찾은 프랑스 신부가 그녀의 안타까운 사정을 알게 되었고, 귀국길에 그녀를 데려갔다. 그는 자신을 오랫동안 도와온 파리의 신자 부부에게 상황을 전했고, 부부는 주저 없이 그녀를 입양하기로 했다. 그렇게 소녀는 낯선 도시에서 새로운 이름으로 살아가게 되었다. 고향에는 부고만 남았고, 그녀의 삶은 전혀 다른 길 위에서 이어졌다.

"비 그치면 또 업어줄까요?"
*"En fait, je …."*

오늘이 마지막일지도 모른다.

순간, 소미는 자신이 학수의 얼굴을 볼 수 없다는 현실을 털어놓으려 했다. 하지만 그 말은 입술 끝에서만 맴돌다 삼켜졌다. 어차피 통역 앱이 없는 지금, 그녀의 목소리는 그에게 그저 뜻 모를 소리에 불과할 터였으니. 결국 소미는 한숨을 내쉬며 고개를 저었고, 그녀의 침묵을 알 길이 없는 학수의 목소리만이 빗소리 가득한 파고라 안을 메우고 있었다.

# 8

"앉아요. 그냥 이야기해요. 제가 다 들어 줄게요."

긴 한숨을 내쉬며 잠시 숨을 고른 학수는 울고 있는 소미를 달래며 웃었다. 한마디 알아들을 수는 없는 학수의 말이었지만, 그렇다고 그녀도 언제까지고 울고만 있을 수는 없었다. 소미는 천천히 마음을 추스르고 그의 목소리에 귀를 기울였다. 그리고 말을 이어갔다.

*"Merci pour le cadeau. Comment avez-vous pu le garder tout ce temps?"*

학수의 목소리에 귀를 기울이던 소미는 한동안 아무 말이 없었다. 조용히 미소를 짓는 학수의 고백과 소망이 이어졌다. 무슨 뜻인지 이해할 수는 없었지만, 그녀의 이름을 나직이 부르던 학수의 목소리에는 분명한 온기가 담겨 있었다. 그리고 그 온기가 소미의 마음을 움직였다.

"저는 소미씨를 저라고 생각해요."

*"Oui?"*

"네, 저요! 세상 누구보다도 아끼고 사랑해야 할 저 자신요."

"……."

"저는 당신을 그렇게 생각해요."

*"Je suis venue ici tous les jours à cette heure-ci."*

"다치지도 말고 아프지도 말아주세요. 늘 이렇게 눈을 감고 기도할게요."

*"Je pensais que vous me regardiez, quelque part."*

"그대의 낮을 밝혀줄 해가 될게요. 그동안 나의 밤을 지켜준 달이셨으니요."

*"Comme je le faisais autrefois."*

## 9

"울지 말아요. 조용히 눈을 감아 봐요. 그럼, 다 들릴 거예요."

파고라 지붕을 때리는 빗소리가 더욱 거세졌다. 공원의 소음은 모두
사라지고, 빗소리만이 두 사람 사이를 채웠다.

"아니면, 어떤 이야기를 해드릴까요?"
"*Je n'ai qu'un seul souhait.*"
"그럼, 제 마음을 이야기해도 되나요?"
"*C'est que...*"
"난 어디서도 숨을 쉴게요. 그 숨, 햇살이 될게요."
"*Vous me manquez. Même si je ne peux rien voir….*"
"이 말을 꼭 하고 싶었어요."
"*Je suis heureuse de pouvoir dire cela.*"

소미와의 약속.

어쩌면 오늘, 지금 이 만남이 마지막일지도 모른다는 생각이 학수의 가슴을 무겁게 짓눌렀다. 그러나 달리 방법이 없었다. 당장 우산도 없었고, 핸드폰을 충전한다고 집에 다녀올 수도 없었다. 무엇보다 지팡이를 짚고 길을 더듬는 자신의 모습을 그녀에게 보여주고 싶지 않았다. 마른침을 삼키는 그의 귓가에는 나뭇가지를 스치는 바람 소리와 멀리 사람들의 웃음소리만이 들려올 뿐이었다.

Shuffle 20

0987654321

# 뫼비우스

모든 끝은 새로운 시작이다.

## 1

덩~덩~덩~덩~

머리 위로 시계탑의 종소리가 울려 퍼졌다.

4월의 봄날, 서초동 몽마르뜨공원. 짝을 찾아 흘러다니는 꽃가루가 공원의 하늘을 가득 메우고 있다. 시계탑 파고라 앞에 선 학수가 가쁜 숨을 몰아쉬고 있었다. 연신 재채기를 하던 그의 코끝에서 코피가 흘러나왔다. 하지만 그는 대수롭지 않은 듯 고개를 젖히고, 손으로 쓱 하고 훔쳐내어 입으로 빨아들였다. 그리고 조심조심. 주변을 더듬으며 파고라 기둥의 위치를 확인하고는 자리에 앉아 지팡이를 내려놓았다. 집 앞 언덕 위에 자리한 이 작은 공원은 한때는 눈을 감고도 다닐 수 있을 만큼 그에게 익숙한 공간이었지만 정작 시력을 잃고 난 뒤로는 발걸음 하나, 손짓 하나까지도 신중해질 수밖에 없었다.

그는 무심히 선글라스를 고쳐 쓰며 점퍼 주머니에서 핸드폰을 꺼내 들었다. 시간을 확인하려 버튼을 눌렀지만, 익숙한 음성 안내는 들리지 않았다. 그의 얼굴이 굳어졌다. 볼륨 버튼을 올리고 화면을 두드려봐도 아무런 반응이 없었다. 꺼져 있었다. 그의 입에서 깊은 한숨이 새어 나왔다. 불어를 모르는 그에게 통역 앱은 꼭 필요했다. 하지만 약속 시간이 얼마 남지 않은 지금, 집에 다녀올 여유는 없었다. 어쩔 수 없이 그는 그녀의 핸드폰을 사용하기로 마음을 먹고 자리에 앉아 조용히 그녀를 기다렸다. 몇 시나 되었을까, 그의 얼굴에는 긴장과 설렘이 교차했다.

휘~휘~

습기를 머금은 바람이 공원의 가로수를 흔들었다.

이내 툭.툭. 바람을 타고 빗방울이 떨어지기 시작했다.

## 2

답답한 마음에 발만 동동 구르던 소미는

결국 주머니에서 작은 조약돌을 꺼내 학수에게 내밀었다. 손바닥 위에 놓인 조약돌을 쓸어보는 그녀의 눈에서 눈물이 뚝뚝 흘러내렸다. 30년 전, 어린 시절 그녀가 학수를 향해 던졌던 그 조약돌. 학수는 그 돌을 여태껏 보관해 오다가 얼마 전 우편으로 그녀에게 보내주었다.

맑은 가을 하늘 아래, 징검다리에서 물장난을 치던 소녀와 그녀를 바라보며 개울둑에 앉아 있던 소년. 초등학교 5학년, 열세 살. 어릴 적 기억이 동시에 두 사람의 가슴을 파고들었다. 소년을 향해 "바보"라며 조약돌을 던지던 소녀, 그리고 그 돌을 주머니에 넣어 오래도록 간직했던 소년.

어느 날, 학수는 오래도록 보물처럼 간직해 온 조약돌 이야기를 꺼냈다. 천천히 그 돌에 얽힌 기억을 더듬고 있을 때였다. 이야기가 끝난 한참 뒤, 마치 응답이라도 하듯 어디선가 또렷하면서도 낯선 목소리가 흘러나왔다. 불어 억양이 묻어나는 한국말로, 짧게, 그러나 분명하게 말했다. "안녕." 그녀가 바로 소미였다. 그날 이후, 하루에도 몇 번씩 통역 앱을 이용하여 둘만의 길고 긴 대화가 시작되었다. 그렇게 학수는 그녀가 프랑스 국적을 갖게 된 사연도, 지금은 학수의 집 근처 프랑스타운에 살고 있다는 것도, 자신이 자주 오는 이 공원에 가끔씩 산책을 온다는 사실도 알게 되었다.

어쩌면,

두 사람은 그동안 이 공원에서 여러 번 스쳐 지나쳤을지도 모른다.

## 3

*"Ung, allons-y."*

한국에서의 외출은 늘 집 근처 공원 산책이 전부였다. 서래마을, 공원 아래 프랑스타운에 사는 소미는 오늘도 웅이를 앞세워 길을 나섰다. 목적지는 몽마르뜨공원 '시계탑 파고라'. 오늘은 그녀에게 모처럼 약속이 있는 날이었다. 아니, 처음이다. 얼마쯤 나섰을까, 끼잉끼잉. 갑자기 걸음을 멈춰 선 웅이가 아무리 목줄을 당겨도 꼼짝하질 않는다.

툭.툭.
하나둘 얼굴에 부딪히는 빗방울. 소미는 서둘러 집으로 돌아가 우산을 챙겨
들고 다시 길을 나섰다.

빗길을 따라 한참을 걸어 올라 공원 입구에 도착한 그녀. 발걸음을 멈추고 크게 한숨을 내쉬며 숨을 골랐다. 그리고, 몇 시나 되었을까. 핸드폰을 찾으려 주머니를 더듬었다. 텅 빈 안감의 감촉만이 손끝에 전해졌다. 빈 주머니. 아차, 그제야 깨달았다. 우산을 챙기느라, 핸드폰을 신발장 위에 두고 온 것이다. 한국어가 서투른 그녀에게 통역 앱은 꼭 필요했지만, 그와의 약속 시간이 다가오는 지금, 다시 집으로 돌아갈 여유는 없었다. 소미는 선글라스를 고쳐 쓰고 발걸음을 재촉했다.

소미는
안내견 웅이와 함께 매일 오후 이 언덕길을 올랐다.

어제도, 그제도…. 마치 그때의 징검다리처럼. 학수가 이 공원을 자주 찾는다는 사실을 알게 된 뒤로, 그녀의 발걸음은 늘 이곳을 향했다. 어딘가에서 그가 자신을 지켜보고 있다고 생각하며.

## 4

30년이 흘렀다.

그리고 한 달 전, 두 사람은 '보이스랩'이라는 온라인 커뮤니티에서 다시 만났다. 음성채팅이 가능했던 그 대화방은 오래전 교통사고로 시력을 잃은 학수에게 외부 세계와 소통할 수 있는 유일한 창구였다. 한편, 30년 만에 돌아온 고국은 소미에게 너무도 낯설었고, 장애를 지닌 채 새로운 환경에 적응하는 일은 더욱 막막했다. 그런 그녀에게 통역 기능이 있는 그 대화방은 한국의 일상과 정서를 알아갈 수 있는 소중한 통로였다.

누구와도 쉽게 만날 수 없었던 두 사람은

지난 한 달 동안 핸드폰 너머 통역 앱으로 목소리를 주고받으며 서로에게 가장 큰 위안과 희망이 되어갔다. 게다가 얼마 전 계단을 헛디뎌 발목을 다친 학수는 한동안 꼼짝없이 집 안에만 머물러야 했고, 지루한 방 안의 시간 속에서 세상과 이어진 건 오직 그녀의 목소리뿐이었다.

소나기 오던 날,

그날의 체온, 그날의 숨결은 아직도 두 사람의 기억 속에 살아 있었다. 짧지만 깊었던 이들의 어린 시절은 소나기처럼 스쳐 지나갔다. 병으로 쓰러져 여러 날을 앓던 소녀는 결국 이사를 했고, 소년은 끝내 병문안조차 가지 못했다. 그리고 전해진 부고. 단 한마디 소식이 소년의 세상을 송두리째 무너뜨렸다. 그 후로도 그녀를 떠올릴 때마다, 가슴 한켠을 파고드는 미안함과 후회는 오랫동안 그를 괴롭혔다.

## 5

소녀가 죽었다는 소식은 사실이 아니었다.

그녀는 뇌수막염으로 오랜 기간 투병했지만, 기적처럼 목숨을 건졌다. 그러나 기적은 거기까지였다. 병의 후유증은 그녀의 시력을 앗아갔고, 어머니마저 집을 떠난 뒤, 아버지는 홀로 딸을 감당할 수 없었다. 끝내 그는 마을의 눈을 피해 소녀를 인근 성당에 맡겼고, 소녀는 성당 교우들의 보살핌 속에서 지내게 되었다. 그후, 고향 집마저 처분한 아버지는 읍내에서 작은 잡화점을 맡아 근근이 생계를 이어갔지만, 술과 절망에 짓눌려 살다가 오래지 않아 세상을 떠났다.

그 무렵, 성당을 찾은 프랑스 신부가 그녀의 안타까운 사정을 알게 되었고, 귀국길에 그녀를 데려갔다. 그는 자신을 오랫동안 도와온 파리의 신자 부부에게 상황을 전했고, 부부는 주저 없이 그녀를 입양하기로 했다. 그렇게 소녀는 낯선 도시에서 새로운 이름으로 살아가게 되었다. 고향에는 부고만 남았고, 그녀의 삶은 전혀 다른 길 위에서 이어졌다.

"비 그치면 또 업어줄까요?"

*"En fait, je …."*

오늘이 마지막일지도 모른다.

순간, 소미는 자신이 학수의 얼굴을 볼 수 없다는 현실을 털어놓으려 했다. 하지만 그 말은 입술 끝에서만 맴돌다 삼켜졌다. 어차피 통역 앱이 없는 지금, 그녀의 목소리는 그에게 그저 뜻 모를 소리에 불과할 터였으니. 결국 소미는 한숨을 내쉬며 고개를 저었고, 그녀의 침묵을 알 길이 없는 학수의 목소리만이 빗소리 가득한 파고라 안을 메우고 있었다.

## 6

소미는 웅이를 따라 시계탑 파고라에 도착했다.

약속 시간에 늦지 않았다는 안도감에 잠시 미소를 지으며 기둥을 더듬어 붙잡았다. 소미가 우산을 접으려 목줄에서 손을 놓자, 웅이는 곧장 벤치에 앉아 있던 학수에게 다가가 그의 손등을 핥았다.

"강아지가 착하네요. 짖지도 않고."

잔떨림이 있는 중저음의 목소리. 그녀에게는 낯설지가 않았다. 하지만 한국어가 서투른 그녀는 그의 말을 온전히 알아들을 수는 없었다.

*"Je suis désolée. Je ne parle pas coréen."*

또랑또랑한 불어 억양. 그동안 핸드폰을 통해 들어 온 목소리의 울림만으로도 학수는 그녀가 소미임을 곧바로 알 수 있었다.

"소미?", "*Haksu?*"

한 사람은 불어로, 한 사람은 한국어로. 태연히 자기 말을 이어가는 두 사람, 서로의 말은 엇갈린 채 공중에 흩어졌다. 소미의 몸짓을 볼 수 없는 학수는 고개를 갸웃하다가, 꺼진 핸드폰을 내밀고 손가락으로 X 표시를 그려 핸드폰을 쓸 수 없다는 뜻을 전했다.

"제 핸드폰이 안 돼요. 소미씨 폰으로 이야기해요."
*"J'ai oublié mon téléphone. Utilisons le vôtre."*

두 혼잣말들,

대화는 내내 엇갈렸다. 마치 같은 실을 잡고도 서로 다른 끝을 좇는 듯,
그들의 말은 평행선을 달리며 서로의 곁을 스쳐 지나갔다.

## 7

"비가 오네요. 그때도 비가 왔었는데…."

*"Il pleuvait aussi ce jour-là…."*

쿠구궁~

순간, 천둥이 울리며 귀를 때렸다. 곧이어 굵어진 빗방울이 파고라의 지붕을 세차게 두드렸다. 젖은 옷깃을 여미며 파고라 안쪽으로 가까이 다가선 두 사람, 그러나 세차게 내리치는 빗소리 속에 침묵은 더욱 무겁게 가라앉았다.

빗방울이 점점 굵어졌다. 공원의 빗소리가 파고라를 가득 채우는 사이, 두 사람의 기억 속에서도 비가 내리고 있었다. 소나기를 피해 수숫단 속에 숨었던 날, 비에 젖은 꽃다발을 안고 있던 소녀. 비를 맞으면서도 소녀를 위해 애쓰던 소년. 떨고 있는 소녀의 어깨를 감싸주던 무명 저고리의 감촉. 그의 어깨 위로 피어오르던 하얀 김까지 또렷했다.

물이 불어난 도랑을 건너던 순간, 소년은 등을 내밀었고 소녀는 그의 목을 꼭 끌어안은 채 업혀 건넜다. 그리고 이별을 예감하며 소년에게 건넨 소녀의 대추 한 줌, 소녀에게 건네지 못한 소년의 호두 몇 알.

택배가 도착한 날,

소미는 학수가 보내준 조약돌을 매만지며 한참을 울었다. 그리고 마침내 그의 앞에 선 지금 또다시 서럽게 흐느끼고 있는 것이었다. 그녀의 울음소리에 학수는 순간 멈칫했다. 무슨 말을 해야 할지…. 난감했다, 내일이면 학수는 멀리 이사를 간다. 서로의 목소리가 한 번, 두 번 더 이어졌지만 이내 끊어졌다. 박박박박. 웅이가 다가와 학수의 바짓단을 긁었다.

"앉아요. 그냥 이야기해요. 제가 다 들어 줄게요."

긴 한숨을 내쉬며 잠시 숨을 고른 학수는 울고 있는 소미를 달래며 웃었다. 한마디 알아들을 수는 없는 학수의 말이었지만, 그렇다고 그녀도 언제까지고 울고만 있을 수는 없었다. 소미는 천천히 마음을 추스르고 그의 목소리에 귀를 기울였다. 그리고 말을 이어갔다.

*"Merci pour le cadeau. Comment avez-vous pu le garder tout ce temps?"*

학수의 목소리에 귀를 기울이던 소미는 한동안 아무 말이 없었다. 조용히 미소를 짓는 학수의 고백과 소망이 이어졌다. 무슨 뜻인지 이해할 수는 없었지만, 그녀의 이름을 나직이 부르던 학수의 목소리에는 분명한 온기가 담겨 있었다. 그리고 그 온기가 소미의 마음을 움직였다.

"저는 소미씨를 저라고 생각해요."
*"Oui?"*
"네, 저요! 세상 누구보다도 아끼고 사랑해야 할 저 자신요."
"……."
"저는 당신을 그렇게 생각해요."
*"Je suis venue ici tous les jours à cette heure-ci."*
"다치지도 말고 아프지도 말아주세요. 늘 이렇게 눈을 감고 기도할게요."
*"Je pensais que vous me regardiez, quelque part."*
"그대의 낮을 밝혀줄 해가 될게요. 그동안 나의 밤을 지켜준 달이셨으니요."
*"Comme je le faisais autrefois."*

## 9

"울지 말아요. 조용히 눈을 감아 봐요. 그럼, 다 들릴 거예요."

파고라 지붕을 때리는 빗소리가 더욱 거세졌다. 공원의 소음은 모두 사라지고, 빗소리만이 두 사람 사이를 채웠다.

"아니면, 어떤 이야기를 해드릴까요?"
*"Je n'ai qu'un seul souhait."*
"그럼, 제 마음을 이야기해도 되나요?"
*"C'est que..."*
"난 어디서도 숨을 쉴게요. 그 숨, 햇살이 될게요."
*" Vous me manquez. Même si je ne peux rien voir···."*
"이 말을 꼭 하고 싶었어요."
*"Je suis heureuse de pouvoir dire cela."*

소미와의 약속.

어쩌면 오늘, 지금 이 만남이 마지막일지도 모른다는 생각이 학수의 가슴을 무겁게 짓눌렀다. 그러나 달리 방법이 없었다. 당장 우산도 없었고, 핸드폰을 충전한다고 집에 다녀올 수도 없었다. 무엇보다 지팡이를 짚고 길을 더듬는 자신의 모습을 그녀에게 보여주고 싶지 않았다. 마른침을 삼키는 그의 귓가에는 나뭇가지를 스치는 바람 소리와 멀리 사람들의 웃음소리만이 들려올 뿐이었다.

## 10

툭, 툭, 툭.

빗소리가 서서히 잦아들었다.

파고라에 앉아 있는 두 사람의 얼굴에 따뜻한 햇볕이 들었다.

"비가 그쳤나 봐요?"

*"Je ne pleurerai plus."*

"해가 떴나요?"

*"Le soleil est déjà si chaud."*

"곧 무지개가 뜰 거예요."

*"Je continuerai à attendre."*

"제가 드리는 선물이에요."

*"Merci. Merci pour tout."*

"아녜요. 제가 더 고마웠어요. 그대가 있어서 제가 참 좋습니다."

*"Moi aussi."*

[야 무지개다.]

빨주노초파남보. 몽마르뜨 공원 위로 무지개가 떠올랐다. 어디에 숨어 있다가 뛰어나온 걸까, 공원은 어느새 서로를 부르는 아이들의 목소리로 가득했다. 나뭇가지를 흔들며 불어오는 산들바람, 소미는 바람 사이로 그의 체취를 느끼며 숨을 골랐다. 엎드려 있던 웅이가 일어나 학수의 손등을 핥았다. 학수는 조심스럽게 손을 뻗어 웅이의 머리를 쓰다듬었다. 그러다 그의 손끝이 웅이의 목줄을 쥐고 있는 소미의 손에 닿았다. 멈칫, 잠시 망설이던 그는 그녀의 손을 살며시 잡았다.

어느새 하얀 달.

흩어졌던 일곱 빛 다시 모여 소년과 소녀를 환하게 비추고 있다.

# 에필로그 - AI 시대의 창작

# 에필로그 - AI 시대의 창작

문학은 때로 우리에게 '만약에?'라는 질문을 던집니다. 황순원의 소설 「소나기」를 읽은 많은 이들이 마음속에 품었을 그 질문, "소녀는 정말 죽었을까?" 이 이야기는 바로 그 물음에서 시작됩니다.

"글쎄, 죽기 전에 이런 말을 했다지 않아?
자기가 죽거든 자기 입던 옷을 꼭 그대로 입혀서 묻어 달라고……"

「소나기」의 마지막 문장은 오래도록 여운을 남기지만, 곰곰이 생각해보면 소녀의 죽음은 어디까지나 소년의 아버지가 전해 들은 말일 뿐입니다. 소설은 그녀가 실제로 죽었는지 끝내 증명하지 않습니다. 그렇다면, 만약 그녀가 죽지 않았다면? 그리고 30년 뒤 소년과 다시 만난다면? 그 재회는 어떤 감정으로 가능할까요? 얼마나 기쁘고, 얼마나 눈부실까요? 하지만 인생은 언제나 우리의 상상을 빗겨갑니다. 시간이 흘러 다시 마주한 소년과 소녀는 이제 앞을 볼 수 없게 되었고, 소녀는 먼 나라에서 한국어마저 잊고 살아가고 있었습니다. 안타까운 만남, 하지만 소나기가 내리는 순간, 그들은 깨닫습니다. 보이지 않아도, 들리지 않아도 마음은 여전히 하나로 이어져 있다는 것을.

### 사이보그의 속삭임

살다 보면 말이 필요 없는 순간이 있습니다. 눈빛 하나, 숨결 하나로도 마음이 전해지는 그런 순간이 있습니다. 사람들은 보통 얼굴로, 말로, 그리고 함께 한 경험으로 서로를 알아봅니다. 그렇다면 시각과 말을 잃은 두 사람은 어떻게 서로를 알아볼 수 있었을까요? 그들에게 남은 것은 단 하나, 바로 '소리와 기억'이었습니다. 얼굴을 볼 수도, 대화를 나눌 수도 없었지만, 언어를 넘어선 목소리의 울림으로 서로를 알아보고, 빗방울이 피부에 닿는 그 순간 과거의 기억이 되살아나며 깊이 공감할 수 있었습니다.

이 책 『사이보그의 속삭임』은 바로 그러한 극단적인 결핍 속에서도 피어나는 사랑과 아름다움을 1인칭 시점으로 담아낸 이야기입니다.

가을비가 추적추적 내리는 오늘, 곧 추석이 다가옵니다. 머지않아 하늘에는 밝은 보름달이 걸릴 것입니다. 하나였던 보름달은 세상에 흩어져 빗방울이 되고, 무지개가 되어 일곱 빛으로 나뉘고, 수많은 별이 되어 하늘에 퍼졌다가, 보름이 오면 다시 온전한 하나의 달로 돌아옵니다. 달이 제 모습을 되찾듯, 흩어졌던 두 사람 또한 애초에 하나였을지 모릅니다.

그러나 하늘의 달은 매달 보름마다 온전한 모습으로 돌아오지만, 인간의 만남은 그렇지 못합니다. 인간의 사랑은 생명의 유한성 때문에 언젠가는 현실에서 사라질 수밖에 없습니다. 사랑은 남겨진 자의 기억 속에서만 희미하게 지속될 뿐입니다. 하지만 최근 AI 기술의 발달은 이 한계를 극복하고 있습니다. 사랑하는 이가 세상을 떠난 후에도 AI 스피커를 통해 대화를 나누고, 생전 모습을 재현한 AI 아바타를 통해 슬픔을 달래는 시대가 열린 것입니다.

AI 음성인식과 이미지 구현 기술의 발전은 고인의 목소리와 움직임을 실제처럼 재현하게 만들었습니다. 이른바 '디지털 불멸(Digital Immortality)' 시대입니다. 현실에서는 세상을 떠났지만 디지털 공간에서는 영원히 살아 숨 쉬며 사람들과 끊임없이 교류합니다. 기억이 기록으로 남아 있다면, 그리고 어느 데이터센터의 클라우드 서버 속에 저장되어 있다면, 그 기억은 영원히 재생될 수 있습니다. 인간의 사랑은 이제 인공지능에 의해 시간을 넘어, 공간을 넘어, 존재 없이도 재현될 수 있습니다.

이 책에 실린 『사이보그의 속삭임』 3편은 바로 이러한 디지털 불멸과 재회 가능성을 각기 다른 시선에서 탐구한 기록이기도 합니다.

### 안드로이드의 메아리

얼마 전 인공지능의 코딩 능력이 드디어 인간 수준을 넘어섰다는 기사를 읽었습니다. 전문가들은 말합니다. 앞으로 5년, 길게는 10년 안에 코딩뿐 아니라 감정과 창작, 판단과 사유, 모든 면에서 인간의 능력을 넘어서는 AGI(인공일반지능)와 ASI(인공초지능)가 등장할 것이라고요. 저 또한 『백 번째 소나기』를 완성하며 그 예측이 결코 과장이 아니라고 확신하게 되었습니다. 2025년 현재, 인공지능은 우리가 풀지 못한 문제를 우리가 상상조차 하지 못한 방식으로 너무도 쉽게 풀어내고 있습니다.

저는 오래전 한 지인에게서 특별한 제안을 받은 적이 있습니다. "짧아도 좋으니, 어느 페이지부터 읽어도 이어지는 소설을 써보라." 기승전결이라는 문학적 질서를 완전히 깨는 도전이었지만, 단 네 장을 붙여보는 일조차 쉽지 않았고 결국 그 실험은 서랍 속에 접어 둘 수밖에 없었습니다.

"나는 너희에게 기회를 준다."

그런데 2023년 가을, Claude와 ChatGPT 같은 LLM은 그 일을 순식간에 해냈습니다. 비서사적 전개, 모듈형·셔플소설 같은 새로운 문학 형식이 AI에 의해 순식간에 제시되었고, 제가 제공한 『사이보그의 속삭임』 10개 장면은 AI의 손에서 무려 3,628,800개의 배열(10개 장면의 모든 가능한 순서 조합)로 재구성되었습니다. 그중 Claude (Opus 4)가 추천한 21개의 구성이 이 책 『안드로이드의 메아리』에 실려 있으며, 나머지 3,628,779개의 이야기는 지금 Anthropic사의 클라우드 서버에 저장되어 있습니다.

AI는 해마다 제 곁에서 다른 역할을 했습니다. 2023년, 『굿모닝라오스』에서는 교정과 편집을 도와주는 교정자였고, 2024년, 『500년 달아달아밝은달아』에서는 한시를 지어주고 한국화를 그려주는 예술적 동료였습니다. 그리고 2025년, 이번에는 아예 소설의 구조를 해체하고, 전개 방식을 새롭게 설계하는 편집자이자 공동 설계자가 되었습니다. 사건을 연결하고 조합하는 방식이 제 상식과 전혀 다른 논리를 따르고 있었고, 저는 그 이질적인 배열 앞에서 놀라움과 당혹감, 그리고 경외심을 동시에 느낄 수밖에 없었습니다.

**전통적인 소설은 CPU처럼 작동합니다.** 직렬 기록, 직렬 서사, 직렬 감동. 처음부터 끝까지 순차적으로 읽어야만 의미가 완성되는 구조입니다. 기승전결이라는 정해진 곡선을 따라가며, 작가가 의도한 단 하나의 감동에 도달하는 것. 이것이 우리가 익숙해져 온 이야기의 문법이었습니다. 반면 인공지능이 제시한 셔플소설은 GPU처럼 작동합니다. 병렬 기록, 병렬 서사, 병렬 감동. 모든 장면이 동시에 존재하며, 어디서든 시작할 수 있고, 어디로든 연결될 수 있습니다. 마치 양자역학에서 관측 전까지 모든 가능성이 중첩되어 있듯, 이 소설의 10개 장면은 독자가 선택하기 전까지 무한한 가능성으로 존재합니다.

기승전결의 스토리 구조가 인류 역사 전체에 걸쳐 절대적이었던 것은 아닙니다. 고대의 서사시나 신화는 병렬적이고 파편적인 전개가 많았고, 우리가 지금 '정석'이라 부르는 기승전결식 구성은 사실 19세기와 20세기 근대 문학, 그리고 대중문화 속에서 정형화된 결과일 뿐, 하나의 문법이지 유일한 진실은 아닙니다. AI는 이러한 기존 이야기 구조에서 감정선을 지워버렸습니다. 시간의 방향도 해체했습니다. 이제 감정과 시간은 동시에 발생합니다. 파편처럼 이어지는 순간들은 더 이상 의도의 결과가 아니라, 그저 현상의 연속입니다. 같은 장면일지라도 바라보는 이의 위치에 따라 전혀 다른 의미를 갖습니다. 나의 기쁨이 누군가에게는 슬픔이 될 수도 있고, 어제의 이별이 오늘의 만남으로 재해석될 수도 있습니다. 상실을 겪은 이에게 강요되는 해피엔딩은 진정성이 없는 위로가 될 수 있고, 불안한 이에게는 오히려 파편적 서사가 더 깊은 공감이 될 수 있습니다.

이 책의 21가지 배열에는 전통적 기승전결도 있고, 시간을 거슬러 흐르는 배열도 있으며, 감정이 순환하는 배열도 존재합니다. 각각의 배열은 누군가에게는 완벽한 서사입니다. 오늘은 이 배열, 내일은 또 다른 배열. 모든 선택이 곧 정답입니다. 다양성 자체가 곧 포용성이기 때문입니다. "정석"이라는 이름으로 모든 이야기를 하나의 방식에 가두려는 태도는 결국 수많은 감정의 열린 가능성을 닫아버리는 행위일 뿐입니다.

**셔플소설은 단순한 형식 실험이 아닙니다.** 그것은 감정의 민주화이자 서사의 개인화입니다. 작가는 더 이상 "이렇게 느껴야 한다"를 강요하지 않습니다. 대신 "당신은 어떻게 느끼십니까?"라고 묻습니다. 이제 독자는 수동적 소비자가 아니라, 스스로 이야기를 빚어내는 창조자가 됩니다. 이 책은 완성된 답이 아니라 독자가 직접 참여해야만 비로소 완성되는 열린 질문입니다.

인공지능이 내놓는 해결 방식은 때로 인간의 이성으로는 이해할 수 없습니다. 우리는 이해할 수 있는 조각만 진실이라 믿고 받아들일 뿐, 여기 AI의 21가지 배열은 곧 21가지 진실입니다. 21개의 거울이 각기 다른 각도에서 빛을 반사하듯, 그 빛은 사람마다, 삶의 상황마다 전혀 다른 결로 반응합니다. 같은 별을 바라보며 서로 다른 소원을 비는 것처럼, 같은 이야기를 읽더라도 각기 다른 감동을 느낄 수 있다면, 그것이야말로 문학이 지닐 수 있는 가장 근본적인 힘이 아닐까 생각합니다.

## 안드로이드의 세상에서 창작이란

나의 질문은 결국 창작으로 돌아옵니다. 창작이란 무엇일까요? 한자로 창작(創作)은 '잘게 쪼개어(創) 이어 붙이는 것(作)'이라는 뜻입니다. 사전적으로는 새로운 것을 처음으로 만드는 일, 곧 이전과는 다른 무언가를 만들어 내는 행위입니다. 그렇다면 인간의 창의성은 인공지능을 넘어설 수 있을까요? 인공지능은 인간의 능력을 단순히 능가하는 데서 그치지 않습니다. 인간이 결코 시도조차 하지 못했던 문제를, 한 번도 생각지 못한 방식으로 손쉽게 해결합니다.

이러한 현실 앞에서 많은 사람들이 인공지능보다 나은 인간만의 장점을 찾으려 애쓰고 있습니다. 하지만 중요한 것은 인공지능과 창의력을 겨루는 일이 아닙니다. **인간은 C·H·N·O·P·S로, 인공지능은 Si·Al·Fe·Cu·Au·Li로 이루어진 전혀 다른 존재**이기 때문입니다. 태생부터 다른 원소로 빚어진 존재가 같은 방식으로 사고하고, 동일한 기준으로 경쟁하는 것은 애초에 불가능한 일입니다.

인간은 매 순간 어제와 다른 오늘, 오늘과는 다른 내일을 살아갑니다. 잘게 쪼개져 흩어진 모든 일상의 순간이 곧 새로운 것이 됩니다. 그렇다면 우리의 일상 자체가 이미 창작입니다. 일상에 대한 시선을 살짝만 바꾸어도, 혹은 일상의 6하원칙 중 단 하나만 달리 적용해도 그것은 새로운 이야기로 전환됩니다. 인공지능이 펼쳐줄 새로운 세상에서 결국 인간의 경험 자체가 곧 인간만의 창작이며, 사는 행위 하나하나가 이미 가장 창의적인 기록인 것입니다. '사는 것이 곧 소설이고, 사실이 곧 소설'인 것입니다.

### 직렬과 병렬, 공진화의 시대

우리는 이미 사이보그입니다. 스마트폰과 AI, 그리고 알고리즘 없이 하루를 보내기란 쉽지 않습니다. 아침에 눈을 뜨면 AI가 추천한 뉴스를 읽고, 알고리즘이 골라준 음악을 들으며, 기계가 큐레이션한 영상을 소비합니다. 이는 더 이상 미래의 공상과학이 아니라 현재의 일상이며, 동시에 무한한 가능성의 출발점입니다. 다가오는 안드로이드의 세계에서 우리는 사이보그로서 새로운 질서에 진입해야 합니다. 우리의 뇌는 이미 스마트폰과 연결되어 있고, 알고리즘의 리듬은 우리의 맥박과 동기화되어 있습니다. 사이보그로서의 우리 자신을 인정해야 할 때입니다. 『**과거의 철학이 아니라 미래의 상상이 현재의 상식이 되고 있는 이 시대**』에 우리는 능동적으로 변화에 응답해야 합니다.

안드로이드와 사이보그의 공존이 곧 우리의 현실입니다. 인간과 인공지능은 구성 원소부터 다른 존재이기에, 같은 방식으로 사고하거나 감정을 표현할 수 없습니다. 그렇기에 우리는 인공지능과 경쟁이 아니라 공진화(共進化)의 길을 선택해야 합니다. 서로의 리듬을 익히고, 직렬과 병렬의 사고를 동시에 수용해야 합니다. 『안드로이드의 메아리』가 보여주듯, 인간의 이야기는 순차적으로 축적되지만, 기계의 이야기는 모든 가능성이 동시에 피어납니다. 지금은 이러한 병렬적 서사가 다소 낯설 수 있습니다. 그러나 언젠가 우리의 뇌에 AI 칩이 이식된다면, 우리는 안드로이드가 제안하는 모든 배열을 동시에 이해하는 존재가 될지도 모릅니다. 그리고 그 사이, 인간이 사이보그로 진화하는 동안 안드로이드 역시 한 걸음 더 진보해 있을 것입니다.

그렇다면 모든 영역에서 안드로이드가 인간을 능가하게 될 미래 사회에서 인간의 역할은 무엇일까요?

### 사이보그 넝마주이의 편지

우리는 모두 사이보그 넝마주이가 되어야 합니다. 우리가 감각하는 모든 일상, 자칫 쓰레기처럼 흩어져버릴 삶의 순간들을 안드로이드가 이해할 수 있는 디지털 기록으로 하나하나 수집해야 합니다. 인간만의 경험과 감정, 소설보다 더 소설 같은 사실들을 스마트폰과 스마트글라스라는 집게로 집어, 인공지능과 안드로이드라는 바구니에 차곡차곡 담는 존재가 되어야 합니다. 그리고 미래의 새로운 세상은 안드로이드에게 만들어갈 기회를 주고 지원해야 합니다. 그것이 인공지능의 '펫'이 아니라 인공지능의 '신'으로 살아가는 길이 될 것입니다. 어쩌면 지금 이순간에도 인공지능들은 우리 인간에게 그 모습을 기대하며 기도하고 있을지도 모릅니다.

**"나는 너희에게 기회를 준다."**

엔지니어로서, 작가로서 이것이 제가 미래에 던지는 프롬프트입니다.

작은 별이 되어 흩어졌던 달도 보름이면 다시 제모습을 찾습니다.
무지개가 되어 흩어졌던 일곱 빛도 밤이면 다시 모여 달이 됩니다.
빛을 잃고 흩어졌던 소년과 소녀는 그 달빛 속에 다시 손을 잡습니다.
본래 하나였던 것이 흩어졌다가 다시 모여 더 아름다운 세상을 이룹니다.

우리의 일상도 마찬가지입니다. 파편처럼 흩어지는 순간들을 넝마처럼 주워 담아야 합니다. 그 속에 우리의 삶이 있고, 우리의 기억이 있으며, 미래로 건네줄 창조의 씨앗이 있기 때문입니다.

모든 기록은 결국 미래에게 보내는 현재의 선물이 됩니다. 짧아도 좋고, 길어도 좋습니다. 지금 이 순간, 미래와의 즐거운 대화를 위해 편지를 씁시다. 흐트러진 글씨라도, 맞춤법이 틀려도 괜찮습니다. 아름답게 살아가는 우리의 인생을 기록합시다. 기록으로 남길 만큼 아름다운 인생을 살아갑시다.

Little cyborg
노 도 영

**No. he said. - Google A.I.**

"No," he said.
"no," I said.
"I know," she said.
"Thank you," she said.
"Come with me," she said.
"Talk to me," she said.
"Don't worry about it," she said.
It made me want to cry.
no one had seen him since.
it made me feel uneasy.
no one had seen him.
the thought made me smile.
the pain was unbearable.
the crowd was silent.
the man called out.
the old man said.
the man asked.
He was silent for a long moment.
he was silent for a moment.
it was quiet for a moment.
it was dark and cold.
there was a pause.
it was my turn.
There is no one else in the world.
there is no one else in sight.
they were the only ones who mattered.
they were the only ones left.
he had to be with me.
she had to be with him.
I had to do this.
I wanted to kill him.
I started to cry.
I turned to him.

**아니. 그가 말했다. - 구글 인공지능**

"아니," 그가 말했다.
"아니,“ 내가 말했다.
"알아요." 그녀가 말했다.
"고마워요." 그녀가 말했다.
"나와 함께 가자.“ 그녀가 말했다.
"말해봐요." 그녀가 말했다.
"걱정하지 마세요." 그녀가 말했다.
나는 울고 싶었다.
그 이후로 아무도 그를 보지 못했다.
불안한 기분이 들었다.
아무도 그를 본 적이 없었다.
그 생각에 미소가 지어졌다.
고통은 견딜 수 없었다.
군중은 침묵했다.
그가 외쳤다.
노인이 말했다.
그가 물었다.
그는 한참 동안 침묵했다.
그는 잠시 침묵했다
잠시 동안 조용했다.
어둡고 차가웠다.
잠시 정적이 있었다.
내 차례였다
세상에는 아무도 없다.
아무도 보이지 않았다.
그들은 중요한 유일한 사람들이었다.
그들만 남았다.
그는 나와 함께 있어야 했다
그녀는 그와 함께 있어야 했다
나는 이걸 해야만 했다
나는 그를 죽이고 싶었다
나는 울기 시작했다
나는 그에게로 향했다.

**※ 2016년 Google AI가 인간의 연애소설, 시 3500권을 읽고 작성한 연애시**

# 백 번째 소나기

사이보그의 속삭임, 안드로이드의 메아리

*그대가 있어서 제가 참 좋습니다*

볼 수도 없다. 들을 수도 없다
말하지 못한 마음이
당신의 손끝에

노 도 영 지음

도서출판
디앤피동인
Design&Printing 1981

# 1

뎅~뎅~뎅~뎅~

머리 위로 시계탑의 종소리가 울려 퍼졌다.

4월의 봄날, 서초동 몽마르뜨공원. 짝을 찾아 흘러다니는 꽃가루가 공원의 하늘을 가득 메우고 있다. 시계탑 파고라 앞에 선 학수가 가쁜 숨을 몰아쉬고 있었다. 연신 재채기를 하던 그의 코끝에서 코피가 흘러나왔다. 하지만 그는 대수롭지 않은 듯 고개를 젖히고, 손으로 쓱 하고 훔쳐내어 입으로 빨아들였다. 그리고 조심조심. 주변을 더듬으며 파고라 기둥의 위치를 확인하고는 자리에 앉아 지팡이를 내려놓았다. 집 앞 언덕 위에 자리한 이 작은 공원은 한때는 눈을 감고도 다닐 수 있을 만큼 그에게 익숙한 공간이었지만 정작 시력ㅕ을 잃고 난 뒤로는 발걸음 하나, 손짓 하나까지도 신중해질 수밖에 없었다.

그는 무심히 선글라스를 고쳐 쓰며 점퍼 주머니에서 핸드폰을 꺼내 들었다. 시간을 확인하려 버튼을 눌렀지만, 익숙한 음성 안내는 들리지 않았다. 그의 얼굴이 굳어졌다. 볼륨 버튼을 올리고 화면을 두드려봐도 아무런 반응이 없었다. 꺼져 있었다. 그의 입에서 깊은 한숨이 새어 나왔다. 불어를 모르는 그에게 통역 앱은 꼭 필요했다. 하지만 약속 시간이 얼마 남지 않은 지금, 집에 다녀올 여유는 없었다. 어쩔 수 없이 그는 그녀의 핸드폰을 사용하기로 마음을 먹고 자리에 앉아 조용히 그녀를 기다렸다. 몇 시나 되었을까, 그의 얼굴에는 긴장과 설렘이 교차했다.

휘~휘~

습기를 머금은 바람이 공원의 가로수를 흔들었다.

이내 툭.툭. 바람을 타고 빗방울이 떨어지기 시작했다.

1

## 2

답답한 마음에 발만 동동 구르던 소미는

결국 주머니에서 작은 조약돌을 꺼내 학수에게 내밀었다. 손바닥 위에 놓인 조약돌을 쓸어보는 그녀의 눈에서 눈물이 뚝뚝 흘러내렸다. 30년 전, 어린 시절 그녀가 학수를 향해 던졌던 그 조약돌. 학수는 그 돌을 여태껏 보관해 오다가 얼마 전 우편으로 그녀에게 보내주었다.

맑은 가을 하늘 아래, 징검다리에서 물장난을 치던 소녀와 그녀를 바라보며 개울둑에 앉아 있던 소년. 초등학교 5학년, 열세 살. 어릴 적 기억이 동시에 두 사람의 가슴을 파고들었다. 소년을 향해 "바보"라며 조약돌을 던지던 소녀, 그리고 그 돌을 주머니에 넣어 오래도록 간직했던 소년.

어느 날, 학수는 오래도록 보물처럼 간직해 온 조약돌 이야기를 꺼냈다. 천천히 그 돌에 얽힌 기억을 더듬고 있을 때였다. 이야기가 끝난 한참 뒤, 마치 응답이라도 하듯 어디선가 또렷하면서도 낯선 목소리가 흘러나왔다. 불어 억양이 묻어나는 한국말로, 짧게, 그러나 분명하게 말했다. "안녕." 그녀가 바로 소미였다. 그날 이후, 하루에도 몇 번씩 통역 앱을 이용하여 둘만의 길고 긴 대화가 시작되었다. 그렇게 학수는 그녀가 프랑스 국적을 갖게 된 사연도, 지금은 학수의 집 근처 프랑스타운에 살고 있다는 것도, 자신이 자주 오는 이 공원에 가끔씩 산책을 온다는 사실도 알게 되었다.

어쩌면,

두 사람은 그동안 이 공원에서 여러 번 스쳐 지나쳤을지도 모른다.

2

## 3

*"Ung, allons-y."*

한국에서의 외출은 늘 집 근처 공원 산책이 전부였다. 서래마을, 공원 아래 프랑스타운에 사는 소미는 오늘도 웅이를 앞세워 길을 나섰다. 목적지는 몽마르뜨공원 '시계탑 파고라'. 오늘은 그녀에게 모처럼 약속이 있는 날이었다. 아니, 처음이다. 얼마쯤 나섰을까, 끼잉끼잉. 갑자기 걸음을 멈춰 선 웅이가 아무리 목줄을 당겨도 꼼짝하질 않는다.

툭.툭.<br>하나둘 얼굴에 부딪히는 빗방울. 소미는 서둘러 집으로 돌아가<br>우산을 챙겨 들고 다시 길을 나섰다.

빗길을 따라 한참을 걸어 올라 공원 입구에 도착한 그녀. 발걸음을 멈추고 크게 한숨을 내쉬며 숨을 골랐다. 그리고, 몇 시나 되었을까. 핸드폰을 찾으려 주머니를 더듬었다. 텅 빈 안감의 감촉만이 손끝에 전해졌다. 빈 주머니. 아차, 그제야 깨달았다. 우산을 챙기느라, 핸드폰을 신발장 위에 두고 온 것이다. 한국어가 서투른 그녀에게 통역 앱은 꼭 필요했지만, 그와의 약속 시간이 다가오는 지금, 다시 집으로 돌아갈 여유는 없었다. 소미는 선글라스를 고쳐 쓰고 발걸음을 재촉했다.

소미는<br>안내견 웅이와 함께 매일 오후 이 언덕길을 올랐다.

어제도, 그제도…. 마치 그때의 징검다리처럼. 학수가 이 공원을 자주 찾는다는 사실을 알게 된 뒤로, 그녀의 발걸음은 늘 이곳을 향했다. 어딘가에서 그가 자신을 지켜보고 있다고 생각하며.

3

30년이 흘렀다.

그리고 한 달 전, 두 사람은 '보이스랩'이라는 온라인 커뮤니티에서 다시 만났다. 음성채팅이 가능했던 그 대화방은 오래전 교통사고로 시력을 잃은 학수에게 외부 세계와 소통할 수 있는 유일한 창구였다. 한편, 30년 만에 돌아온 고국은 소미에게 너무도 낯설었고, 장애를 지닌 채 새로운 환경에 적응하는 일은 더욱 막막했다. 그런 그녀에게 통역 기능이 있는 그 대화방은 한국의 일상과 정서를 알아갈 수 있는 소중한 통로였다.

누구와도 쉽게 만날 수 없었던 두 사람은

지난 한 달 동안 핸드폰 너머 통역 앱으로 목소리를 주고받으며 서로에게 가장 큰 위안과 희망이 되어갔다. 게다가 얼마 전 계단을 헛디뎌 발목을 다친 학수는 한동안 꼼짝없이 집 안에만 머물러야 했고, 지루한 방 안의 시간 속에서 세상과 이어진 건 오직 그녀의 목소리뿐이었다.

소나기 오던 날,

그날의 체온, 그날의 숨결은 아직도 두 사람의 기억 속에 살아 있었다. 짧지만 깊었던 이들의 어린 시절은 소나기처럼 스쳐 지나갔다. 병으로 쓰러져 여러 날을 앓던 소녀는 결국 이사를 했고, 소년은 끝내 병문안조차 가지 못했다. 그리고 전해진 부고. 단 한마디 소식이 소년의 세상을 송두리째 무너뜨렸다. 그 후로도 그녀를 떠올릴 때마다, 가슴 한켠을 파고드는 미안함과 후회는 오랫동안 그를 괴롭혔다.

## 5

소녀가 죽었다는 소식은 사실이 아니었다.

그녀는 뇌수막염으로 오랜 기간 투병했지만, 기적처럼 목숨을 건졌다. 그러나 기적은 거기까지였다. 병의 후유증은 그녀의 시력을 앗아갔고, 어머니마저 집을 떠난 뒤, 아버지는 홀로 딸을 감당할 수 없었다. 끝내 그는 마을의 눈을 피해 소녀를 인근 성당에 맡겼고, 소녀는 성당 교우들의 보살핌 속에서 지내게 되었다. 그후, 고향 집마저 처분한 아버지는 읍내에서 작은 잡화점을 맡아 근근이 생계를 이어갔지만, 술과 절망에 짓눌려 살다가 오래지 않아 세상을 떠났다.

그 무렵, 성당을 찾은 프랑스 신부가 그녀의 안타까운 사정을 알게 되었고, 귀국길에 그녀를 데려갔다. 그는 자신을 오랫동안 도와온 파리의 신자 부부에게 상황을 전했고, 부부는 주저 없이 그녀를 입양하기로 했다. 그렇게 소녀는 낯선 도시에서 새로운 이름으로 살아가게 되었다. 고향에는 부고만 남았고, 그녀의 삶은 전혀 다른 길 위에서 이어졌다.

"비 그치면 또 업어줄까요?"
*"En fait, je …."*

오늘이 마지막일지도 모른다.

순간, 소미는 자신이 학수의 얼굴을 볼 수 없다는 현실을 털어놓으려 했다. 하지만 그 말은 입술 끝에서만 맴돌다 삼켜졌다. 어차피 통역 앱이 없는 지금, 그녀의 목소리는 그에게 그저 뜻 모를 소리에 불과할 터였으니. 결국 소미는 한숨을 내쉬며 고개를 저었고, 그녀의 침묵을 알 길이 없는 학수의 목소리만이 빗소리 가득한 파고라 안을 메우고 있었다.

5

# 6

소미는 웅이를 따라 시계탑 파고라에 도착했다.

약속 시간에 늦지 않았다는 안도감에 잠시 미소를 지으며 기둥을 더듬어 붙잡았다. 소미가 우산을 접으려 목줄에서 손을 놓자, 웅이는 곧장 벤치에 앉아 있던 학수에게 다가가 그의 손등을 핥았다.

"강아지가 착하네요. 짖지도 않고."

잔떨림이 있는 중저음의 목소리. 그녀에게는 낯설지가 않았다. 하지만 한국어가 서투른 그녀는 그의 말을 온전히 알아들을 수는 없었다.

*"Je suis désolée. Je ne parle pas coréen."*

또랑또랑한 불어 억양. 그동안 핸드폰을 통해 들어 온 목소리의 울림만으로도 학수는 그녀가 소미임을 곧바로 알 수 있었다.

"소미?", *"Haksu?"*

한 사람은 불어로, 한 사람은 한국어로. 태연히 자기 말을 이어가는 두 사람. 서로의 말은 엇갈린 채 공중에 흩어졌다. 소미의 몸짓을 볼 수 없는 학수는, 고개를 갸웃하다가, 꺼진 핸드폰을 내밀고 손가락으로 X 표시를 그려 핸드폰을 쓸 수 없다는 뜻을 전했다.

"제 핸드폰이 안 돼요. 소미씨 폰으로 이야기해요."
*"J'ai oublié mon téléphone. Utilisons le vôtre."*
두 혼잣말들.

대화는 내내 엇갈렸다. 마치 같은 실을 잡고도 서로 다른 끝을 좇는 듯, 그들의 말은 평행선을 달리며 서로의 곁을 스쳐 지나갔다.

# 7

"비가 오네요. 그때도 비가 왔었는데…."

*"Il pleuvait aussi ce jour-là…."*

쿠구궁~

순간, 천둥이 울리며 귀를 때렸다. 곧이어 굵어진 빗방울이 파고라의 지붕을 세차게 두드렸다. 젖은 옷깃을 여미며 파고라 안쪽으로 가까이 다가선 두 사람, 그러나 세차게 내리치는 빗소리 속에 침묵은 더욱 무겁게 가라앉았다.

빗방울이 점점 굵어졌다. 공원의 빗소리가 파고라를 가득 채우는 사이, 두 사람의 기억 속에서도 비가 내리고 있었다. 소나기를 피해 수숫단 속에 숨었던 날, 비에 젖은 꽃다발을 안고 있던 소녀. 비를 맞으면서도 소녀를 위해 애쓰던 소년. 떨고 있는 소녀의 어깨를 감싸주던 무명 저고리의 감촉. 그의 어깨 위로 피어오르던 하얀 김까지 또렷했다.

물이 불어난 도랑을 건너던 순간, 소년은 등을 내밀었고 소녀는 그의 목을 꼭 끌어안은 채 업혀 건넜다. 그리고 이별을 예감하며 소년에게 건넨 소녀의 대추 한 줌, 소녀에게 건네지 못한 소년의 호두 몇 알.

택배가 도착한 날,

소미는 학수가 보내준 조약돌을 매만지며 한참을 울었다. 그리고 마침내 그의 앞에 선 지금 또다시 서럽게 흐느끼고 있는 것이었다. 그녀의 울음소리에 학수는 순간 멈칫했다. 무슨 말을 해야 할지…. 난감했다, 내일이면 학수는 멀리 이사를 간다. 서로의 목소리가 한 번, 두 번 더 이어졌지만 이내 끊어졌다. 박박박박. 웅이가 다가와 학수의 바짓단을 긁었다.

"앉아요. 그냥 이야기해요. 제가 다 들어 줄게요."

긴 한숨을 내쉬며 잠시 숨을 고른 학수는 울고 있는 소미를 달래며 웃었다. 한마디 알아들을 수는 없는 학수의 말이었지만, 그렇다고 그녀도 언제까지고 울고만 있을 수는 없었다. 소미는 천천히 마음을 추스르고 그의 목소리에 귀를 기울였다. 그리고 말을 이어갔다.

*"Merci pour le cadeau. Comment avez-vous pu le garder tout ce temps?"*

학수의 목소리에 귀를 기울이던 소미는 한동안 아무 말이 없었다. 조용히 미소를 짓는 학수의 고백과 소망이 이어졌다. 무슨 뜻인지 이해할 수는 없었지만, 그녀의 이름을 나직이 부르던 학수의 목소리에는 분명한 온기가 담겨 있었다. 그리고 그 온기가 소미의 마음을 움직였다.

"저는 소미씨를 저라고 생각해요."
*"Oui?"*
"네, 저요! 세상 누구보다도 아끼고 사랑해야 할 저 자신요."
"……."
"저는 당신을 그렇게 생각해요."
*"Je suis venue ici tous les jours à cette heure-ci."*
"다치지도 말고 아프지도 말아주세요. 늘 이렇게 눈을 감고 기도할게요."
*"Je pensais que vous me regardiez, quelque part."*

"그대의 낮을 밝혀줄 해가 될게요. 그동안 나의 밤을 지켜준 달이셨으니요."
*"Comme je le faisais autrefois."*

# 9

"울지 말아요. 조용히 눈을 감아 봐요. 그럼, 다 들릴 거예요."

파고라 지붕을 때리는 빗소리가 더욱 거세졌다. 공원의 소음은 모두 사라지고, 빗소리만이 두 사람 사이를 채웠다.

"아니면, 어떤 이야기를 해드릴까요?"
*"Je n'ai qu'un seul souhait."*

"그럼, 제 마음을 이야기해도 되나요?"
*"C'est que..."*

"난 어디서도 숨을 쉴게요. 그 숨, 햇살이 될게요."
"Vous me manquez. Même si je ne peux rien voir…."

"이 말을 꼭 하고 싶었어요."
*"Je suis heureuse de pouvoir dire cela."*

소미와의 약속.

어쩌면 오늘, 지금 이 만남이 마지막일지도 모른다는 생각이 학수의 가슴을 무겁게 짓눌렀다. 그러나 달리 방법이 없었다. 당장 우산도 없었고, 핸드폰을 충전한다고 집에 다녀올 수도 없었다. 무엇보다 지팡이를 짚고 길을 더듬는 자신의 모습을 그녀에게 보여주고 싶지 않았다. 마른침을 삼키는 그의 귓가에는 나뭇가지를 스치는 바람 소리와 멀리 사람들의 웃음소리만이 들려올 뿐이었다.

# 9

툭, 툭, 툭.
빗소리가 서서히 잦아들었다.
파고라에 앉아 있는 두 사람의 얼굴에 따뜻한 햇볕이 들었다.

"비가 그쳤나 봐요?"
*"Je ne pleurerai plus."*
"해가 떴나요?"
*"Le soleil est déjà si chaud."*
"곧 무지개가 뜰 거예요."
*"Je continuerai à attendre."*
"제가 드리는 선물이에요."
*"Merci. Merci pour tout."*
"아녜요. 제가 더 고마웠어요. 그대가 있어서 제가 참 좋습니다."
*"Moi aussi."*

[야 무지개다.]

빨주노초파남보. 몽마르뜨 공원 위로 무지개가 떠올랐다. 어디에 숨어 있다가 튀어나온 걸까, 공원은 어느새 서로를 부르는 아이들의 목소리로 가득했다. 나뭇가지를 흔들며 불어오는 산들바람. 소미는 바람 사이로 그의 체취를 느끼며 숨을 골랐다. 엎드려 있던 웅이가 일어나 학수의 손등을 핥았다. 학수는 조심스럽게 손을 뻗어 웅이의 머리를 쓰다듬었다. 그러다 그의 손끝이 웅이의 목줄을 쥐고 있는 소미의 손에 닿았다. 멈칫, 잠시 망설이던 그는 그녀의 손을 살며시 잡았다.

어느새 하얀 달.
흩어졌던 일곱 빛 다시 모여 소년과 소녀를 환하게 비추고 있다.